JN320462

調査研究法ガイドブック

教育における調査のデザインと実施・報告

S・B・メリアム／E・L・シンプソン 著

堀 薫夫 監訳

ミネルヴァ書房

**A Guide to Research for Educators and Trainers of Adults,
2nd Edition(Updated), 2000**
by Sharan B. Merriam and Edwin L. Simpson
© 1984, 1995 by Krieger Publishing Company
All rights reserved.

Japanese Translation Rights arranged with
Krieger Publishing Company in Malabar, Florida
through The Asano Agency, Inc. in Tokyo.

第2版への序文

　本書の初版本が1984年に刊行されたとき，われわれは，そこでの序文で，成人にかかわる領域の進展にともない，成人に対するすぐれた教育者や運営者，訓練者，そしてカウンセラーの必要性が急務になってきていると述べた。16年ぶりに本書の第2版をアップデイトしている今日においては，すぐれた実践家へのニーズは，さらに高まってきている。われわれの実践に対するさらなる理解へのニーズについても同様である。実践を理解することで，さまざまな成人教育・訓練における役割を，よりうまくこなすことにつながっていくだろう。実践をさらに知るためには，われわれは，少し離れてそれをながめ，それに関する問いかけとふり返りを行なってみる必要がある。またわれわれは，その実践に対する／なかでの調査（research）を行うことで，そのプロセスを体系的に理解できるようになるだろう。

　初版本と同様，本書の目的は，この体系的な探求あるいは調査のプロセスにおける指針を示すところにある。われわれは，自分たちなりの提示のスタイルと内容の組み立て方をとおして，調査を脱神話化させ，読者にその実践に対して「体系的に問いかける」ことを心地良く思ってもらえるように試みた。そのために，本書は，初版本の多くの特徴をそのまま引き継いでいる。

　章構成は基本的には初版本と同じであるが，調査における倫理という重要な問題に関しては，本書で新しい章を追加した。本書ではまず，調査プロセスの紹介と概観から入り，次に，調査を具体化・構造化するうえで有用だと思われる，調査上の問題を形づくり文献レビューを行う方法にふれる。第3章では文献レビューの目的と機能，およびそのやり方を説明するが，この箇所は，調査プロセスのこの重要な部分に関する，数少ない情報源のひとつでありつづけている。多くの読者が，とりわけこの章の感想をわれわれのもとに伝えてくれている。中間の4つの章では，さまざまな方法論について述べる。質的調査に関する第6章は，この方法論の新たな展開過程を取り込むために，完全に書き改めた。最後の4つの章は，データ収集の手続き，調査結果の執筆，調査を行ううえでの倫理的ジレンマ，および大学院生の調査についてふれている。倫理と

調査プロセスを扱った新しい章は，重要な貢献ではないかと思っている。というのも，多くの他の調査デザインのテキストは，倫理の問題にふれてはいるものの，それに正面から取り組んだものはあまり多くないからである。その他の章もすべて改訂をしたが，調査プロセスの理解をより深めるために，そのうちのいくつかについては本格的な改訂を行なった。今回の改訂版は，われわれの側の調査プロセスのさらなる経験と理解を反映したものであるとともに，ここ10年間における，大学院生の調査の指導や調査の授業経験のなかで学んだ多くのことの反映でもある。さらにまた，重要なポイントを例示するために，成人教育・訓練の領域からの最新の調査研究の事例を追加した。読者は，その領域での調査へのさらなる理解のためにも，これらの研究を参照することができよう。

初版本のときと同様に，今回の改訂にさいしても，さまざまなかたちで貢献していただいた多くの人たちに対して，謝意を述べたい。クリーガー出版社の編集者であるメアリー・ロバーツには，草稿全体の通読を含めて，とりわけ本プロジェクトの完了までを温かく見守りつつささえていただいた。多くのわれわれの同僚や学生には，励ましやコメントをとおして，本書の完成へのお世話になった。心から御礼を申し上げたい。とりわけメアリー・リッセーウに対しては，われわれの編集作業をうまく理解して，多くの下書きと最終的な完成原稿の双方をタイプしていただいただけに，最大限の御礼を述べたい。さらに大学院のリサーチ・アシスタントである，ナン・チャウとヴィヴィアン・モットのに対しても感謝したい。本書が，調査のデザインと実施のための良きガイドブックでありつづけることが，著者たちの願うところである。

目　次

第2版への序文

第1章　調査とは何か……………………………………………… 1
　第1節　調査の意味 ………………………………………………… 2
　第2節　調査の目的とタイプ ……………………………………… 8
　第3節　調査のプロセス …………………………………………… 10

第2章　調査研究を枠組みづけること ………………………… 16
　第1節　何を研究するのか？ ……………………………………… 16
　第2節　問題とは何か？ …………………………………………… 17
　第3節　問題を設定すること ……………………………………… 20
　第4節　調査上の問いと仮説 ……………………………………… 23
　第5節　問題は重要なのか？ ……………………………………… 25
　第6節　理論的／概念的枠組みとは何か？ ……………………… 26
　第7節　理論と調査プロセス ……………………………………… 28

第3章　文献レビュー …………………………………………… 34
　第1節　文献レビューの機能 ……………………………………… 35
　第2節　検索のプロセス …………………………………………… 37
　第3節　文献を見つけること ……………………………………… 37
　第4節　文献レビューを書くこと ………………………………… 46
　第5節　文献レビューの諸部分 …………………………………… 51
　第6節　文献レビューを行ううえでのガイドライン …………… 55

第4章　実験的および記述的デザイン ………………………… 57
　第1節　実験および準実験デザイン ……………………………… 57
　第2節　準実験研究のデザイン …………………………………… 60
　第3節　記述的デザイン …………………………………………… 67
　第4節　記述的データの収集方法 ………………………………… 70

第5節　未来研究 ………………………………………………… *72*
　第6節　記述的データ収集法 …………………………………… *79*
　第7節　記述的研究の長所と限界 ……………………………… *80*
　第8節　結　　論 ………………………………………………… *81*

第5章　歴史的探求と哲学的探求 …………………………………… *84*
　第1節　歴史的探求 ……………………………………………… *84*
　第2節　歴史的調査を行うこと ………………………………… *87*
　第3節　解　　釈 ………………………………………………… *93*
　第4節　哲学的探求 ……………………………………………… *95*
　第5節　哲学的探求の方法 ……………………………………… *97*
　第6節　言語分析 ………………………………………………… *99*
　第7節　現　象　学 ……………………………………………… *102*
　第8節　結　　論 ………………………………………………… *106*

第6章　意味づけと解釈：質的調査法 ……………………………… *110*
　第1節　共通する特徴 …………………………………………… *110*
　第2節　質的研究のデザイン …………………………………… *112*
　第3節　妥当性と信頼性 ………………………………………… *115*
　第4節　質的調査法の3つのタイプ …………………………… *118*
　第5節　エスノグラフィ ………………………………………… *119*
　第6節　ケース・スタディ ……………………………………… *124*
　第7節　グラウンデッド・セオリー …………………………… *129*

第7章　アクション・リサーチ，参与的調査，批判的調査，
　　　　フェミニスト調査のデザイン ……………………………… *139*
　第1節　アクション・リサーチ ………………………………… *139*
　第2節　参与的調査 ……………………………………………… *144*
　第3節　批判的調査 ……………………………………………… *150*
　第4節　フェミニスト調査 ……………………………………… *155*
　第5節　要　　約 ………………………………………………… *158*

第8章 データ収集の手続きと技法 …… 163
- 第1節 調査データの性格 …… 164
- 第2節 サーベイ調査の貢献 …… 165
- 第3節 サーベイ調査 …… 166
- 第4節 観　察 …… 175
- 第5節 検査法 …… 182
- 第6節 要　約 …… 187

第9章 調査結果を書き上げること …… 194
- 第1節 標準的な調査報告の形態 …… 194
- 第2節 エディトリアル・スタイルとドキュメンテーション …… 200
- 第3節 表と図 …… 202
- 第4節 統計の報告 …… 206
- 第5節 執筆と修正のためのガイドライン …… 208
- 第6節 調査結果の公表 …… 213
- 第7節 調査結果の公表の方法 …… 214
- 第8節 要　約 …… 217

第10章 調査における倫理的ジレンマ …… 219
- 第1節 研究テーマの設定 …… 220
- 第2節 調査参加者の選定と保護 …… 222
- 第3節 データ収集 …… 224
- 第4節 データ分析 …… 228
- 第5節 調査結果の公表 …… 230
- 第6節 倫理性をふまえた調査のためのガイドライン …… 231
- 第7節 要　約 …… 233

第11章 大学院生の調査研究 …… 236
- 第1節 研究テーマの設定 …… 237
- 第2節 審査委員会を組織する …… 241
- 第3節 研究計画の発表 …… 244

第4節　調査研究の遂行 …………………………………… *246*
第5節　研究に対する口頭試問 …………………………… *249*
第6節　要　　約 …………………………………………… *252*

用語解説 …………………………………………………… *254*

訳者解説 …………………………………………………… *259*

参考資料
人名索引／事項索引

第1章
調査とは何か

　調査（research）は，あらゆる領域の研究の発展にとって中核となるものである。調査活動は，その領域の実践と研究に惹かれた人びとの好奇心とエネルギーに大きく依拠する。何人かの人は調査に対して，重要だがどことなく神秘的な活動に従事する，よく訓練された科学者が実験室で行う仕事だというイメージをもつであろう。この見方は以前なら正しかったのかもしれないが，もはや真実ではない。今日では調査は，多くの人びとによって多くの場で行われている。社会科学の応用領域（教育学，カウンセリング，ソーシャル・ワーク，人的能力開発（human resource development）など）を含むあらゆる領域が，調査の必要性と重要性を認識してきている。それは，ある学問領域（discipline）がその知識基盤を拡張させる手段である。またその応用領域では，それは，実践を周知させ向上させる。本書は，社会的実践の応用領域，とりわけ成人にかかわる実践領域にたずさわっている人びとを念頭において書かれたものである。

　成人への教育と訓練の実践が多様であるがゆえに，その領域での調査上の関心と調査者が追求するものもまた多様である。ビジネスや政治科学，健康，宗教，産業，職業教育といった領域はすべて，成人の教育と訓練にかかわっている。これらの領域のどれかにかかわる人びとの日々の仕事生活は，問題解決，意思決定，計画，教授，評価といったプロセスをともなう。仕事上でこうした課題を遂行しつつさらなる経験を獲得していくにつれて，知識は蓄積され，判断力は向上し，より良い計画が芽生えていくであろう。かくして，さらなる経験と知識は，より「専門的な」実践へとつながっていく。

　では実践家（practitioners）は，いかにして問題に対処し意思決定を行うための経験と知識を得るのであろうか？　そこには，実践を高めるためのインフォーマルおよびフォーマルなやり方がある。たとえば，あなたが会社の従業員に対して訓練コースを提供する決定者だったとしよう。インフォーマルには，あなたは他の会社の友人に，そこで何に成功したのかを訊くことができる。ある

いは，従業員自身に何らかの示唆を求めることもできよう。『訓練・開発ジャーナル』の最新号を斜め読みすることもできよう。自分自身の常識を用いて，ある特定の会社の従業員に何がふさわしいのかを推測してみることもできよう。最後に試行錯誤法というのもある。いくつかのコースを提供してから，従業員がどれを選択するのかを見るのである。

　しかしながら，同様の問題に接近するのにより体系的な（systematic）方法も存在する。長期的にみれば，より効果的かつ効率的な方法である。まず第一に，体系的に雑誌記事を読んでみることである。その問題にふさわしい記事そのものを探してくれる索引を用いるのである。第二に友人にたずねるかわりに，そのトピックの専門家や権威者に相談してみるのである。プログラム開発のコースを受講したり，ニーズ診断の仕方のワークショップに参加したりしてもよいだろう。最後に，何が求められ，いつどこでそれが提供されるべきなのかを決定する体系的な調査（investigation）を行うこともできる。この体系的な調査には，特定の従業員へのインタビューや，紙と鉛筆による簡単なアンケート調査の実施や，コースの提供物に関する会社の記録の検索などが含まれる。問題に取り組むためにこの最後の方法を用いるならば，あなたは「調査」にかかわることになる。本書の目的は，応用領域の人びとに対して，実践を高めるためのこの特定の体系的なアプローチの仕方，すなわち調査を行うことに慣れ親しんでもらうところにある。私たちはとくに，成人とかかわる人びとが，その領域での調査の重要性を発見してくれるだけでなく，そのプロセスと自分自身とのかかわり方を考慮されることにも期待したい。

第1節　調査の意味

　そのトピックに関する本の数にも劣らぬほど，調査に関する多くの定義が存在する。あるものは調査（research）を，「知識や理解を増大させるために，体系的に調べること」（Page & Thomas, 1977, p. 290）ととらえている。「規律ある探求（disciplined inquiry）」（Good, 1973, p. 494），「科学の技法と哲学の双方に導かれた探求法」（Kaplan, 1985）といった定義もある。これらすべての概念化に共通する考え方がある。すなわち調査は，そのプロセスにかかわるなかで，あるものについて以前よりもより多くを知るようになる，ひとつの体系的なプロ

セスだということである。調査の理解においては、いくつかの質問を投げかけることが重要となる。まず第一に、知識はどこから芽生えるのか？　第二に、知識を**体系的に**（systematically）探求するとはそもそもどういうことなのか？第三に、その知識はいかにして、まただれによって使われるのか？

　知識は、われわれが人間的経験の一部としてそれを受け入れるようになる、4つのプロセスをとおしてアクセスされる。すなわち、信じる（believe）こと、考える（think）こと、感覚する（sense）こと、感じる（feel）ことの4つである（Royce, 1964）。われわれは、ある信頼できる人から何かを告げられたときに、あるいは何かが過去においてつねに正しかったと思ったときに、知識に通じる道として、信念（belief）を用いるかもしれない。他人が言うことを信頼しているとき、あるいは日々の出来事としてたえず経験しつづけるものに対しては、われわれは、それが正しいと**信じる**と言うであろう。思考（thinking）もまた、知識への道として一般的に受け入れられているもののひとつである。もし真実を選び取るのに理性（reason）を用いたならば、われわれは、それが真実であると**考える**と述べるであろう。この例では、精神的プロセスの体系的な活用が知識の出所（source）だということになる。真実に到達するためにわれわれの五感を用いることもまた、知識を獲得する典型的なアプローチである。われわれは、視覚・聴覚・味覚・触覚・嗅覚のうちの、1つ以上の感覚をとおして経験したときにも、何かを真実だと**感覚する**。知識への正当な道すじだがこれまで他とくらべてあまり信頼されてこなかったものが、われわれの感情（feelings）である。知識は、われわれがそれへのポジティブで感動的な反応を示したときに、真実だとして解釈される。真実だと思われることへの良い感情をもっていたり、あるいは知識の正しさに関する洞察を有していた場合もそうである。人びとは、これら4つの知への道の1つかそれ以上を用いて、自分たちが真実だと解釈するものを受け入れたり拒絶したりする。

　知識はしばしば、われわれの知識探求において用いられる真実の出所によって分類される。それは、知識に接近するうえでの、次の4つのプロセスのうちのどれかを用いることで決定される。たとえば、個人的信念が真実の出所である場合、その所産は、**権威的**（authoritative）知識として形容される。この場合、知識はあるイデオロギーの受容をその基盤におく。一方、思考にもとづく知識は、**合理的**（rational）知識と呼ばれる。非論理的・非合理的思考とは対照的に、

論理的あるいは合理的な思考は，知識の出所として理性を俎上に載せる。五感のうちのひとつをくぐり抜けた知は，**経験的**（empirical）知識として分類される。そこでは，人間の感覚が真実を開示する（reveal）ということになる。これに対して，知識の出所として感情を用いた場合は，**直観的**（intuitive）知識となる。直観は，何が真実かを決定するさいには，われわれが有する洞察や開示の程度によって判断する。

あらゆる知識の出所が有史以来ずっと，生活を説明したりそれに適応したりするために用いられてきたのではあるが，ある時代には，そのうちのあるものが他より多く用いられてきたのであった。たとえば文字を用いない時代の社会では，生活への適応の効果的なパターンは，他の人びとを模倣して，世代から世代へと伝統を継承することで学ばれていた。

人類の歴史の初期においては，権威的知識が真実と現実の解釈に大きな影響をおよぼしていた。真実はしばしば，選ばれた人びとによって行使された役割のおかげのものだとされてきた。たとえば，僧侶や魔術師，予言者など，特殊な能力を秘めたとされる人びとである。ふつう文化的・宗教的伝統によって伝達される信念（教義）は，いまだに真実の主たる伝達物なのである。聖書やコーランのような文書は，権威的な知識の典型例である。あるいはイエス・キリストやマホメットなどの文化的・宗教的伝統を体現する人物もまた，知識の権威的源泉だといえる。現代的な意味合いでは，辞書や法文書，あるいは最高裁判所判事や宗教界のリーダーなどに社会から任命された人たちなどが，権威的な源泉だといえよう。

合理的思考は，初期ギリシャ文明および17世紀・18世紀のヨーロッパの時期に再び，知識への道として支持された。強調点は，論理と合理的プロセスの諸要素におかれていた。17世紀にフランシス・ベーコン（Bacon, F.）によって提唱された，演繹的な（deductive）アリストテレス論理学と帰納的（inductive）思考法の活用は，思考を知識への道へと発展させることに貢献した。演繹的推論は一般的な観察結果を特定のケースに適用させるものであり，帰納的推論は観察された個々のケースを一般化につなげるものであるが，これらは今日では，調査を実施するさいの主要な思考のモードとなっている。

日常生活上の問題解決にしばしば用いられる2つのアプローチとして，感覚上の経験および直観をとおして知識に接近することがあげられる。五感を用い

るなかでわれわれは、真実への他の源泉よりも、自己の感覚的経験の優位性を信じるのである。感覚にもとづく知識の例としては、われわれの知る太陽の昇り方と沈み方があげられる。アメリカ合衆国の住民に毎日の太陽の動きの法則性をたずねたならば、その回答はおそらく、太陽は毎朝昇り毎晩沈むというものであろう。このことはもちろん、白夜の地であるフィンランドのラプランド地方の住民（Laplander）にとっては、同様の経験だとはいえない。そこでは太陽の運行の法則は、数か月の周期によるものとなる。

　感情を用いることから芽生える知識、あるいはカーリンガー（Kerlinger, F. N.）のことばを使えば、アプリオリな知識は、直観的知識である（Kerlinger, 1986）。直観は、真実を決定するうえで自明なるものである。知識への道として感情を用いることにより、調査者は、既知の世界から未知の世界へと飛躍する。またそうした知識の妥当性（validity）への責任は、個人に帰することとなる。ある調査者は、直観を勘（hunches）の追求として特徴づけ、またブルーナー（Bruner, J. S., 1967）らは、この出所を「教育された飛躍（educated leap）」と呼んでいる（Bruner, 1967）。芸術的あるいは創造的表現もまた直観的知識の一例である。たとえば、カンバス上の挑発的な色彩融合のために、パレットから異なった方向の色を混ぜ合わせることにより、画家は、知の方法を実演しているのである。同様に、小説家によって編まれたフィクションやジャズ・ミュージシャンによるディキシーランド風の即興音楽もまた、知識の一形態なのである。

　ここで議論している知識獲得様式のタイプ分けを支持する考え方は、がいしてすべての人間は、同じようなやり方で知る経験をするということである。しかしながら、20世紀後半に発展してきた一連の研究は、個々人としての人間が、知る方法においてきわめて多種多様である可能性があることに注目した（Belenky et al., 1986; Reinharz, 1992）。さまざまな心理的・社会文化的影響が、われわれが個々に知識の探求とその所産を経験するうえで、重要な役割を演じているのである。

　調査におけるひとつの重要な側面は発見（discovery）である。しかし、発見の現象それ自体を、調査のプロセスと混同させてはいけない。真実は、人びとの日常生活のなかから発見される。こうした発見は、偶発的なものであったり、あるいは日常的な出来事への好奇心から芽生えるものであったりする。じっさ

い日々の個人的な発見は，より生産的で満足いく生活にもつながるであろう。本書で議論しているプロセス（＝調査のプロセス）は，こうしたプロセスにかかわる人びとが，その課題のための準備をし，それを追求し，その結果に対して責任をもつようになっていく方法と関係する。そのプロセスは基本的には，「リ・サーチ（re-search）」，すなわちたまたまや偶然ではなく，先に述べた探求の一定の規準や目標やガイドラインに達するまで何度も何度も，体系的にある状況や現象をながめるというものなのである。調査を行なっているさいには，われわれは，ある状況や現象の広さや深さを，しばしばさまざまな角度から，体系的に探ることにかかわることになる。調査にかかわっていると，われわれの好奇心を満たすような発見に結実することもあるが，これはけっして偶然の産物ではない。調査を行うことは，望ましい結果を生み出すだけでなく，われわれの調査結果と調査の仕方にも関心を示すであろう，（現在および未来の）他の学者や実践家にもはっきりと理解できるような方法を探すことでもある。調査ではまた，それに参加する人びとに対して，倫理的に責任のもてるような探求者であることが求められる。調査者は，その結果の消費者となる人びとに対してもかかわりをもつ。調査プロセスのこの部分については，第8章から第11章にかけて，よりくわしく議論されよう。

　調査の決定的な特徴は，人間の経験から形づくられた現実を発見する，体系的で目的的で規律あるプロセスだということである。調査は，結果だけでなくプロセスの問題でもある。調査の努力の結果は，期待されたものでない場合もある。調査が真実の開示につながるかどうかは，ただその時点での問題である。たとえば中世の錬金術師は，どのような物で世界が構成されているのかを決定するという課題に真剣に取り組んでいた。かれらはこの問題に対する解答を見つけるのには失敗したが，錬金術は，ひとつの学術的探求のプロセスでもあった。そして錬金術をとおして，「金属と合金の特性に関する確かな事実が得られ，酸や塩基，塩類の特性が認識され，熱力学の数式が導き出され，数世紀ののちには，DNA 螺旋構造の神秘のヴェールが剝がされた」(Thomas, 1982, p. 35)。

　各々の知識のタイプが独自性を有しているので，異なったタイプの知識に接近するさまざまな「システム」や方法が開発されていった。たとえば，合理的知識へのアクセスのために論理学が開発された。科学的手法が経験的知識の調

査を形づくっている。歴史的手法は，権威的知識の調査に部分的に用いられているし，直観的知識は，自然主義的探求法によってアクセスされる。

最近まで調査者は，合理的・経験的知識の基盤を，権威的・直観的知識よりもより多く活用していた。ルネッサンス期には，いわゆる自然の法則を解釈するつよい熱情が芽生えた。たとえば，物体の重さと空気密度に対する，物体の空気中の落下速度に関する実験法が実施された (Santillana, 1953)。これら初期の実験法は体系的ではあったが，調査法が「科学的」になるためには，帰納的推論と演繹的推論を観察と結びつけたチャールズ・ダーウィン (Darwin, C.) の出現を待たねばならなかった。さまざまな種の動物の直接的な観察だけでは生産的な結果につながらないことに気づいたダーウィンは，動物の絶滅と存続に関する暫定的な仮説を編み出した。そうして彼は，自然淘汰の仮説を提唱したうえで，さらなる観察とデータ収集をとおしての検証を試みた。

「科学的」だとみなされるダーウィンのアプローチは，19世紀半ば以降に行われた調査研究の多くを特徴づけることになった。**科学**という用語それ自身は，正確で検証可能で体系化された知識を意味するようになった。それはもはや，物理学や化学，生物学といった特定の学問分野を意味するだけでなくなった。調査における科学的方法は，帰納的・演繹的推論，仮説の検証，経験的現象の観察をも含むものとなった。それは，合理的で経験的な知識の出所に対する，高度に洗練された，体系的なアプローチなのである。

20世紀半ばになってようやく，合理的・経験的知識以外の出所もまた，体系的な探求にふさわしいとみなされるようになった。科学的方法の客観的で合理的なアプローチとは対照的に，人文科学者は，あらゆる科学が人間の経験の主観性に根ざしていると主張した (Kockelmans & Kisiel, 1970)。現象学的哲学にもとづき，このアプローチは，社会調査と社会理論に対して，直観的あるいは内観的視点を付加した。すなわち，このモードの調査には，「意識として経験された現象の直接的探索と記述」が含まれる。「そこには因果関係に関する理論もなく，検証されていない先入観や前提条件からも可能なかぎり自由である」(Encyclopedia Britannica, 1967, p. 810)。現象学とヒューマニズムの影響は，調査プロセスにおける異なった強調点を招来した。「質的 (qualitative)」あるいは「自然主義的 (naturalistic)」調査法と命名されるようになってきているアプローチは，知識と日常世界の特性に関する異なった仮説に立脚している (Lincoln & Guba, 1985)。その結果，科学的方法以外の調査技法もまた，このタイプの知識に接近するために開発されるようになってきた。社会科学の調査法の最近の展開過程を鋭くながめていた何人かの調査者の意見では，2つの調査パラダイム（すなわち量的（quantitative）と質的）による，2つの異なった調査下位文化が現れているということである（Palys, 1992, p. 3）。

第2節　調査の目的とタイプ

　実践の応用領域の人びとは，しばしば過重労働や低賃金であることがある。調査プロセスに関する学習と調査の実施のために時間を工面することは，多くの人に関与可能なものだとはかぎらない。しかしながら多くの専門家は，その領域における調査の重要性を認識しており，さまざまなやり方で自分たちをそれにかかわらせることができる。実際に調査を実施することにくわえて，かれらは，調査結果を活用し，調査を必要とする問題を特定するという立場にいる。

　最終的には，ある応用領域における調査の価値や目的は，その学問領域の実践の質を高めるところにある。実践の改善は，さまざまなタイプの調査の遂行から芽生えるが，しかし最も一般的な区分は，基礎的（basic）調査と応用的（applied）調査である。**基礎的**あるいは純粋な調査は，知的関心によって動機づけられ，知識の拡張をその目標とする。**応用的**調査は，直面する実践上の問題の解決に向けられる。キッダーとフッド（Kidder, L. H. & Judd, C. M.）は，社会科学における基礎的・応用的調査の役割について，次のように述べている（Kidder & Judd, 1986）。

> 　実際には評価的調査をも含む応用的調査は，実践上の問いに答えるために組まれたあらゆる社会調査をさす。応用的調査者は，実践上の問いに答えつつ理論の検証をも行うであろう。かれらは，実際のあるいは現実世界の場面に，多かれ少なかれ直接的に組み込まれるであろうが，最終的には，実践にかかわる何らかの問いに答えることに関心を示すのである。　　　　　　　　　　　　　　[p. 396]

　応用的社会調査者は，一般的には，基礎的調査者とは異なった聴衆に対して話しかけることに関心をもつ。たとえばかれらは，その仕事が社会政策の改変にかかわる法律家や裁判官や行政官によって活用されることを希望するかもし

れない。また別の応用的調査が，成人の教育や訓練を扱う領域で実施されているが，基礎的・応用的の双方の形態が，実践に対する影響力をもっている。基礎的調査の結果は，非常に実践的な応用力をもつかもしれないし，応用的調査は，理論の構築や検証につながるかもしれない。たとえばピアジェ（Piajet, J.）の認知的機能の理論の応用は，さまざまな認知的機能のレベルの学習者とともに仕事をするさいの，特定のカリキュラム教材や指導の実践につながるかもしれない。逆にもし，成人の認知的機能のレベルを検証することになり，多くの者が，（ピアジェが思春期に達成されると述べた）形式的操作の段階に到達していないことがわかったとすれば，ピアジェの理論は挑まれることになろう。

　社会的実践の領域で広汎に用いられている応用的調査の形態は，評価的調査である。体系的な探求の形態という点では共通している，評価と調査のちがいは，用いられる方法ではなく，たずねられる質問のなかにある。というのは両者の方法は，基本的には同じだからである。評価的調査は，あるプログラムやプロセス，技法の意義や価値にもとづき，データや証拠を収集する。その主な目的は，意思決定のための基盤を築くことにある。「こうした決定が，最も効果的な手順や資料，組織構造の選択と関係するかもしれない。評価的調査は，『この技法（資料，処置）でうまくいくのか？』といった質問をも投げかけるであろう」(Drew, 1985, pp. 16-17)。評価は，応用的調査のひとつのタイプだと考えられる。というのは，それは直面する問題のなかに含まれ，実践に対する即座の影響力をもつだろうからである。

　ビジネスや産業界では，応用的調査は，しばしばある製品の開発とかかわり，そしてそれゆえ，「開発的」「製品」調査だともいわれる。企業は，調査・開発（R&D = Reseach & Development）部門をもち，そこで製品開発のみに重点的にかかわることがある。ボーグ（Borg, W. R.）は，R&Dと調査の応用的・基礎的モードとの関係性について議論している（Borg, 1993）。彼によると，基礎的および応用的調査研究は，きわめてしばしば，実践への効果が乏しい。したがって，教育におけるより有望な発展のひとつは，調査・開発のプログラムの出現にあろう。

　教育的R&Dプログラムは，多くの調査目標が新しい知識の探求にあるとする，教育調査とははっきりと異なっている。このタイプの探求の成果は，多くの場合，学術雑誌に投稿された調査報告となる。これとは対照的に，教育的

R&Dの目標は，教育的プログラムで効果的に用いられる完成作品なのである。

かくして，もし実践家が調査をとおして自分たちの実践領域に積極的に貢献しようとするならば，多くのオプションがかれらのまえに開かれているということになる。新しい知識それ自身の探求，あるいは既存の知識の洗練は，長い目でみれば，当面の実践上の問題の解決やプログラム評価，新製品の開発に対して調査を用いることと同様に重要だということが明らかとなろう。行われる調査のタイプは，ある特定の実践領域にかかわっていくなかで出された問いによって決定されよう。調査者の調査への動機づけが主に理論的なものであれ実践的なものであれ，調査のプロセスは，基本的には同じなのである。

第3節　調査のプロセス

調査を計画し実施するプロセスは，以下の段階に分けられよう。(1)ある関心や問題の明確化，(2)概念的枠組みの構築，(3)調査対象の状況描写，(4)調査方法の決定と，適切なデータ収集の手続きと技法の活用，(5)データの分析と報告。本書の著者としてわれわれは，この調査のプロセスを本書の組織化・構造化の軸に選んだ。一方でわれわれは，必ずしもつねにこの順序のプロセスがよいというのではなく，順序の変更も可能であり，ときにはそれが望ましいこともあるとも思っている。適切な方法とデータ収集の技法に関する判断は，調査される内容と，調査を行う人間の経験と技能とによって大きく影響を受ける。読者は，本書を参照文献として扱い，調査の計画と実施への支援の必要性が生じたときに，それに見合った箇所を活用していけばよいであろう。

問題や関心を明確にすることは，多くの調査のかなり最初の段階で必要となる。成人の教育・訓練といった応用領域における問題は，しばしば実践から引き出される。逆に概念的な性格の問題や関心は，主に基礎的あるいは基本的調査を導く。調査上の問題提起（problem statement）では，調査活動が焦点におく変数（variables）や概念をめぐる記述がなされる。問題提起は，調査テーマの領域と目的を，広く一般的な設問というかたちで表したひとつのパラグラフである。たとえば，「成人への職業訓練が，その業績（performance）におよぼす影響とはどのようなものか？」などである。あるいは，次のように仮説的な文章で終わる場合もある。「患者教育のプログラムを施す病院を退院したかど

うかで，退院後の患者の健康状態に差がうかがわれるだろう」。それがどれだけ一般的な記述であれ，何らかの問題提起が，さらなる活動を導くためになされるのである。調査上の問題に関しては，第2章でより詳細に議論されよう。

　調査のプロセスにおける第二の課題は，概念的枠組み（conceptual framework）を構築することである。調査研究の一部となる理論や概念や要因を認識し議論することは，調査を計画するうえで必要不可欠なことである。しかし，いついかにしてこれらが明らかにされるのかは，研究のタイプと目的によって異なる。たとえば，検証されるべき理論にもとづいた研究では，計画の初期の段階でその理論と関連概念の定義が必要となる。新しい理論や概念を発見することがねらわれた調査では，調査計画の初期の段階では，定義はそれほど焦点化されない。この場合，文献レビュー（literature review）が，研究の領域をうまく輪郭づけたり，調査が焦点化するパラメータを決定したりする役割を果たすだろう。このプロセスは野球にたとえられる。調査の概念的枠組みは，「野球場」あるいはゲーム（調査）が行われるテーマの領域の輪郭を描くことになる。文献の丹念なレビューはしばしば，より焦点づけられた研究と調査へのエネルギーの有効利用にもつながる。言い換えれば，勝つための「ゲーム・プラン」である。概念的枠組みの構築は，調査すべき問題や関心そのもののさらなる発見につながる。問題や関心が明確になるにつれて，関連する理論や概念もまた明確になっていく。相補うようなかたちで，問題提起の記述もまた，調査すべき重要な概念や要因を明らかにして示す手助けとなる。いったん調査上の問題が明確になれば，同じあるいは同様の方向の探求において，他の調査者がどんな概念や手続きを用いたのかを発見することは有用なこととなろう。他者がその調査で明らかにした変数や方法を知ることもまた，調査計画における方向性と落とし穴への警告をあたえてくれよう。こうした機能および文献レビューの他の側面については，第3章で議論される。

　調査研究のための概念的背景を発展させたりトピックの領域を探索したりするために，問題を記述し文献レビューを行なったあとで，調査者は，調査対象となる状況あるいは調査すべき変数の明確化という，第三の課題に取り組む。調査対象の入念な明確化には，次の段階が含まれる。(1)用語の定義，(2)調査研究の範囲の限定，(3)研究が基盤におく仮説の明確化。たとえば，もし調査者が，訓練が仕事上の業績におよぼす影響に関する調査計画を立てていたとしたら，

方法，**影響**，**業績**といった用語の定義が必要となる。またその研究に参加する成人の特性に関する記述も必要となろう（年齢，性別，社会経済的地位など）。用語を定義し研究の範囲を限定することは，探求の境界線を決定し，調査で重要となる特定の変数とその相互関連性への絞り込みにつながる。調査者が訓練に対して抱いている考えは，それが業績に関連をもつだけに，適切な概念的枠組みを構築するうえで考慮すべき別の問題である。

　ある特定の問題に対する概念的枠組みが構築されるにつれて，調査を行なっていくうえで最もふさわしい調査方法が明らかになってくる。この第四番目の課題，すなわち方法の選択は，アクセスされる知識の出所と調査の特性をささえる考え方に依拠する。それはまた，調査者の社会的背景や経験や技能からも影響を受ける。それゆえ，調査者の属性も計画プロセスの一環として診断される必要がある。理論の検証や現象の記述にはサンプリングや仮説検証などが含まれるが，これらは実験的・事後的（ex post facto）・記述的調査デザインによくみられるものである。理論構築や現象の解釈は，質的あるいは自然主義的アプローチにとくによくみられる。たとえば，エスノグラフィ（ethnography），グラウンデッド・セオリー（grounded theory），歴史的・哲学的探究法などである。第4章から第7章にかけては，調査を実施するうえでよく用いられる，さまざまな調査デザインの説明に紙幅を割いている。

　方法論的アプローチ全般に関する部分では，適切なデータ収集技法を選択することもまた必要となる。トレーニング用の調査を一例として取り上げることで，調査者は，データ収集における質問紙やインタビューの会話記録（protocol）を用いることができよう。あるいは，観察が行われるのであれば，評定尺度が組み込まれよう。特定のデータ収集技法に関しては，第8章で議論される。

　あらゆる調査に共通するプロセスの第五番目は，データ分析である。もし調査が入念に計画・実施されたならば，データの分析は，調査対象の現象に関する説明と推論を生み出すであろう。調査結果は最終的には，当初の関心や問題に見合った結論に結びつく。あるいはそれらは，万一結論が引き出されない場合には，問題の再概念化へのガイドとなる。データ分析は，そこで用いられる方法にかなりのていど依拠することになる。それゆえ，用いられる方法のタイプに応じたデータ処理への一般的な考察は，第4章から第7章までなされる。

　いったん調査活動が終了したならば，調査結果を報告することが重要となる。

第1章 調査とは何か　13

表1-1　大学院での調査のプロセス

	第1章 調査とは何か	第2章 調査研究を枠組みづけること	第3章 文献レビュー	第4章 実験的および記述的デザイン	第5章 歴史的探求と哲学的探求	第6章 意味づけと解釈:質的調査法	第7章 アクション・リサーチ、参与的調査、批判的調査、フェミニスト調査のデザイン	第8章 データ収集の手続きと技法	第9章 調査結果を書き上げること	第10章 調査における倫理的ジレンマ
A. 研究テーマの選択	■									■
B. 審査委員会の決定		■								
C. 研究計画書作成		■								
#1. 問題または関心		■								
#2. 文献レビュー			■							
#3. 方法論				■	■	■	■			
D. 調査の完了								■		
#4. 調査結果								■	■	
#5. 考察・今後の課題									■	
E. 調査に対する口頭試問									■	■

注）１から５の番号は一般的な学位論文の章立てや標準的な調査報告書の区分を反映している。

ただ結果の報告（reporting）と公表（disseminating）をとおしてのみ，調査がその領域の知識基盤に貢献でき，実践の向上に有用となりうるのである。第9章では，調査結果の報告と公表の仕方に関する示唆を提供する。さらにまた，調査結果の報告と公表には，調査参加者の素性や結果公表の反響効果に関連した倫理的配慮がともなう。調査プロセスのあらゆる局面（問題設定から公表まで）に付随する倫理的問題は，第10章で議論される。

　本書の著者の経験からいうと，応用領域における調査の多くは，その領域での修士号や博士号の取得に（しばしばパートタイムで）従事する大学院学生によってなされる。実際の調査プロセスはその役割に関係なく同じではあるが，大学院での調査には，固有の定式化された手続きがいくつかある。研究計画書（proposal）の作成，審査委員会の形成，口頭試問（oral defense）の3つが，大学院での調査経験の一部として，多くの学生が取り組むべき手続きである。第11章では，大学院生が調査を行ううえで実際に取り組むいくつかの側面についてふれる。表1-1は，本書の他の10章と大学院での調査プロセスとの関連を表したマトリクスを示している。この表では，大学院での調査プロセスの各段階で十分な議論がなされる箇所に，黒ヌリを施している。

　また本書の最後では，読者は，一般的に用いられる調査用語の包括的な用語解説（glossary）を活用することができる。われわれは，本書のすべての部分が，調査者にとって，調査を効果的に進めるという挑戦に応えることへの一助となることを希望したい。

第1章参考文献

Belenky, M., Clinchy, B., Goldberger, N., & Tarule, J. (1986). *Women's Ways of Knowing : The Development of Self, Voice and Mind*. New York : Basic Books.

Borg, W. R. (1993). *Applying Educational Research : A Practical Guide for Teachers*. New York : Longman.

Burner, J. S. (1967). *A Study of Thinking*. New York : John Wiley & Sons.

Drew, C. J. (1985). *Introduction to Designing and Conducting Research*. St. Louis : C. V. Mosby Co.

Encyclopedia Britannica. (1967). Chicago : Encyclopedia Britannica Inc.

Good, C. V. (Ed.). (1973). *Dictionary of Education* (3rd ed.). Chicago : McGraw-

Hill.
Kaplan, A. (1985). Research Methodology: Behavioral Science. In T. Husen, & T. N. Postlethwaite, (Eds.). *The International Encyclopedia of Education* (Vol. 7, p. 4293).
Kerlinger, F. N. (1986). *Foundations of Behavioral Research* (3rd ed.). New York: Holt, Rinehart & Winston. (F・N・カーリンジャー, 馬場昌雄・馬場房子・福田周司訳『行動科学の基礎手法（上）』鹿島研究所出版会, 1972年。上巻のみ刊行されている模様。)
Kidder, L. H., & Judd, C. M. (1986). *Research Methods in Social Relations.* New York: Holt, Rinehart & Winston.
Kockelmans, J. J., & Kisiel, T. J. (1970). *Phenomenology and Natural Sciences: Essays and Translation. Evanston,* IL: Northwestern University Press.
Lincoln, Y., & Guba, E. (1985). *Naturalistic Inquiry.* London: Sage Publishers.
Page, G. T., & Thomas, J. B. (1977). *International Dictionary of Education.* New York: Nichols Publishing Company.
Palys, T. (1992). *Research Decisions.* Toronto: Harcourt, Brace & Jovanovich.
Reinharz, S. (1992). *Feminist Methods in Social Research.* New York: Oxford University Press.
Royce, J. R. (1964). *The Encapsulated Man: An Interdisciplinary Essay on the Search for Meaning.* Princeton, NJ: Van Nostrand Company.
Santillana, G. de. (Ed.). (1953). *Dialogue of the Great World Systems.* Chicago: University of Chicago Press.
Thomas, L. (1982). On Alchemy. *Discover, 3,* 34-35.

第2章
調査研究を枠組みづけること

　調査プロジェクトをデザインするプロセスは、興味・関心のある特定のトピックや領域を明らかにすることから始まる。多くの人びとは、はば広い関心の領域を指摘することはできる。むずかしいのは、意義があって、統御可能なサイズで、かつ体系的に接近可能な、その関心領域のなかの問題を示すことである。調査すべき特定の何かを明らかにしたら、次に調査研究を導くために、問題が形成され形づくらねばならない。「形づくること（shaping）」は、その問題と理論・先行調査との関連を描写することや、用語と概念を定義することや、調査上の問いや仮説を構築することによって行われる。本章では、調査上の問題の明確化とそれを形づくることに含まれる論点を示していく。とくに、トピックの選択、問題を形づくること、問題の重要性の診断、その問題を理論的枠組みのなかに収めることに注目する。また、キー概念の定義の仕方と設問や仮説の書き方についても議論していく。

第1節　何を研究するのか？

　いかにして自分の研究テーマを決めるとよいのであろうか？　まず第一に、自分自身の日常生活を考えてみよう。あなたの仕事は、家族は、友人は、地域はどんなものか？　見回してみよう。あなたは、何に関心があるのか？　仕事上で何か悩ますものはあるのか？　何に興味がそそられる？　成人教育・訓練といった応用領域では、きわめて多くの調査上のトピックが仕事の場面から芽生えてくる。しかしそれらは、あなたの日常世界を構成する出来事や人びとに目を向けることによっても、たやすく見きわめることができる。以下のいくつかの例は、われわれの日常生活が、いかにしてあるトピックの領域を生み出すのかを示すものである。

・弁護士や裁判官をめざす者に提供される，継続教育への補助金にて働くなかで，パットは，裁判官になる方法を知ろうとするうちに，裁判官がどのような訓練を受けるのかに興味を示すようになった。多くの裁判官がほとんどフォーマルな訓練を受けていないことを発見した彼女は，とくに何人かの裁判官が，いかにしてある特定分野の問題に熟知するようになっていくのかに興味をもつようになった (Stein, 1990)。
・ベッツィは，その余暇時間で，町のホームレス・シェルターにてボランティアとして働いていた。彼女は，何人かのホームレスの成人が，シェルターから出て安定した居住生活を達成できるようになるプロセスに関心を示すようになった。
・中年期にダンは，15年間働いてきた会社内での，大きなキャリア上の変化を成し遂げた。この経験が，他の雇用者なら，その従業員のキャリア変更のニーズにいかにして応えるのかという疑問につながった。

　調査上のトピックは，他のところからも芽生えてくる。今日の社会的・政治的問題も，多くの可能性を提供してくれる。エイズをめぐる議論が形づくられるすじみちとその教育者への示唆に関する，ボシャー (Boshier, R.) の研究 (1992) は，この一例であろう。トピックは，文献からも芽生えることがある。とくにある領域の先行調査や理論からである。コースの課題のために，あるいはたまたま読んでいた場合でも，あなたが読んだ専門雑誌の内容が，調査研究に発展していく問いの出所となるかもしれない。ここまでで示したどれかからのトピックのさらなる探究が，調査上の問題を明確化し形づくることにつながっていくのであろう。

第2節　問題とは何か？

　関心領域のなかから，調査にふさわしい問題 (researchable problem) を明らかにしていく簡単な公式のようなものは存在しない。グーバ (Guba, E. G., 1978, p. 45) が述べたように，「問題は自然界に存在するのではなく，**人びとの心のなかに存在するのだ**」。問題として認識されるかどうかは，個々の調査者が問題の性格をどうとらえるかに拠る。ある者はそれを，解決が求められている状

況だと定義するであろう。カーリンガー（1986, p. 16）などの別の者は、それを「『2つあるいはそれ以上の変数の間に、どのような関連性が存在するのか？』という疑問文や問いかけ」として定義する。しかしすべての者が問題を、解決が求められる特定の状況や、解答が求められる問いかけとして定義しているのではない。たとえばデューイ（Dewey, J., 1933）は、何らかの困難さの実感から問題が芽生えるととらえた。人が困惑したり、不満を抱いたり、何かに確信がもてなかったりしたときである。デューイは次のように指摘する。「ある単語の意味を、信念を……ぐらつかせるまでに、……精神を困惑させ挑ませる……何かへと拡張させようとしたときに、真なる問題や疑問が芽生えてくる」(pp. 12-13)。

それゆえ問題は、「精神を困惑させ挑ませる」何かだと定義するのが最も妥当なところであろう。調査上の問題は、人の一般的な好奇心を、調査を計画して導く作業用具に転化させるための触媒（catalyst）なのである。問題の明確化のプロセスには、関心対象のトピックを、洗練させること（refining）と絞り込むこと（narrowing）とが含まれる。そのトピックに関するはば広い読書をしたり、他者（とくにその領域に精通している者）と話し合ったり、その問題に関連した状況をしっかりと観察したり、トピックに関してひらめいたことをメモしたりしていくなかで、このプロセスは深まっていく。

一般的には、調査上の問題は、そのトピックに関する情報や知識にギャップがあるときに芽生える。われわれは、裁判官がいかにして専門家になっていくのかを知らない。ホームレスの生活再設計や、キャリア変更を希望する従業員に会社がどう対応するのかも知らない。それらは、われわれの日常経験からはわからない（もしわかれば、われわれは、それに好奇心を抱いたり困惑したりはしないだろう）。また、先行研究の著者や調査者も、その問題に直接には取り組んでいない。その問題の他の側面はすでに研究されているかもしれないが、しかし、われわれがとくに興味を示すのはそこではない。以下に示すのは、われわれの知識基盤におけるギャップが明確な問題設定の2つの例である。第一の研究は、成人向け高等教育のクラスにおける、広義の権力関係のトピックに関するものである。

権力関係は，社会のいたるところにある。人種的マイノリティと白人マジョリティ，貧困者と富める者，低学歴者と高学歴者，女性と男性…，これらの間の力関係の不平等。こうした権力関係はあるていど，教育プロセスをとおして再生産され維持される。…現行の権力関係の維持・再生産につながる潜在的・顕在的カリキュラムの力は，保育園から大学院までの，公教育のあらゆる段階で作用している。批判的思考の技能が涵養されそれに価値をおかれる高等教育の場や，解放的な教育理論が培われ議論される高等教育の場においてさえも，作用しているのである…。

　成人教育における権力関係の性格を議論した文献も数多くあるが（Collard & Law, 1989; Cunningham, 1988, 1992; Hart, 1985, 1990），とりわけジェンダーや人種の視点から，学習環境における権力関係を，データにもとづく調査によって検証した研究は，これまでほとんどなされてこなかった（傍点追加）。ジェンダーと人種，ジェンダーと階層といった，特権と抑圧とが連動したシステム研究についてもそうであった。したがって本研究の目的は，主としてジェンダーにもとづく権力関係が，成人学生のクラスにおいていかに立ち現れるのかを示そうとしたところにある。なおこれは，人種やエスニシティ，階層，年齢といった，特権と抑圧の連動システムをも含むものである。　　　　［Tisdell, 1993, pp. 203-204］

　第二の例の主たるトピックは，成人教育の場への参加，より具体的にいえば参加への阻害要因である。

　　1961年に刊行されたフール（Houle, C. O.）の画期的な著作に端を発し，成人教育への参加者の理論志向的調査が，学習の「タイプ」や動因や「動機づけの方向性」を明らかにすることをかなり強調するようになってきた（Boshier, 1971; Burgess, 1971; Grabowski, 1972; Morstain & Smart, 1974; Sheffield, 1964）。…フールの成人学習者のタイポロジーとその後の動機づけの方向性の因子分析的研究は，参加現象へのわれわれの理解を深めたが，それらは，参加行動を予測することには成功したとはいえない（Ordos, 1980）。とりわけ動機づけの方向性の諸因子は，参加者と非参加者とを分けるのには有用ではなかったようである。

　　奇妙なことに，参加への促進要因に多くの注目が集まるなかで，ほとんどの研究は，それを阻害する要因については，匹敵するだけの検証を行なってこなかった（傍点追加）。この阻害要因への関心の欠落は，阻害要因あるいは妨害要因といったものが，参加の理論の中核的な位置を占めるだけに，とくに厄介な問題となる。……それゆえ，本研究の一般的な目的は，成人が継続教育に参加しない多

くの理由の背後にある構造を探るところにある。 [Scanlan & Darkenwald, 1984, pp. 155-156]

　第一の例では，調査者は，高等教育のクラスにおける権力関係の研究はなされてきたが，しかし，**成人**学生の研究はこれまでなかったと指摘している。第二の例では，著者は，われわれは成人がフォーマルな学習経験の場に参加する動機についてはよく知っているが，しかし，何が阻害要因であるかについてはほとんど知らないという指摘をしている。

第3節　問題を設定すること

　問題提起（problem statement）は，調査研究の論理を展開する，入念に編まれた論考のなかに横たわっている。問題提起の形成には，「概念のたえざる研ぎ澄まし（sharpening）と範囲のたえざる絞り込み（narrowing）の双方が含まれる」(Selltiz, Wrightsman, & Cook, 1976, p. 55)。じょうご（funnel）の形を思い浮かべるとよいだろう。それは上部は広いが，底部に向かうにつれてだんだんと狭くなっていく。同様に，調査上の問題を設定するさいには，論の最初は広いところから始まる。読者は，それにより一般的な関心の領域を知ることになる。それは，司法教育の問題なのか，それともホームレスの問題なのか，キャリア変更の問題なのか？　ここでのトピックは，いったい何なのか？　このトピックに関連した先行研究はあるのか？　キー概念は何で，それらをどう定義するのか？　なぜこれが重要なトピックなのか？　われわれは，なぜそれに気を留めるべきなのか？

　いったん読者のために，トピックが何でありなぜそれが興味深いのかを明らかにする段階が設定されたならば，次の絞り込みプロセスのステップは，あなたが，トピックのどの**側面**にとくに関心を示しているのかを明らかにすることである。ここでもまた，そのトピックのある特定の側面の情報が欠如していると指摘することになろう。そこには知識基盤にギャップがあるのだ。あるいは，その側面に関する何らかの調査はあるが，しかしあなたが明らかにしたい点においては，現段階の調査は，不十分もしくはある重要な点で欠点があるのだ。

　あなたは大筋のところで，読者を，何がなされるべきかが明らかになる地点

にまで導いてきた。何がなされるべきかは，あなたの調査研究の**目的**（purpose）として述べられる。目的の記述は，あなたが入念に温めてきた問題への直接的対応物である。目的の記述は，まさに「本研究の目的は…」といった記述から始まる。以下に示したものは，目的の記述で終わる問題設定の一例（要約版）である。

> 経済のグローバル化の進展のなかでアメリカの企業が競争的であるためには，労働者の訓練・開発に関する大々的な措置が講じられるべきだという声が出てきている。政財界のリーダーたちは，アメリカの労働者の動機づけや教育や職務技能の不足をたえず嘆いているが，しかし，こうした問題への対処法に関する具体的提言は，ほとんど示されていない。
> とりわけ製造業部門は，その競争の優位性（competitive edge）の失墜により，かなりの危機状態にあるといえる（Mark, 1987）。生産性の向上にともなうオートメーション化の普及は，同時に，専門用語を読んで理解し，瞬時に計算を行い，コンピュータを活用することができる労働者を必要とした。こうした要請は，基礎的な識字・計算能力が準備不足で，より人口的に多様で，高齢化が進む労働者層には不利になるものである（Carnevale, 1988; Mikulecky, 1988）。…
> 30年以上もまえにマグレガー（McGregor, D., 1960）は，多くの経営者が，その人的資源のなかにある，まだ未開拓の潜在能力を開く方法を発見すれば，その組織の生産性は少なくとも2倍になると信じていると述べた。…その後に続く研究もまた，人的能力開発が，生産性や賃金の増加，転職の減少，労働者の満足度…における重要な位置にあることを強調しつづけた。
> 成功した組織に関する研究の多くは，人的能力開発部門がきちんと確立した大企業にて行われてきた。…しかしながら，アメリカの企業のほとんど大多数は，年商1000万ドルをはるかに下回る中小企業なのである（Lee, 1991）。…（従業員数100人以下の）小企業がアメリカ企業の98％を占めている（Dumaine, 1992）。…こうした小企業における人的能力開発については，ほとんど知られていない。
> 本研究の目的は，アメリカ南東部における，成功した中小規模の製造業会社における人的能力開発の役割を描くところにあった。
> 　　　　　　　　　　　　　　　　　　　　　　　　[Rowden, 1993, pp. 159-160]

問題提起の「じょうご」の形に注目すること。短縮された形態ではあるが，この文の問題提起の「ロジック」は次のとおりである。最も広い意味のトピッ

クとしては，アメリカの企業が示され，その競争の優位性保持についてふれられる（第1パラグラフ）。そのトピックは，とりわけ製造業界が危機に陥っていることを示すことで，少し限定化される（第2パラグラフ）。さらに焦点を絞っていくと，著者は，その問題に対して何がなされるべきかは，企業の人的能力開発と結びついていると述べる（第3パラグラフ）。彼はそれから，この領域の知識基盤におけるギャップを指摘する。すなわち，フォーチュン誌掲載500社のような大企業での人的能力開発の役割に関する調査は存在するが，しかし，アメリカ企業の98％以上を占める，小規模の製造業会社のものはない（第4パラグラフ）。そこで彼は，何が調査されるべきかをはっきりと描いた，目的の記述で論を締めくくっている。

　用語や概念を定義することが問題を形づくるうえでの重要なステップとなるということも，ここで指摘しておいたほうがよいだろう。概念は，調査対象の現象を説明し記述するさいに用いられる，一連のアイディアを示すものである。概念は抽象物である。それは，直接には観察できないが存在するものとして理解される現象を示す。セルティスら（Selltiz, C., Jahoda, M., Deutsch, M. & Cook, S., 1959）は，次のように述べる。

> 　概念や複合概念（constructs）と言及しようとしている経験的事実との間の距離が大きければ大きいほど，それらが誤解されたり不注意に用いられたりする可能性が大きくなり，また，それらを定義するさいに求められる配慮がより必要となる。それらは，伝えられるべき一般的意味を提供するという抽象的側面と，ある特定の研究にて表現される具体的作用（operations）という側面の双方から，定義される必要がある。前者の定義のタイプは，その研究を，同様の概念や複合概念を用いる知識体系と結びつけるために必要である。後者は，データが観察可能な事実から収集されるべきである以上，いかなる調査を遂行するさいにも不可欠なステップとなる。　　　　　　　　　　　　　　　　　　　　[p. 41]

　上記の問題提起の例においては，「人的能力開発」が定義される必要がある。また著者は，何が「小規模」の「成功した」製造業会社を構成しているのかをも明らかにせねばならない。キーとなる概念や用語の定義は，しばしば上記に示された「小規模」の定義（＝従業員数100人以下）のように，本文のなかに組み込まれる。調査の研究計画書（proposal）の場合は，（論文の場合とは対照

的に，）定義の部分がなかに組み込まれよう。たとえあなたが概念の定義をする場合であっても，あなたがそれらをいかに用いているのかを読者がわかるようにすることが大事である。概念が測定されるものであるならば，操作的 (operational) 定義を示す必要がある。すなわち，その概念がいかにして測定されるのかを，きちんと示すのである。

第4節　調査上の問いと仮説

　調査目的の記述のあとには，しばしば調査上の問い (research questions) や仮説 (hypotheses) が続く。どちらも探求を導くために組み込まれる。両者は，データがいかにして収集されるのかを決定する。調査上の問いは，問題設定から派生し，調査者が調査で最も重要だと判断したものを反映する。上記の，小規模で成功した製造業会社における人的能力開発の役割の比較ケース・スタディの例を用いるならば，調査者は，以下のような調査上の問いをめぐって，彼の探求を構造化した。

1. 従業員の訓練・開発や組織の発展，キャリア開発に関連した，いかなるフォーマル／インフォーマルな活動が，個人・集団・組織面での効果を高めるために，会社内で行われているのか？
2. （広義の）人的能力開発は，会社および従業員によって，どのように受け止められているのか？
3. 人的能力開発・経営・組織行動およびその他の組織の機能と，成功した企業の指標となるさまざまな値との間には，どのような結びつきがあるのか？
　　　　　　　　　　　　　　　　　　　　　　　　　[Rowden, 1993, p. 3]

比較ケース・スタディからのこの例が示すように，仮説というよりは調査上の問いが，質的研究を導いているのである（第6章参照）。
　他のタイプの調査では，調査上の問いと仮説の両方を有する場合がある。問いと仮説の基本的なちがいは，多くの仮説のなかに含まれる，さらなる正確さと変化の方向の予測にある。仮説の記述は，データ収集だけでなく，測定と分析の手助けにもなる。たとえば，労働者が仕事上で新しい技法を学んだあとで

は，労働者の仕事での欠勤率は減るだろうといった仮説を立てることができる。ときには，変数間のポジティブ／ネガティブな関連性の程度が，仮説の記述のなかで予測されることもある（たとえば，「職場内訓練のあとでは，労働者の態度と労働生産性との間には，かなりのポジティブな関連性がうかがわれるだろう」など）。

うまく形づくられた仮説には，いくつかの共通する特徴がある（Ary et al., 1995）。すなわち，効果的な仮説には次のような特徴があるのだ。

1. 説明力（explanatory power）をもっている。
2. 変数間の予期される関連性を述べている。
3. 検証可能である。
4. 既存の知識体系との一貫したつながりがある。
5. 簡潔に述べられている。

説明力があるというのは，仮説が，述べられた調査上の問題に対する妥当な解答を提供できるということを意味する。仮説の設定で示された問題と解答の間の不一致は，データを収集・分析するうえではほとんど意味をなさない。たとえば，もし人が「どんな種類の継続教育が，専門職の者がその職務を遂行するうえで最も有効か？」という問題に対する答えを求めていたとしたら，「専門学校よりも，大学を卒業した専門職の者のほうが，よりいっそう仕事で成功するだろう」という仮説は，妥当な解答を提供しない。職業前教育と仕事上の成功との間にはおそらく関連性はあるだろうが，その仮説は，その問題に固有の継続教育に関する問いには言及していないのである。

予期される関連性の記述は，調査者が予想する／予想しないもの（帰無仮説）が，調査研究から芽生えるだろうということを示す。先の例では，「さらなる仕事上の成功」が予期される関連性に相当する。より高い・より低い・ポジティブ・ネガティブといった語が，予期される関連性を示すためにしばしば用いられる。

検証可能な仮説というのは，立証されるものだという意味である。つまり，経験的に観察したものが，仮説から導き出されたさまざまな推理や結論や推論を支持する（または支持しない）ということである（Ary et al., 1995）。もし，

ある仮説が経験的な観察をとおした精査に耐えうるかたちで述べられていれば，それは検証可能だということになる。

　最後に，仮説の記述における簡潔さや簡便さは，調査を導くさいに，仮説を最大限活かすうえで必要となる。長文で冗長な記述は，キーとなる変数と予期される関連性を選び出すのを困難にする。もし1つの仮説では簡潔に表現できないのであれば，調査すべき変数を2つ以上含むことになるかもしれない。2つ以上の変数を含むならば，多元的な仮説設定が求められることになる。

第5節　問題は重要なのか？

　ある特定の現象に関する知識のギャップを明らかにすることにくわえて，なぜわれわれにその知識が必要なのかを明らかにすることも重要となる。あなたの問いへの答えを知ることに，いかなる価値があるのか？　この知識が，いかにして世界における貢献をするのか？　だれが，いかにして益を得るのか？　調査の意義の形成は，ふつうは問題設定の部分で，少なくともあるていど取り扱われる。つまり，論述における「じょうご」の動きの一部として，適切な引用や他の補助的データを用いることにより，あなたは，この問題をめぐる緊急性の感覚を創出するのである。学位論文などではふつう，研究の意義が述べられる独立したセクションが設けられる。しかし，そのトピックの重要性への言及は，問題設定の箇所でもなされるのである。

　調査研究の重要性は，いくつかの点から指摘できる。その研究は，その領域の知識基盤に貢献できる。調査の目的が何らかのかたちでの知識基盤の拡張にある以上，すべての調査はこれを行なっているのである。問題形成において明らかにされるギャップは，関心対象の現象に関する知識におけるギャップである。しかしながら，ある情報が欠落しているという事実は，われわれがこの知識を必要とするということを意味するのではない。なぜそれが重要なのかについては，申し立てがなされねばならない。この新事実が，いかにしてその領域の研究を進展させるのか？　それがいかにして，その現象に関するわれわれの見解を深めるのか？　それまですでに構築されてきた理論やモデルは，その領域の知識基盤の一部でもある。調査研究は，理論の検証や構築をとおして，理論の発展にも貢献できるのである。

調査が重要となる別の主な点は，それが実践に貢献するところにある。とりわけ成人教育や人的能力開発のような応用領域においては，調査はしばしば，実践の向上という表明された目的のために実施される。あなたの調査研究の結果を，他の人はいかにして活用するのだろうか？　だれがとくに，あなたの調査に関心を示すのだろうか？　あなたの調査は，だれかがより良き意思決定を行い，プログラムを組み，教授し，方針決定をするうえでの手助けとなるのだろうか？

最後に調査研究は，もしそれが技法や方法論を何らかのかたちで発展させたならば意義深いものとなろう。たとえば，調査研究は，ある測定ツール（instrument）の妥当性と信頼性を高めたり，新しい検査法を開発したり，ある統計的・方法論的技法を向上させたりすることができる。意義のこの側面はふつう，その研究がなぜ大事なのかの他の理由づけとともに述べられることが多い。

第6節　理論的／概念的枠組みとは何か？

調査プロセスにおける理論の位置に関しては，あるていど経験を積んだ調査者の間ででも，少なからぬ混乱が生じている。おそらく，学術雑誌や査読委員会から原稿が却下される最も一般的な理由は，概念的あるいは理論的枠組み（theoretical framework）の欠落にあるだろう。残念ながら，理論的枠組みが**欠落**していることを指摘するのは比較的たやすいが，それが何であり，あなたの調査研究のなかにそれをいかにして組み込むのかを説明することは，かなりむずかしいことである。

何人かの研究者は理論的枠組みと概念的枠組みとを区別するが，われわれは，両者が同じものを言及しているものと考える。すなわち「それ」は，調査研究の背後にある構造や方向づけや観点なのである。あなたが関心をもっているトピック，あなたが明らかにした特定の問題，あなたの研究の目的……これらすべてが，世界に対する特定の方向づけを反映している。この方向づけはおそらく，社会学や政治科学などの特定の学問分野や，あるいは精神分析・行動主義・現象学などの特定の理論や哲学を反映しているであろう。「重要なポイント（trick）」は，その方向性を明確にすることであり，あなたの調査研究がその特定の方向性のなかにいかに位置づいているかを示すところにある。関心対

象の変数は，この方向性からいかにして引き出されたのか（すなわち，先行研究は何を述べているのか）？　またこれらの変数は，お互いが論理的にいかに関連しあっているのか？　問題の展開を，鉄骨を組み合わせてビルの骨組みをつくることにたとえてみるとよいだろう。鉄骨は，何らかの論理的な手順で，お互いが「ぴったり合って」いないといけない。あなたの調査研究の各部分（用いている概念，参照している先行研究や調査，現状を診断するために選んだ測定の道具など）もまた，首尾一貫してぴったり合っていないといけないのである。いったん構造，すなわちあなたの調査研究の理論的枠組みができたならば，それを，より広汎な情報（ふつうは先行研究）や収集した「原」データ，調査結果（findings），その結果に対する考察（discussion）で満たすことになる。そうして，あなたは読者に，自分の調査研究が最初に設定した枠組みにいかに組み込まれたかを述べるのである。

　同じトピックの領域が，異なった理論的枠組みからアプローチされることもある。そうするなかで，問題は，ある特定の観点を反映するように形づくられていく。このことが次に，調査研究の目的が何であるのかや，どんな質問や仮説が形成されるのか，いかにデータが収集・分析・解釈されるのかを決定する。成人学習に関する最近の著作は，いかにして同じトピックが多様な観点からアプローチされるかの好例を提供してくれる（Merriam, 1993）。ブークバラス（Boucouvalas, M.）の章は，心理学的観点，とりわけ意識と学習に焦点をあてた成人学習論を紹介している。このパラダイムでは，意識のレベルと状態と構造が重要となる。一方，ウィルソン（Wilson, A. L.）は，状況的認知（situated cognition）の観点から成人学習の研究の展望を描いている。この視点は，学習が人間の活動の日常世界に埋め込まれていると考え，学習が生起する世界をはなれては，それをうまく理解することはできないとみる。別の章では，ティスデル（Tisdell, E. J.）が，フェミニスト教育学（feminist pedagogy）の観点から成人学習を枠組みづけている。そこでの焦点は，構造化された権力関係の性格の理解と，女性の個人的エンパワメントの支援にある。これらの観点からの調査研究のどれもが，異なった文献ベースをもち，その方向性に固有の概念や用語を用い，その理論的基盤に特有の仮説と関心事を反映するような問題と研究目的を形づくっているのである。これが，調査研究の理論的あるいは概念的枠組みの意味するものである。

では，自分の調査研究の理論的枠組みを明らかにするうえで，それがどのようなものかを知るにはどうすればよいのだろうか？　理論的枠組みを明らかにするやり方は，あなたの研究に有用な情報を提供する先行研究に向かうこと（第3章参照）とともに，調査対象の現象に対する自分自身の前提となる考えを点検することである。結局あなたは，いかにして自分の問題を形づくろうとしているのか？　あなたはどんな質問をするのか？　文化人類学者なら文化に，社会学者なら社会構造に，教育者なら教授・学習に，それぞれ関心を示すであろう。たずねられる質問は，ある特定の関心領域を反映するが，それは次に，あなたがそれをとおして世界を観る「レンズ」を反映する。シュルツ（Schultz, J. G., 1988）は，職業教育調査における概念的枠組みの構築の仕方を論じた論文のなかで，次のように述べている。

> いかなる調査上の問題も，1つまたはそれ以上の理論的観点からアプローチされる。…ある理論的モデル／概念的枠組みの選択は，…適切な概念／複合概念の確認や，キーとなる変数の定義，たずねられるべき特定の質問，調査デザインの選択，サンプルとサンプリング手法の選択，機器の活用を含めたデータ収集の方策，データ分析技法，調査結果の解釈という観点から，調査プロセスを導くだろう。　　　　　　　　　　　　　　　　　　　　　　　　　　　　　[p. 34]

こうしてシュルツは，個人の理論的枠組みと上記の調査プロセスの各ステップとの間の関連性を診断するための規準を取り入れようとしていく。

第7節　理論と調査プロセス

理論的あるいは概念的枠組みは，一般的には，ある理論的な定式化やモデルや哲学的考え方などから引き出される。調査は，真空のなかでは行われない。それは，ある特定の方向性や観点と結びついたり，それらに根ざしたりしているのだ。概念的枠組みは，そうした方向性を明らかにするのである。調査プロセスにおける**理論**の位置は，理論的枠組みの構築とともに考慮すべき問題である。

調査プロセスにおける理論の位置は，調査対象の特定領域ですでに知られていることに大きく依拠する。社会科学調査のある領域では，かなりのていどの

データがすでに収集され，理論によって解釈されている。たとえば，人びとの集団での行動については多くのことが知られているし，さまざまな集団の場での人びとのふるまい方を説明し予測するために，いくつかの理論が発展してきた。逆に，人間行動の他の分野はあまり知られていないし，理論もほとんどない。つまり，知識の状態によって，調査プロセスは，よく練られた理論の**検証**をするものであったり，暫定的な理論の**明確化**や**再焦点化**をするものであったり，新しい理論を構築するものであったりするのだ。

科学的調査の多くは，いわゆる仮説 - 演繹的あるいはアプリオリな理論の検証を行う。すなわち，理論は，それに対応する現実世界での行動や出来事に関する演繹的推論から提起されるのである。こうした推論や仮説は検証され，そしてそれらが立証されうる程度に応じて，理論はより信頼できるものになるのだ。この探求のモードにおいては，調査者は，どのような一般的原則が特定の現象の理解に適用できるのかを，まえもって決めておくのである。理論は，何を観察しどの事実を収集すべきかを決める枠組みやガイドを提供する。仮説 - 演繹的モードでは，あなたが立脚している特定の理論が，調査研究の概念的／理論的枠組みを定義するのである。そのあとで経験的事実が，理論を確証したり反駁したりするのである。理論が検証されるさいには，外在変数の統制が重要な要件となる。理論検証に用いられるケースの数とその代表性にも，同等の配慮がなされるべきである。かくして，このモードの調査は，しばしば「科学的」あるいは「量的」と命名される。セルティスら（1959）は，理論に導かれた調査の利点をいくつかあげている。

・理論は，探求を構造化する方法を提供する。
・理論が言及したもの以外の現象についても，理論によって説明される。
・理論は，「当該調査研究の結果の意義を，経験的情報の孤立した塊というよりは，一連のより抽象的な論として練られたもののある特殊なケースとして認識することによって」高めていく。
・理論は，「調査結果自身よりも，予測のためのより確固たる基盤を提供する」。
　　　　　　　　　　　　　　　　　　　　　　　　　　　　　[pp. 490-491]

別の調査においては，理論の役割は，上記の議論が示すほどには主導的では

ない。社会科学においては，現象の観察と操作がより容易な自然科学ほどには，持続的でうまく構築された理論はそれほど多くはない。よって人間行動に関する理論は，物理学的・生物学的な現象を扱う理論よりも，より暫定的となる。たとえば教育学や心理学は，比較的新しい調査の領域である。社会科学における調査の多くは，理論の拡張や洗練につながるものだといえる。

　理論は，調査プロセスのなかで検証され修正される。どちらの場合も，それは，情報の収集と結果の解釈を導くことにつながる。理論は，調査の最終産物でもある。(1)利用可能な理論が存在しない場合，あるいは，(2)既存の理論では，適切あるいは妥当な説明を提供するのがむずかしい場合には，理論を構築することが必要となる。調査が理論を導くプロセスは，帰納的（inductive）なものである。ある現象から生成された理論は，先に述べた仮説 – 演繹モードとは対照的に，「帰納的」と命名される。理論の証明よりはむしろ理論の発見に目標があるこうした調査研究は，しばしば「質的（qualitative）」研究と呼ばれる。このタイプの探求は，論理的実証主義よりはむしろ現象学にもとづいているが，変数の操作や予期される結果がないという点で，理論 – 検証的アプローチとは異なっている。現象は観察され，説明的枠組みや理論は，データそれ自身から創出されていく。たとえある調査研究の目的が理論生成にあったとしても，調査者はそれでも，ある学問分野や価値観のレンズをとおして世界を観ているのだと述べておくことは重要であろう。こうした方向性や観点が，研究の概念的／理論的枠組みを構成するのである。いったんある理論が創出されたならば，それは，それ自身が検証されるべき，アプリオリあるいは仮説 – 演繹的理論の状態になっている。調査プロセスにおける理論の役割は，図2–1に示したとおりである。このプロセスは，問いかけが芽生える，ある問題から始まる。先行調査のレビューが，そのトピックに関連した知識や理論の範囲を明らかにするだろう。調査者はそこで，既存の理論を調査のガイドとして用いることができるのか，それともその調査が理論の構築を焦点化するべきなのかを決定せねばならない。

　もし調査を導く理論があるのならば，その理論から仮説が引き出されることになる。仮説とは，諸事実間の関連性の探索を導く暫定的な説明である。いったん仮説が形成されたならば，調査研究がデザインされる。それからデータが収集・分析され，当初にその研究を方向づけた理論との関連のなかで，結論と

第2章 調査研究を枠組みづけること 31

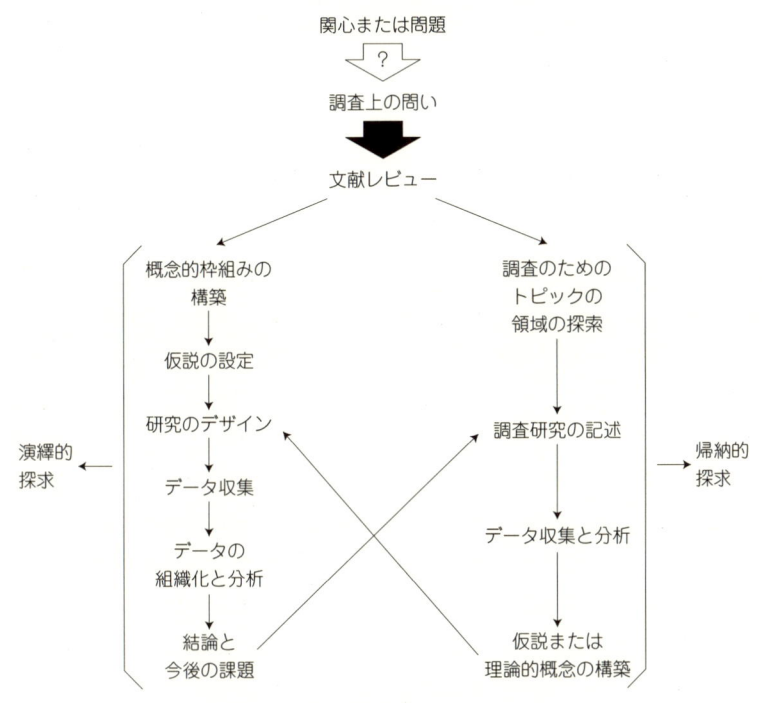

```
                    関心または問題
                        ⇩?
                    調査上の問い
                        ⬇
                    文献レビュー
              ↙                    ↘
     概念的枠組みの              調査のための
        構築                    トピックの
         ↓                    領域の探索
      仮説の設定                    ↓
         ↓                  調査研究の記述
演繹的  研究のデザイン                   帰納的
探求 ←    ↓                     → 探求
      データ収集            データ収集と分析
         ↓                      ↓
      データの                仮説または
     組織化と分析            理論的概念の構築
         ↓
      結論と
     今後の課題
```

図2-1　体系的な探求のプロセス

今後の課題が引き出される。

　もし文献レビューから，調査対象の事象にフィットする理論がないということがわかれば，その後の調査目標のひとつは，観察された出来事や行動を説明する理論や仮説を編み出すことになろう。この場合，演繹的探求の場合と同様に，調査者が調査研究をデザインし，データを収集・分析することになる。しかしこの場合は，調査結果を理論の修正や適合に用いるかわりに，調査者は，事象の背後にある法則性を探して，その事象を包含して説明する仮説を提起することになる。

　調査者がデータを意味づけし，事実間の関連性を「示し」，要するに理論を「発見する」まさにそのやり方は，論理的なプロセスとして説明されるのではない。理論構築は，感受性豊かな観察者の洞察から芽生えるのである（Glaser & Strauss, 1967, p. 281）。新しい理論の基盤となる洞察は，個人的経験，他者の

経験，既存の理論などの，いくつかの出所から芽生える。既存の理論を新しい理論の出所として用いる「コツ」は，「調査者が理論的に可能またはありうると考えるものを，フィールドで発見したものと一緒に並べてみること」(Glaser & Strauss, 1967, p. 253) である。ストラウス (Strauss, A., 1987, p. 6) によれば，理論は，「自分自身を，グラウンデッド・セオリーを構築する道具として十分に自覚している調査者とデータとの親密な関係性」をとおして生成される。

要約するならば，調査研究は，理論を検証し，洗練させ，構築するのである。理論は，われわれの世界のある側面がいかなるものかをざっと説明する。それが上手な説明であれば，内的整合性が保たれ，理解しやすく，同様の状況にも適用できるものとなる。ある理論がより多くの状況を説明し，予測し，統御できるのであれば，それはより強力な理論だということになる (Kerlinger, 1986)。さらにまた，たとえ調査者が理論を検証・構築していなくても，その理論的枠組み，すなわちそれをとおして世界を見，調査すべき問題を形づくるレンズが，非常にしばしば，少なくとも理論的定式化やモデルを含む知識基盤から，引き出されるであろう。調査者は，調査結果がいかに知識基盤に貢献するのかを示しつつ，この知識基盤とそれにともなう理論に戻るのである。

第2章参考文献

Ary, D., Jacobs, L. C., & Ragavich, A. (1995). *Introduction to Research in Education* (4th ed.). New York: Holt, Rinehart & Winston.

Boshier, R. (1992). Popular Discourse Concerning AIDS: Its Implications for Adult Education. *Adult Education Quarterly, 42* (3), 125-135.

Dewey, J. (1933). *How We Think*. Boston: D. C. Heath. (ジョン・デューイ，植田清次訳『思考の方法：いかに我々は思考するか』春秋社，1995年。)

Glaser, B. G., & Strauss, A. (1967). *The Discovery of Grounded Theory*. Chicago: Aldine. (B・G・グレイザー／A・L・ストラウス，後藤隆・大出春江・水野節夫訳『データ対話型理論の発見：調査からいかに理論をうみだすか』新曜社，1996年。)

Guba, E. G. (1978). *Toward a Methodology of Naturalistic Inquiry in Educational Evaluation*. CSE Monograph Series in Evaluation, No. 8. Los Angeles: University of California.

Kerlinger, F. N. (1986). *Foundations of Behavioral Research* (3rd ed.). New York: Holt, Rinehart & Winston. (F・N・カーリンジャー，馬場昌雄・馬場房子・福

田周司訳『行動科学の基礎手法（上）』鹿島研究所出版会，1972年。）
Merriam, S. B. (Ed.). (1993). *An Update on Adult Learning Theory*. New Directions for Adult and Continuing Education, No. 57 (Spring). San Francisco: Jossey-Bass.
Rowden, R. (1993, April). The Role of Human Resource Development in Successful, Small to Mid-Sized Manufacturing Businesses: A Comparative Case Study. *Proceedings of Quest for Quality National Research Conference on Human Resource Development* (pp. 159-165). College Station, TX: Department of Educational Human Resource Development, Texas A & M University.
Scanlan, C. S., & Darkenwald, G. G. (1984). Identifying Deterrents to Participation in Continuing Education. *Adult Education Quarterly. 34*, 155-166.
Schultz, J. G. (1988). Developing Theoretical Models/Conceptual Frameworks in Vocational Education Research. *Journal of Vocational Education Research. 13* (3), 29-43.
Selltiz, C. E., Jahoda, M. E., Deutsch, M. E., & Cook, S. W. (1959). *Research Methods in Social Relations*. New York: Holt, Rinehart & Winston.
Selltiz, C., Wrightsman, L. S., & Cook, S. W. (1976). *Research Methods in Social Relations*. New York: Holt, Rinehart & Winston.
Stein, P. (1991). How Judges Become Expert about Contemporary Issues (Doctoral Dissertation. University of Georgia, 1990). *Dissertation Abstracts International, 51*, 1087A.
Strauss, A. L. (1987). *Qualitative Analysis for Social Scientists*. Cambridge: Cambridge University Press.
Tisdell, E. J. (1993). Interlocking Systems of Power, Privilege, and Oppression in Adult Higher Education Classes. *Adult Education Quarterly, 43* (4), 203-226.

第3章
文献レビュー

　調査プロセスにおける重要なステップは，関心対象のトピックに関連する論考や調査をレビューすることである。先行調査や理論にかなり精通するようになってはじめて，他者がそれを発展させ，それゆえある学問分野の知識基盤を拡張しうるような，何らかの貢献をしたいと願うようになるのだ。ゆえに文献レビュー（literature review）は，ある特定の分野における調査の必要性が指摘されたときに，すでに行われていたり，実施が困難であったり，些細なあるいはあまり重要ではないような調査を行うことへの予防策となるのである。

　基本的に文献レビューは，関心対象の領域において，議論され調査されてきたことを統合しまとめ上げるものである。それは，「ひとり立ちした（freestanding）」ものだといえよう。というのもこの種のレビューは，ある特定の興味・関心の領域の最新水準（the state of the art）を示しており，調査研究の一部ではないからである。こうした自己完結したレビューは読み手に，問題領域の概観や，おそらくさらなる調査探求への示唆を提供するだろう。しかしながら，ほとんどの文献レビューは研究の一部である。文献レビューを位置づけ，読み，まとめ上げ，執筆するという課題は，調査者に，さらなる探求を進めるための基盤を提供するのである。

　社会科学領域の調査においては，文献レビューは，データの収集と分析に先立つさまざまな機能を果たしている。これらについては，以下の節でくわしく論じていく。歴史的調査，政策研究，文学作品の分析，哲学的探求といった特定のタイプの調査は，「文献」や文書（documents）をデータの情報源として用いる。にもかかわらずこれらのアプローチにおいてもまた，あるトピックについて他者が書いていることや，当面の研究で用いられる文書や文献を他者がいかに解釈しているかをレビューするのである。

第1節　文献レビューの機能

　文献レビューの目的は、先行研究を要約し、まとめ上げることであり、さらなる探求に向けての示唆を得ることである。ひとり立ちしたレビューはしばしば、ある問題領域についての興味深い洞察をもたらしてくれる。そして、自分自身の研究を進めるまえに先行研究をよく知っておかねばならない調査者に、ほぼ毎回出発点をあたえてくれる。しかしながら、ひとり立ちしたレビューが、ある特定の研究に見合った問いに焦点をあてることはめったにないだろう。そのため調査者は、自分自身のレビューをまとめていかねばならないのだ。以下、調査研究のまえに行う文献レビューの機能をあげておく。

1. 知識を構築するための土台を提供すること。社会科学におけるいかなる調査上の問題も、人間の活動領域として単独で存在していることはない。何らかの関連文献はつねに存在するのである。この文献こそを、問題の「系譜（pedigree）」を形づくるためにレビューするのである。ある領域の知識を発展させるためには、あるトピックに関連する主な理論的観点や、主な調査研究を、しっかりと理解しなければならない。文献レビューでは、ある特定の問題領域において何が行われてきたのか、あるいは何が行われているところなのかを明らかにするのである。その意味では、文献レビューは、研究を公表するための舞台を準備しているともいえる。
2. ある研究が、すでに知られていることをいかに発展させたり、洗練させたり、修正したりするのかを示すこと。すべての調査者は、計画したまさにその調査研究を、だれかがどこかで行なっていた（あるいは行なっている）かもしれないことを気にかけている。徹底した文献レビューによって、こうした懸念は軽減されるはずである。いくぶん厳密にいえば、こうしたレビューによって、その研究が、それまで行われてきた研究からどれだけ離れているかが示されるはずである。文献レビューはまた、調査者が先行研究の反復調査（replication）をするときにも必要である。この場合レビューは、それまでの重要な研究のなかの理論的・方法論的な長所や短所を浮き彫りにし、またそうすることで、反復調査の必要性をも示すのである。

3．調査研究の概念化を助けること。他の調査者によって，これまでどのような仮説がすでに生成・検証されてきたのか，用語はいかに定義されてきたのか，どのような仮説や限界が指摘されてきたのかなどを知ることは，研究計画に含まれる課題を扱いやすいものにする。じっさい先行研究は，あなたが自分なりに研究を絞り込んだり，用語を定義したり，研究を導くための仮説を構築したりするための理論的根拠を確立させるさいには，それらを支援するかたちで引用されるだろう。

4．調査方法と調査ツール（instrument）の手がかりを提供すること。以前にどのようなアプローチが用いられてきたのか，そしてそれが成功したのかを知ることで，調査者は，労力や出費を節減することができる。ある特定の問題の性格によって，たとえば実験デザインが，倫理的あるいは論理的に実施可能であったり，そうでなかったりする。しかし，たとえ実施可能だったとしても，そのデザインが，関心対象の問いへの答えを提供してくれるとはかぎらない。同様に，文献レビューによって，すでに妥当性が確かめられた調査ツールや検査法や他の測定物を見つけることができる。ゆえに，調査者は，妥当性と信頼性のある道具をデザインする手間から免れることができるのだ。

5．調査者が自身の調査結果を解釈するうえでの，全般的な参照物を提供すること。データ収集のまえに，文献レビューは，その調査研究がある領域の知識をいかに拡張し，修正し，洗練させるかを示すために用いられる。データが収集・分析されれば，先行研究は，その調査研究の当該領域における意義を議論するための参照物となりうる。次に，調査結果は，調査目的が達成されたかどうかをみるのに，それまでの知識の状況と照らして診断される。こうした比較によって，調査者は，他の調査者や調査結果の利用者に対して，現在の調査研究がその学問領域の知識基盤の発展に貢献してきたという感覚をあたえるのである。

したがって文献レビューは，調査研究を概念化し，正当化し，実施し，解釈するための手段として機能している。文献レビューを行わなければ，先行研究と重複した研究をしたり，取るに足らない問題を調査したりする事態に陥る可能性が出てくる。また，ある領域の知識基盤に貢献するうえでの，その研究の

意義を確かめることも不可能となる。

第2節　検索のプロセス

　関連文献の検索（search）は，多くの場合，どれだけ正確に問題が練られているかという点に大きなかかわりをもつ。調査者が特定の研究を念頭においていれば，検索範囲はより狭まる。この場合の検索の目的は，(1)他の人が同じ研究をしていないかを確かめるため，および(2)その研究の必要性を示す過去の著作を用いるためである。もちろん，焦点を絞りすぎてしまうと，その研究がすでに行われてしまっていたり，取るに足らない問題であったり，その特定のトピックに関する文献を調査者が見つけられなかったりする危険性がともなう。他方で，問題領域への焦点があいまいなだけでは，検索範囲が広すぎて手におえなくなるかもしれない。理想的なトピックとは，これらの中間に位置するものであろう。すなわちその文献が，（意図的な場合を除き）先行研究とは重複していないことを裏づけるとともに，実際に研究を系統立てる機能をも果たしてくれるものだといえる。ほとんどすべての先行研究や文献レビューが，今後の調査研究の展望を述べている。くり返し提起されていることは，その領域における調査の必要性がかなりあることを示しているだろう。統御可能な調査トピックをいかに描くかについては，前章ですでに述べている。しかし，妥当なトピックを案出したのであれば，あなたはもう文献レビューを行う準備が整ったということになる。

第3節　文献を見つけること

　多くのトピックに関して，2つのタイプの文献がある。その領域における理論的・概念的な著作と，データにもとづいた調査研究である。理論的な文献は，著者の経験や意見を反映させた著作から成っている。調査研究は，著者とは直接関係のない人びとや組織や文書などの出所からのデータの収集・分析を基盤としている。どちらの種類の文献が多いかは，トピックによって異なる。両タイプの文献は，検索の異なる段階で，レビューする者にとって有用で重要なものとなる。

検索を始める場所は，図書館のレファレンス・ルームがよい。そこには，自分のトピックに関する理論的な文献やデータにもとづく文献を見つけるときに参考になる，多数の資料がある。教育の分野で最も完成度が高く有用な参考図書としては，ベリー（Berry, D. M.）の著作とバトラー（Buttlar, L. J.）の著作の2冊がある。ベリーの『教育調査文献ガイド』(1990) は，「教育分野の調査にとって有用で不可欠な」(p. 1) 情報源の文献解題である。この本は，図書，定期刊行物，調査研究（ERIC の文献，学位論文・博士論文を含む），政府刊行物，特殊なタイプの資料（印刷・非印刷教材，検査法や測定資料など），その他の参考資料（年鑑，ハンドブックなど），リサーチ・ペーパー（方法論に関する本やスタイル・ガイド）といった章から構成されている。バトラーの『教育学：参考文献と情報源ガイド』(1989) は，またちがったかたちでまとめられているが，多くの同様の資料をカバーしている。それには，教育学と社会科学における一般的な参考文献（文献目録，索引，辞書，オンライン・データベースなど）に関する章がある。それから，教育の基礎，カリキュラムと教授法，教育経営，評価といった，トピックごとの情報源へと細分化されていく。

　検索をどのように始めるかは，そのトピックについて自分がどれだけ知っているかによるだろう。あるトピックに関心はあるが，概念的・理論的な文献にも調査研究にもあまりくわしくないならば，トピックの概観から始めたいと思うであろう。その領域についてすでによく知っていたり，あるトピックについて徐々に精通してきたのであれば，最近の出版物の索引やアブストラクト（abstracts）といった，より具体的な資料を調べるとよいだろう。検索の段階ごとに，活用できる資料は数多くあるのだ。

トピックを概観するために

　問題関心領域の概観は，あるトピックに関する一般的なテキストからも，また専門領域の事典，辞典，ハンドブックからもできる。専門領域の事典には，その領域の主な動向や論考が示され，さらなる探求のための文献目録（bibliographies）が掲載されている。

　『教育学事典』(1971) には，教育分野のさまざまな小論が載っている。いまでは時代遅れの感もあるが，これまでのところ，これに代わる情報源は出ていない。最新の事典としては，『アメリカ教育者事典』(1991) や『高等教育事

典』(1992) がある。

　グローバルな視点から，教育のさまざまな側面を見わたせる国際的な事典もいくつかある。これらのうちのいくつかは数巻より成っており，たとえば『国際高等教育事典』(1977) は，10巻から構成されている。そのほかには，『比較教育と教育の国家システムの事典』(1996)，『世界教育事典』(1988)，『国際高等教育』(1991)，『国際教育システム・ハンドブック』(1983) などがある。

　辞典は，自分のトピックのある側面にかかわる定義を探すだけでなく，さまざまなデータベースによる，より焦点の絞られた検索ができるような関連語を見つけるのにも役立つ（コンピュータ検索の節を参照）。ジャービス (Jarvis, P.) の『国際成人・継続教育辞典』(1990) には，成人教育に関する約3,700の用語が載っている。『国際教育辞典』(1979) では，教育のあらゆるレベルで用いられている1万語以上の定義が収められている。『教育辞典』(1972) は，約4万語の専門用語や概念の定義を擁した基本文献である。

　ハンドブックや年鑑は通常，特定の教育分野のさまざまな側面から章構成されている。たとえば，成人教育に関するあるハンドブックは，1930年代からほぼ10年おきに刊行されている。最新のハンドブックである『ハンドブック2000：成人・継続教育』(Wilson & Hayes, 2000) では，この領域の基礎，成人学習，成人教育の主な提供者，プログラム内容，この領域の現代的課題に関する情報を得ることができる。人的能力開発の領域でも，この種の情報源がいくつかある。訓練にかかわるトピックを概観する場合，『ASTD 訓練・開発ハンドブック』(1996)，『訓練・開発年鑑』(1999)，『人的能力管理・開発ハンドブック』(1994)，『人的能力管理年鑑』(1999) を調べたくなるかもしれない。

調査のレビュー

　上述の情報源は，あるトピックの主な論点，動向，観点，人物，節目となる研究などの全体像を概観し，理解を得るうえで役立つ。いったんそのトピックをあるていど理解したならば，次に調査のレビューへと進むことになる。ここでのレビューは，事典やハンドブックの論述や章よりも対象範囲が狭いものである。それらにはたいてい，さらなる読書のための先行研究や論文の豊富なリストが掲載されている。

　『教育調査事典』は，教育調査における基本となる情報源であり，教育のあ

らゆる領域の重要な部分を批判的にまとめ上げ，その解説を施している。最新版は第6版で，1992年に出版されている。カバーされている領域は，成人教育者・訓練者が関心をもちそうな領域で，たとえば，開発，遠隔教育，高齢学習者，コンピュータと職業教育，人的資源の組織化などである。『教育調査レビュー』は，アメリカ教育調査協会（AERA）によって年4回刊行されており，どの号も独自の特集を組んでいる。『教育における調査レビュー』は，AERAから毎年刊行されており，特定のトピックに関する調査がまとめられている。最後に，『教授法調査ハンドブック』（1986）は，高等教育における教授法（teaching）の調査や，専門職教育，道徳や価値観の教育，教授法とメディア，教授法の文化，哲学と教授法などに関する調査といったトピックから成っている。それにはまた，調査の理論と方法に関する8つの章も含まれている。これらの刊行物はすべて，成人に対する教育者や訓練者が関心を示しそうなトピックの調査を，定期的にレビューしている。たとえば，1997年度の『教育調査レビュー』は，知識理論とその学習との関係に関する調査レビューから成っている（Hofer & Pintrich, 1997）。別の号では，メンタリングに関する調査がレビューされている（Jacobi, 1991）。

調査に特化したもうひとつの刊行物としては，『教育調査文献ガイド』（1990）がある。それは，700以上の教育に関する図書，定期刊行物，調査研究のコレクション，政府刊行物，参考資料に関する記述的注釈から成っている。

文献目録，索引，アブストラクト

この段階までで，レビューア（reviewer）は，文献検索によって，あるトピックに対する何らかの「感触（feel）」や基礎理論との親近性，キーとなる情報源，調査基盤の感覚といったものを抱くようになっているだろう。こうした全般的な概観はまた，おそらくたとえ特定の焦点をもった調査であっても，問題のさらなる概念化に貢献するはずである。この段階では，文献目録，索引（indexes），アブストラクトが非常に有用となろう。

文献目録は，ほとんどすべてのトピックに対して刊行されている。文献目録は，カード目録や『文献目録索引』（約2,600の定期刊行物の主題領域別文献目録一覧の年鑑）をとおして見つけることができる。もうひとつの情報源は，『教育文献目録ガイド』（1998）である。成人教育の領域では，成人基礎教育，

教授法，メディアと成人学習，スタッフ開発，成人教育・訓練領域の学位論文に関する文献目録がある。文献目録によって，自分の調査トピックにとくに関連する参考文献リストを作成することができる。

こうした参考文献の貯蔵庫（pool）は，索引やアブストラクトをとおして拡張される。どの学問分野にもトピック別（場合によっては著者別）に，さまざまな雑誌に掲載された関連論文をリストアップしている索引がある。たとえば『教育学索引』は，200以上の教育雑誌から，トピックごとに論文をリストアップしている。くわえて，『教育学修士論文』『社会科学文献索引』『社会科学引用索引』，ERIC（Education Resources Information Center）の『現代教育学雑誌索引』（CIJE），『教育学情報』（RIE）（雑誌論文以外の文献）は，出典や資料を探すときに不可欠のツールである。ERICは，「教育資源情報センター」の頭字語である。国立教育研究所の基金を受け，教育調査の情報と資料を集め，整理し，公開する国レベルの情報ネットワークである。ERICのシステムは，調査プロジェクト，学位論文，会議の要旨集録，プロジェクト報告書，講演記録，文献目録，カリキュラム関連の資料，図書，そして750以上の教育雑誌などの，索引とアブストラクトを掲載している。

人的能力開発領域でのERICとよく似たデータベースは，「人的資源情報ネットワーク」（HRIN）である。HRINは，100以上のデータベースを有しており，アファーマティヴ・アクションや雇用・求人，労働・法律，安全・健康といった8つのネットワークに分けられている。訓練にかかわる人びとにとって最も関連があるのは，訓練と開発に関する調査・情報のアブストラクトを提供する，訓練・開発ネットワークであろう。

いったん情報源のリストを作成したならば，論文や文献のフルテキストを探し出すまえにアブストラクトにたどり着くので，文献検索の時間を大はばに縮減することができる。アブストラクトはまた，文献目録集をつくるためにも用いることができる。アブストラクトという情報源は，研究や文献の1パラグラフの要約とともに，その全文をも示してくれる。教育に関するアブストラクトで最も役立つ情報源のひとつが『国際博士論文要約集』で，そこには，アメリカおよびいくつかの外国の大学で書かれた，ほとんどの博士論文が掲載されている。アブストラクトは，各々の研究の目的，手続き，結論をまとめている。『心理学文献要旨集』は，心理学およびその関連分野における，アメリカおよ

び諸外国の文献と定期刊行物の要旨やアブストラクトを載せている。『社会学文献要旨集』は，社会学および政治科学における，アメリカおよび諸外国の定期刊行物をカバーしている。教育に特化した情報源としては，このほかに，『高等教育文献要旨集』と『教育社会学文献要旨集』の2つがある。ERIC やHRIN からの検索によっても，アブストラクトに行き着くことができる。

コンピュータによる検索

上記の情報源を用いて求める参考文献を検索するには，マニュアル，オンライン，CD-ROM の3つのやり方がある。マニュアル検索とは，情報が印刷された文献の現物を用いることを意味する。このアプローチは，コンピュータを使うよりも時間を要するが，コンピュータ検索の費用が気になる場合や，調査上の問いが十分に練られていない場合などにはおすすめであろう。手作業でアブストラクトを拾い読みすることで，あるトピックにふさわしい用語，論点，著者が明確になっていくかもしれない。

オンライン上のコンピュータ検索では，大型汎用コンピュータに蓄えられた情報にアクセスすることが必要となる。電話線，モデム，パソコン，モニタ，プリンタが，この種の検索に必要となる。「そのプロセスが，**オンライン**という用語を説明している。それは，『調査者』がオンラインの電線をとおして，コンピュータのデータベースと直接交信することを意味している。数マイル程度の交信もあれば，ひとつの大陸をこえるほどの交信もある」(Katz, 1992, p. 39)。データベースは印刷された索引のオンライン版であり，「世界で最大のオンライン情報のコレクション」(Freedman, 1998, p. 470) であるインターネット上でアクセスできる。調査者は，ウェブのアドレスを知っていれば，離れた場所から大学図書館のデータベースに直接つなげることができる。データベースのなかには，アクセスするのにパスワードが必要なものもあるかもしれない。オンライン検索には，マニュアルや CD-ROM の検索にくらべていくつかの利点がある。情報の収容量がほぼ無限大であり，また速度も非常に速い。さらに，データベースは頻繁に更新される。図書館でのオンライン検索は，一般的には無料である。自宅でインターネットにアクセスするには通常，「アメリカ・オンライン」のようなプロバイダーに月額料金を支払うことになる。

ウェブによる検索が最も一般的だが，CD-ROM（コンパクト・ディスクを

使った読み出し専用記録装置）を通じて情報を得ることもできる。ERIC や『国際博士論文要旨集』などの全データベースは，コンパクト・ディスクのなかに収められてある。こうしたシステムの利用・継続費用は個人には手が出せないほどだが，図書館やメディア・センターでなら手軽に利用できる。別のデメリットとしては，一般的に CD-ROM は，オンライン検索で利用できるデータベースほど最新版ではないということがあげられる。

　余談ではあるが読者は，同じデータベースが，検索のタイプによって異なった名称となっていることに興味をおぼえるかもしれない。たとえば，ある人が『心理学文献要旨集』をマニュアル検索で調べたとしよう。この場合，オンライン検索では PsycINFO となり，CD-ROM では PsycLIT という製品名になる。同様に，『社会学文献要旨集』の CD-ROM での製品名は，Sociofile なのである。

レビューの情報源の選択

　手作業であれコンピュータ利用であれ，文献検索がどれだけ徹底しているかは，次のような諸要因によって決まるだろう。トピックの具体性，検索を行なっている図書館が有する資料，調査者の図書館活用技能の習熟度，検索に費やせる時間，求めている資料を発見するうえでの調査者の創意工夫。資料を見つけるという第一段階の終わりには，問題関心領域に直接関連する予定の文献リストが，あるていど集積しているはずである。これからは検索をやめ，これらの論文や調査研究のいくつかを読み始めるのだ。その文献の最後に掲げてある文献リストを，自分自身のリストと照合させてみるとよいだろう。一見関係のありそうな文献は探し出して読み，そして再び文献目録をチェックするのである。この段階のプロセスでは，索引，アブストラクト，実際の論文とその文献リストと，自分自身の文献リストとの間の入れ替え作業が必要となる。あなたはすぐに，理論的なものであれデータにもとづくものであれ，よく用いられている文献や主要な論文があることに気づくだろう。この段階でのあなたは，調査上の問題の痕跡をたどる探偵なのである。参考文献と当初の文献リストとの間を行き来するなかで，資料の妥当性や，ある資料を最終的な文献レビューのなかに含めるかどうかを，たえず判断しつづけるのである。レビューアは，妥当性の判断材料として，次のような問いかけをしてみることができよう。

1．その文献の著者は，そのトピックの権威者であるか？　その領域での経験的研究を多くしてきた人か？　あるいは，後続の調査や著作の基盤となる先駆的な理論を示した人なのか？　もしこれらであるならば，その著者の研究は，他者によって引用され，そのトピックの参考文献リストに入れられるべきであろう。
2．その論文や著書や報告書はいつ書かれたのか？　一般的には，その領域の最も最近のものをレビューに入れるべきである。
3．そもそもいったい何について書かれた，あるいは何が検証されたものなのか？　もしある特定の資料や調査研究が，あなたの現在の調査上の関心にきわめて近いものであるならば，たとえ「だれが」「いつ」という規準を満たさなくても，それは含まれるべきである。
4．その文献の質はどのていどのものか？　よく練られた分析，上手にデザインされた研究，そのトピックに対するオリジナルな視点などは，おそらくそこでの重要なポイントとなろう。歴史的あるいは文献的な分析においては，一次資料か二次資料かは，データベースに組み入れるさいの重要な規準である。

どの文献をレビューに含めるのが大事であるかを決めていくにつれて，資料をどう扱っていくのかが重要な判断事項となってくる。可能ならば，レビューを書くときの参考資料として，論文のフルテキストまたは関連箇所をコピーしておくとよい。もし論文のコピーがむずかしければ，何らかの体系的なやり方でメモをとるべきである。主要なアイディアとそれをささえるポイントを述べる直接引用は，概念的・理論的な論文から行われるべきである。この時点ではまだ，最終レビューにアイディアの要約と直接引用のどちらを入れるのかは確定しないだろう。直接引用を要約することはいつでも可能だが，おおまかなメモから直接引用を復活させることは不可能である。データにもとづいた調査論文では，（もしあれば）アブストラクトをコピーできるし，サンプル，調査方法，調査結果についてメモをとることもできる。「ある情報源からあらゆる関連情報を入手することに留意せよ」ということは，いくら強調してもよいくらいである。多すぎるといえるほどの情報を得ておくことは，ある部分の引用を完璧なものにすることやサンプル数確認などのために情報源を調べなおす時間

を大はばに縮減してくれるのである。

　ときには，特定のトピックに関する文献が乏しいこともある。このことは，調査者が新天地に乗り込んだことと，その研究がある学問分野に対して何らかの貢献をするだろうということの兆しなのである。が一方で調査者は，先行研究の恩恵をこうむることができなくなる。また，乗りこえがたい方法論上の問題に直面するかもしれないし，他の人からはほとんど興味が示されない領域を調査しているのかもしれない。しかし先に述べたように，何らかの関連文献はつねに存在するのである。利用可能な文献からは，その領域における調査や理論構築の必要性，それまで行われてきたことのなかのギャップや問題点，その領域が注目されてこなかった理由などに関する論述を抜き出すことが重要となる。そうした論述が関連分野の権威者によるものならばとくに，現行の調査研究を補強するために効果的に用いることができよう。

　情報源の検索や収集を人為的に制限するかもしれない要因には，時間，労力，調査者の資質，検索が行われている図書館の資料といったものがある。文献検索が確実に終わるのは，調査者がすべての関連文献を見つけ出して，点検したことに満足したときである。ここに，検索を終えるべきときを決めるうえでの，2つのガイドラインがある。それらは，(1)出会った資料のリストがすでに取り上げたものばかりだったときと，(2)そのテーマに関しての専門的知識を得たと実感したときである。

1．索引やアブストラクトと，実際の論文や書物との間を行き来するプロセスのなかで，調査者は，特定の研究や名前や出版物にかなり精通するようになっていく。そのプロセスのどこかの時点で，調査者は，ある論文の最後の参考文献リストに目を向け，そこでリストの掲載物**すべて**に見覚えがあり，実際に読んできたものであることを発見するのである。このことが2，3回起こったとき，レビューアは，その領域の関連文献を探し出したと十分に確信するのである。検索は，ある意味飽和状態にあり，新しい資料はもはや見つからないようにも思えてくる。この段階にたどり着くまでにどれだけの時間がかかり，どれだけの情報源に当たらねばならないのかは，そのトピックについて事前にどのていど熟知していたのかや，利用可能な文献の量や調査上の問題やトピックの性格などによるところが大きい

だろう。
2．2つ目のガイドラインは，あまり客観的なものではない。検索のどこかの段階で，そのトピックに関する専門的知識が身についたような感覚が得られることがある。これは，トピックに関連した，主要なアイディアや歴史的沿革，重要となる研究トピック，著者などを，思い起こして議論する能力として反映される。

第4節　文献レビューを書くこと

　文献レビューのプロセスは，調査のプロセスと似ていなくもない。いずれの場合も，資料やデータを収集することが課題の半分を占め，レビューや報告書を書くことがまた同じだけの労力を要するのである (Galvan, 1999)。文献レビューは，ある特定のトピックに関する重要な論考や先行調査を統合し，まとめ上げ，批評するひとつの論述 (narrative essay) である。要は，あるトピックの体系的な概観を示すものなのである。
　あるトピックに関する大量の資料をよく練られた分析的な論述へと変容させるためには，いくつかの方策がある。私たちがとくに役立ててきた2つの方策は，おおまかに「図表」メソッドと「会話」アプローチとに命名できる。図表メソッドでは，大きな紙の左側にレビューすべき文献ごとの著者やタイトルを列挙する。このリストは，アルファベット順であったり，年代順であったり，文献のタイプ別（たとえば，概念的なものとデータにもとづくものの対比など）であったりする。次に，論文の主なテーマ，研究の日付，サンプル，分析方法，調査結果，必要となる調査というように，文献に見合ったカテゴリーを表の上部全体に列挙する。たとえば，変容的学習研究をレビューしたテイラー (Taylor, E. W., 1997) の表では，「著者・刊行年」「研究の目的」「主な結果」があげられている。文献を図表のカテゴリーに収めると，次にレビューアは，これら資料全体をつらぬく一般化がいかに可能かを問うのである。こうした一般化や所見は，レビューを体系的に書くために用いられる。
　文献レビューのなかに実際に図表を組み込むことは，「図表」メソッドにとってはそれほどめずらしいことではない。用いた資料とその関連情報をこのように視覚的に配置することで，読者は，レビューが書かれるもととなったデー

タベースという感覚を得るのである．表3-1は，女性の心理・社会的発達に関する，最近の文献のレビューのなかにある表の一部である（Caffarella & Olson, 1993, pp. 130-131）．この表は，女性の発達に関する，データにもとづく研究を示しているが，主に男性の発達研究から引き出された伝統的な理論やモデルに対する，女性の発達の可能性を検証している．著者であるカファレラとオルソン（Caffarella, R. S.& Olson, S. K.）が，情報を整理するために各々の研究から選んだ，次のカテゴリーに注目してほしい．著者，どの理論の検証か，調査対象，データ収集の方法，主な結果．

カファレラら（1993）は，これらの研究の考察のなかでいくつかの点を指摘している．それらは，表中の情報の入念な検証によって引き出されたものである．彼女らは，たとえば，大部分の研究がその概念的枠組みとしてレヴィンソン（Levinson, D. J.）の理論を用いていること，その理論のある側面は一部の研究によって検証されたが他の側面はそうでないことなどを指摘している．女性の発達に関する代替的なモデルにもとづく研究（そのために，彼女らは比較対照表を示しているのだが）だけでなく，こうした研究の診断をもとおして，彼女らは最終的に，女性の発達に関するいくつかの包括的な結論を出すことに成功している．

表3-1の内容はデータにもとづく調査研究に限られているが，同様のアプローチは，すべてが概念的・理論的資料から成る文献レビューや，意見とデータにもとづく論文とが混在する文献レビューでも用いることができる．たとえば，私たちのひとりが行なった，メンタリングに関する文献レビューにおいては，多くの資料をふまえた表が次のことを明らかにした（Merriam, 1983）．「その事象に関する，唯一公認されているような定義は存在しない．成人心理学からの研究もいくつかあるが，経験的研究のほとんどはビジネス場面でのものであり，キャリアの進展と関連をもっている．大部分の文献がはやりの「ハウツー」タッチのものであり，ほとんどすべてが指導を受ける者（protégé）への利点という観点から書かれてある．女性のみを対象とした，概念的およびデータにもとづく論文から成る文献のサブグループもある」．これらの一般化が，文献レビューを体系化するうえでの重要なポイントであったといえる．

資料を論述に変容させる2つ目の方策は，会話アプローチである．あるトピックに関して何の知識もない人が，そのトピックの領域の専門家になりつつあ

表 3-1　図表メソッドの一例（Caffarella & Olson, 1993）：経験的研究：伝統的モデルの検証
（転載許諾済み）

著者	どの論の検証か	調査対象	データ収集の技法	主な調査結果
Jeffries, D. L. (1985)	レヴィンソン	・N=40 ・年齢=20〜40歳, ・社会経済的地位（SES）=中産・下層階級, ・民族アイデンティティ（EI）=黒人	・著者がデザインした構造化インタビューを用いた伝記的インタビュー法（ジェフリーズとウィンブッシュによる黒人の生涯の診断に関する質問票）	・年齢と所定の発達課題の間に相関関係はみられなかった。 ・元来文化に固有であり、黒人女性の発達とはっきり関連する、独自の段階や特徴が存在する。
Josselson, R. (1987)	エリクソン	サンプルⅠ ・N=48 ・年齢記載なし ・SES=あらゆる社会階層 ・EI=不特定 ・大学4年生	第1回データ収集（サンプルⅠとⅡ） ・マーシャの「アイデンティティー地位」インタビュー ・オープンエンドな半構造化インタビューの記録	・アイデンティティ発達の構造的要因の重要性が確認された。
		サンプルⅡ ・N=12 ・サンプルの記述は上と同じ	フォローアップ研究 ・各人が自分の回答をテープに録音することもできる、書面による質問票	・「分離／個人主義」の発達上の課題は、女性と男性とで異なる。分離は、別々になりつつつながりや関係性を維持することをさす。
		サンプルⅢ ・N=34（当初の60名のうち） ・年齢=不特定 ・SES=不特定,あらゆる階層にわたる ・EI=不特定	電話インタビュー（必要に応じて）	・仕事関係の活動だけでなく、家族内でも友人とのネットワークでも、関係性の網の目は、女性にとってきわめて重要である。キャリアは、多くの女性に基本的なアイデンティティの感覚をもたらしはしない。アイデンティティ構築は主として、つながり、関係性の埋め込み、精神性、親密な関係を通じて芽生える。

Kahnweiler, J. (1980)	レヴィンソン	・N＝40 ・年齢＝30～50歳 ・SES＝中産階級 ・EI＝白人 ・大学在籍経験あり	・著者がデザインした質問票	・回答者は，将来の自分自身の個人的目標に焦点をあてていた。彼女たちはちょうど，自分の人生の「夢」を形成するという時点にさしかかったときに，実際に時間的制約を感じていた。
Murrell, H. & Donahue, W. (1982)	レヴィンソン	・N＝44 ・年齢＝34～65歳 ・SES＝上流中産階級 ・EI＝不特定 ・大学管理職の上層部	・レヴィンソン(1977)のインタビュー・ガイドの修正版	・この女性たちは，自分たちの人生における年齢と関連した過渡期について報告した（たとえば，30代でキャリア志向がつよければ家族志向に変化するし，逆もまたしかりである。40代にはアイデンティティの危機がある）。
Roberts, P. & Newton, P. M.	レヴィンソン	・N＝39* ・年齢＝28～53歳 ・SES＝不明 ・EI＝大部分が白人で，黒人は8名	・レヴィンソンの手法の修正版にもとづいた，伝記的インタビュー	・加齢にともなう女性の発達の基本的パターンが，安定期と過渡期に結びついていたことを示している。 ・「30歳の過渡期」はとくに，これら回答者にとっては一貫性のあるものであった。 ・女性の成人期における「夢」は，多くの男性のものよりも複雑であった（結婚，母親であること，キャリアを含む）がゆえに，女性の生活構造は，より不安定でかつ葛藤の多いもののようである。 ・関係性の側面が，これら女性の生活を形づくるキーになるようであった。

＊4つの先行研究を合わせたもの。

注）SES＝Socio-Economic Status　EI＝Ethnic Identity

るレビューアと会話しているところを想像してみよう。いうまでもなく初心者は，ともかくも理解をするために多くのことをたずねなければならないだろう。そうするとレビューアは，次のようなことを訊かれるかもしれない。

1. そのトピックに関する主な権威者はだれなのか？　なぜその人が専門家だとみなされているのか？
2. そのトピックに関する主な理論や観点はどのようなものか？
3. そのトピックでいちばん重要な情報源は何か？
4. 研究の多くはいつごろ行われたものなのか？
5. 研究を大きく飛躍させた仕事は何か？
6. このトピックの領域で，現在どのような調査が行われているのか？
7. 今後行われる必要がある調査はどのようなものか？
8. この研究領域の独自性と注目すべき点は何か？

　これらの問いへの答えとして書かれたものは，資料を概観しまとめ上げることにつながっていくだろう。
　どちらの方法もまた，レビューアが文献に対して批判的・批評的スタンスをとる手助けとなる。批判的であることは，ネガティブであるというよりはむしろ，多くの資料の長所と短所を見きわめる能力があることを意味する。批判的アプローチでは，賞賛しつつ**同時**に欠点を指摘するのである。レビューの読み手は，最新水準の全般的な概観とともに，ある特定の分野がそれなりに重要だという実感を得るはずである。文献レビューにおける個々の出典の簡潔で評価的で批判的な診断が，ふさわしいとともに求められてもいる。やや長めの診断は，要約や結論の部分にも組み込まれるかもしれない。いずれにせよ，文献レビューには，単に多くの資料の内容を紹介すること以上のものが要求されるのである。
　資料をまとめるやり方はおそらく，レビューアの数ほどあるだろう。骨組みがどのようなものであれ，レビューアは，文献全体から一般的原則，主なテーマ，目立った論点を引き出すために，個々の文献から離れたところに立つように努めねばならない。調査者が，統合的で総合的で批判的な概観を生み出すことができるのは，ただ個別のものから離れた場合にのみ可能なのである。

第5節　文献レビューの諸部分

　文献レビューを組み立てるたったひとつの公式のようなものはない。レビューがどのようなかたちになるかはあるていど，レビューアが，それを研究の到達水準を示すものにしようとしているのか，ひとり立ちしたレビューにしようとしているのか，焦点が特定された研究に向けようとしているのかに左右される。多くの場合，文献レビューの構造は，評価されている文献から創出されてくる。この点は，文献レビュー本論（body）に関する議論のところでよりくわしく説明していく。一方で，文献レビューにはたいてい，その本論の前後にくるレビューの別の部分がいくつかある。

　他のあらゆる論述と同様に，文献レビューは，**導入部分**（introduction）から始まる。ここでレビューアは，読み手に対して，レビューするトピックと，そのトピックの性格，範囲，重要性を示す。書き手は，読み手がそのトピックについて何も知らないことを想定すべきである。それゆえ，できるだけ明快かつ簡潔なやり方でテーマを紹介するよう留意せねばならない。特別な専門用語については，説明や定義をすべきである。導入部分ではたいてい，かなり一般的なところから入り，そのテーマの特徴を説明して，それからだんだんと，レビューする特定のトピックへと焦点を絞り込んでいくのである。たとえば，女性の再入学プログラムに関する文献レビューでは，初めの数段落は，女性が学校に戻る現象についての話なのかもしれない。成人基礎教育プログラムにおけるドロップアウト問題の調査研究レビューでは，読み手に対して，成人基礎教育全般に関する紹介から始め，それから，基礎的技能の習得に手助けが必要な成人に対する，既存のプログラムの説明に進むとよいだろう。

　特定のトピックが明らかになれば，著者は，レビューする文献を選ぶさいの**規準**（criteria）についてふれたいと思うであろう。なぜある資料は取り入れられ，他のものは無視されたのか？　おそらく過去10年以内の文献だけが選ばれたり，主要な著者のみが選ばれたり，そのトピックのある側面だけがレビューにとって重要だと考えられたりしたのであろう。レビューの範囲は，この箇所で定められる。つまりレビューアは，何を扱うのにくわえ，何をレビューしないのかについても議論するのである。レビューの範囲は，どれだけの文献を

利用できるかということに左右される。たとえば、ピアジェの理論に関するすべての調査研究をレビューすることは、とても手に負えないことだろう。しかし、ピアジェの理論を成人に適用した研究にレビューを限定すれば、妥当なものとなろう。またあるレビューでは、雑誌論文のような特定のタイプの文献に限定されるかもしれない。レビューの最初に選択規準とレビュー範囲を提示することで、読み手が、なぜある資料が取り入れられている／いないのかと疑問に思うのを防ぐのである。関連文献が不足している場合、レビューのこの部分では、資料を見つけるためにはらった労力、そうした労力の結果得られたもの、そしておそらく少し関係があるだけの（tangential）文献に向かった根拠が、順を追って説明されるのかもしれない。

導入部分と選択規準の次は、レビューの**本論**である。これは論考の中心にあたり、レビューされた文献の批判的なまとめ（critical synthesis）である。この部分の構成は必然的に、ある特定のトピックに関する文献の性格が反映される。すでに述べたように、レビューの本論を構築することは、単に資料に注釈をつけたり、それらをまとめたりすること以上の意味をもつ。もし図表メソッドや会話アプローチが用いられるならば、レビューの本論は、すべての資料から引き出された一般化（generalizations）から生成されるだろう。多くの文献レビューにおいては、本論は、テーマにそって組み立てられる。頻繁に現れる特定のテーマやサブトピックが文献から創出され、そしてこれらのテーマが、次に主要な副題を形成するのである。次の3つの例では、各々の文献レビューのトピックが、資料そのものから芽生えたいくつかのテーマへと細分化されている。

各テーマのサブトピックのもとに、レビューアは、テーマに見合った調査研究や他の著作に関する考察をくわえる。資料の性格や重要性によって、ある資料については詳述し、別の資料についてはほのめかすだけになるかもしれない。ある資料は、いくつかのサブトピックにふさわしい題材を含んでいるかもしれない。その場合レビューアは、どこで（おそらく何か所かで）どれだけ綿密にそれを考察するかを決めねばならない。各サブトピックのなかでは、批評的なコメントをするのが好ましい。たとえばある文献レビューは、ある特定の研究の方法論的な弱さを指摘するかもしれないし、いくつかの著作を一括してコメントするかもしれない。あるいは、ある特定の研究が重要な貢献をしている理由を列挙するかもしれない。

トピックA	自己統制感の場（locus of control）：成人に関する研究
	1．高等教育における成人
テーマに関する	2．障害をかかえる成人
サブトピック	3．高齢者
	4．成人の自己統制感の場の変化

トピックB	中年
	1．いつ中年になるのか？
テーマに関する	2．中年の身体的特徴とは？
サブトピック	3．中年の心理・社会的特徴とは？
	4．中年期の発達課題とは？
	5．中年の危機はあるのか？

トピックC	能力にもとづく教育（Competency-Based Education＝CBE）
	1．能力にもとづくとはどういうことか？
テーマに関する	2．CBEは教育的達成とどう関連するのか？
サブトピック	3．CBEの目標は何か？
	4．CBEはどういった場面でよく行われているのか？
	5．これの強調は，いかなる政治的問題提起となるのか？
	6．「成人達成レベル」テストは，能力を測定しているのか？

　最も論理的な構成は，おそらく年代順なのであろう。歴史研究や特定の出来事を記録した公文書をレビューするときは，とくにそうだろう。テーマ別の構成と同様に，年代順の構成を用いるかどうかは，文献そのものによって決まる。レビューによっては，テーマ別と年代順の構成を組み合わせたものへと発展するかもしれない。あなたは，年代順の見出し（1970年以前，第二次世界大戦後など）にもとづいて，トピックに関する古いが重要な文献を扱い，それから最新の研究を反映した関連テーマへと向かうかもしれない。逆に大部分の文献をテーマ別に構成し，それから最新の研究に「最近の動向」といった見出しをつけるかもしれない。

　文献レビュー本論の次には，**結論部分**（concluding section）がくるはずであ

る。書き手はそこで，レビューをまとめたり，文献の全般的な弱点や強みを議論したり，トピックの概念展開や調査プロセスのなかに存在するギャップを指摘したり，十分に取り上げられ飽和状態ですらある側面を記したりすることができる。

　この結論部分に欠かせないのは，今後の研究にとって発展の可能性がある道すじを示すことである。ある分野の文献にどっぷり浸かっていたレビューアは，いまやそのトピックの専門家になっている。よって，これら一連の知識を将来的に発展させるための指針を示すことは，きわめて理にかなったこととなる。結論部分はまた，レビューア自身が独自に調査したことに議論を進めるのにも適している。それゆえ，その領域のギャップや弱点をいかにして示しているのか，統御可能で得るものも大きい探求の領域だということをいかにして証明しているのか，といった点である。

　以上の点をまとめると，ひとつのレビューは以下の部分から成るといえる。(1)導入部分。ここでは，トピックの性格，研究の範囲，レビューをする文献の選択規準やそのプロセスが議論される。(2)本論。ここでは，すべての重要文献が批判的にまとめられ統合される。また，資料それ自身からしぜんに創出されたテーマによって整理される。(3)結論部分。ここでは，レビューがまとめられ，評価され，そして今後の研究への示唆が提起される。

　レビュー**本論**がテーマやサブトピックにいかに細分化されるかにくわえ，さまざまな著者がどのようにレビュー全体を構造化しているかを知るために，私たちは，公表済みのレビューをいくつか参考にするよう，読者に提案したい。たとえばテイラー（1997）は，変容的学習理論を検証した研究のレビューで，モデル全体を検証した研究を中心にレビューをまとめた。その後，モデルの個々の側面や注目すべき側面の検証の研究へと発展させた。これらの分析から彼は，モデルの妥当性に関するいくつかの結論を引き出しているのである。

　別の例としては，教えることの学習に関して93の経験的研究をレビューしたものがある（Wideen, Mayer-Smith & Moon, 1998）。これら93の研究は，著者，調査参加者とデータの収集方法，研究の焦点，研究結果といった項目ごとにひとつの表に整理されている。また，論文をまとめる軸となるトピックによっても，分類がなされている。そのトピックは，事前の思い，プログラム・モニタリング，短期的介入，長期的介入，教育実習，1年目である。

3つ目の例は，人的能力開発（HRD）に関する主な最近の文献レビューにみることができる（Watkins, 1991）。このレビューは，HRDに関する最近の著書やモノグラフに限定されたものである。ワトキンス（Watkins, K. E.）は，HRDにみられる6つの異なった哲学的スタンスにもとづいてレビューを構成している。そこでは，人的能力の開発者は，有能な実践者（performer），人的資本の開発者，工作者（toolmaker），成人教育者，調査者／評価者，そしてリーダー／変革の主体として特徴づけられている。

第6節　文献レビューを行ううえでのガイドライン

文献レビューを行うプロセスは，(1)検索のプロセスと(2)レビューを書くプロセスの2つに大別できる。以下の提言は，この双方のプロセスをより容易にしてくれるだろう。

1. トピックを詳細に定義するまえに，問題領域を概観するための全体的な通読をすること。
2. レビューの限界を示すこと。検索範囲が広すぎると，資料に押しつぶされかねない。他方，トピックが狭すぎると，関連文献を見落としかねないし，十分な資料を見つけられないかもしれない。
3. 索引やアブストラクトをとおして妥当な資料の数を決め，それらを読み始めること。それから文献目録とアブストラクトに戻ること。この作業によって，関連文献の一覧をつくり上げることができるだろう。
4. レビューのなかに収める資料を選ぶための規準をつくること。
5. 資料が飽和状態になるくらいまで，また自分がそのトピックを熟知したと感じるまで，検索を続けること。
6. レビューをする資料のコピーをとること。文献目録データのフル引用にはとくに留意すべきである。
7. レビューした資料を，資料自体が示しているカテゴリーにそって整理すること。
8. 導入部分，本論，結論部分の三部でレビューを構成すること。

第3章参考文献

Berry, D. M. (1990). *A Bibliographic Guide to Educational Research* (3rd ed.). Metuchen, NJ: The Scarecrow Press.

Buttlar, L. J. (1989). *Education : A Guide to Reference and Information Sources*. Englewood, CO: Libraries Unlimited.

Caffarella, R. S., & Olson, S. K. (1993). Psychosocial Development of Women: A Critical Review of the Literature. *Adult Education Quarterly, 43* (3), 125-151.

Freedman, A. (1998). *The Computer Glossary : The Complete Illustrated Dictionary* (8th ed.). New York: American Management Association.

Galvan, J. L. (1999). *Writing Literature Reviews*. Los Angeles: Pyrczak Publishing.

Hofer, P. K., & Pintrich, P. R. (1997). The Development of Epistemological Theories: Beliefs about Knowledge and Knowing and Their Relation to Learning. *Review of Educational Research, 65* (2), 145-190.

Jacobi, M. (1991). Mentoring and Undergraduates' Academic Success: A Literature Review. *Review of Educational Research, 61* (4), 505-532.

Katz, W. A. (1992). Introduction to Reference Work (Vol. 1). *Basic Information Sources* (6th ed.). New York: McGraw-Hill.

Merriam, S. (1983). Mentors and Proteges: A Critical Review of the Literature. *Adult Education Quarterly, 33* (1), 161-173.

Taylor, E. W. (1997). Building upon the Theoretical Debate: A Critical Review of the Empirical Studies of Mezirow's Transformative Learning Theory. *Adult Education Quarterly, 48* (1), 34-59.

Watkins, K. E. (1991). Many Voices: Defining Human Resource Development from Different Disciplines. *Adult Education Quarterly, 41*, 241-255.

Wideen, M., Mayer-Smith, J., & Moon, B. (1998). A Critical Analysis of the Research on Learning to Teach: Making the Case for an Ecological Perspective on Inquiry. *Review of Educational Research, 68* (2), 130-178.

Wilson, A., & Hayes, E. (2000). *Handbook of Adult and Continuing Education*. San Francisco: Jossey-Bass.

第4章
実験的および記述的デザイン

　調査のデザイン，方法，アプローチ，あるいは方策を記述するうえでは，さまざまな定義が存在している。テキストのなかには，記述的・歴史的・実験的の3つのカテゴリーで分類しているものもある。「サーベイ」調査といった，技法でカテゴリー分けをするものもある。また別のものは，「実験（的）(experimental)」デザインと，「事後的（ex post facto）」あるいは「準実験（的）(quasi-experimental)」デザインといった，より細分化された分類をしているものもある。われわれは，さまざまな調査デザインを体系化するために，4つの章を割いて，その方法論上の目的と手続きのちがいを検討しようと思う。本章では，実験デザインと記述的デザインに焦点をあてる。次章では，さらに歴史的および哲学的な探求の形態について検討する。第6章では，ケース・スタディ，グラウンデッド・セオリー，エスノグラフィによるアプローチについてみていく。最後に第7章では，アクション・リサーチ，参与的調査，批判的調査，フェミニスト調査の紹介をする。

第1節　実験および準実験デザイン

　実験（的）および準実験（的）研究デザインは，実証主義のパラダイムにもとづいている。それは，フランスの哲学者コント（Comte, A.）によって初めて紹介された。彼は，自然科学特有の知識観によって記述する**実証主義**（positivism）を用いた（Bredo & Feinberg, 1982）。コントの理論以降は，科学的知識は，一般的な法則のもとに体系化された諸事実で構成されるようになる。論理と結びついた，われわれの感覚と観察をとおして，科学的知識を得るのである。知識探求のこのアプローチは，論理実証主義に帰結し，「世界の真なる知識のためのパラダイム」(p. 14) となった。メリアム（Merriam, S. B., 1991）は，論理実証主義をささえる主たる仮説は，「単一の世界」観であると説明する。すな

わち，われわれが見たり，理解したり，測定可能な法則へと還元したりできるのは，ひとつの世界のリアリティなのである。論理実証主義の世界観は，19世紀と20世紀のほとんどにおいて，教育・訓練調査デザインの主流にあった。おそらく20世紀における実証主義思想を，最も直接的に代表する調査研究の方法が実験デザインなのである。その目的は，ある事象の原因を特定し，将来における同様の事象を予測するところにある。その目的と基礎科学の出自のために，ある種の実験方法は，緻密で技術的であったりする。しかし，さまざまな実験デザインの複雑な特性に焦点をあてるよりもむしろ，ここでは，実験的探求の目的と手続きの概観の提示を強調していきたい。

実験研究はもともと，ジョン・スチュアート・ミル (Mill, J. S., 1990) によって，1873年に公刊された『論理学体系』という作品で紹介された，一連の法則にもとづいている。この本のなかでミルは，原則や法則という形態で，いくつかの原理 (principle) を提唱した。彼のいう原理は，統制された事象間の法則を確立するための要件であった。それらの法則のひとつは，「差異の方法 (the method of difference)」として次のように述べられている。

> もし，探索中の現象が生じている場合と，現象が生じていない場合とが，ともに1つを除いたあらゆる状況下で生じるならば，つまり前者のみで生じているものがあるならば，2つの事象のみが異なっている状況が，ある現象の効果あるいは原因，あるいは因果関係の不可欠な部分なのである。　　　［p. 222］

ミルは次のようにも述べている。もしも，2つの事象が似たようなものであり，何かが一方の事象に加えられたり，取り除かれたりして，2つの事象間に差異が生じたならば，そのちがいは，加えられたり，取り除かれたりしたものによって生じる，と。単一変数の法則 (the law of the single variable) は，基礎科学の学問領域向けの調査デザインに有用である。しかし，近年興隆してきた行動科学に応用する場合には，妥当性は乏しくなる。というのは，人間的事象の多面性がその法則をあてはめることを困難にするからである。複雑な人間的事象の差異が，あるひとつの原因に遡及されるというのはほとんどありえないであろう。また変数の相互作用が，多くの場合，個々の変数に分解して観察することを不可能にしている。したがって，1つ以上の変数の効果を分析する方法は，行動科学の研究を効果的に遂行するために必要とされたのであった。

いくつかの変数を同時に診断するのを可能にする方法は，農業科学を通じて紹介された。フィッシャー（Fisher, R. A., 1960）は，農学実験から派生した，要因計画（factorial design）の概念を提唱した。その方法は，すぐに，行動科学者の研究ニーズに応えるものとして採択された。実験前に実験条件を標準化し，対象者を無作為に選定し，実験的処置（treatment）に無作為に割り当てることによって，フィッシャーの要因計画の概念は，1つ以上の従属変数に対する，1つ以上の独立変数の効果を研究者が研究することを可能にした。

要因計画のひとつのタイプを，ある例を通じて説明してみよう。それは，最も初期の要因計画に近いもの，すなわち農業実験である。いまある研究が，さまざまな農地区画での作物の収穫量（従属変数）を決定するためのものだと仮定するならば，要因計画は，収穫量を決定する要因を特定するのに役立つだろう。まず，作物の収穫量に関連することが予測される独立変数を特定する。これらのなかには，作付けされる種のタイプ（ブランドX／Y），使用される肥料のタイプ（育成が速い／育成が遅い），用水量（多い／ふつう／少ない）などが含まれるとしよう。これらの多様な条件への区画の割り振り（assignments）は，無作為になされる。多くの組み合わせの各セルは，各々の独立変数の水準数の結果となっている。この例では，種は2水準（ブランドX／Y）であり，肥料は2水準，用水量は3水準である。異なった組み合わせ方（要因の組み合わせ）が，2×2×3あるいは12個あることになる。研究を実施するさいには，少なくとも12個の異なった農地区画が調査されることになる。

第二の例は，成人教育とそれへの参加者の関連についてである。ある数学の再教育のイブニング・クラス参加者において，いかなるタイプの学習の場が最も大きな達成度や満足感を生み出すのかという調査上の問いがたずねられた。関連要因は，そのクラスの開催場所（学校／教会／YMCA）と教授方法（講義／討論）あたりであろう。

開講された各クラスは，異なった要因の組み合わせを示しているだろう。つまり，学校という場にて講義形式で教える講師，YMCAにて討議形式で教える講師などである。全部で6つの組み合わせが示される。参加者は，あるクラスの場にランダムに割り振られる。各クラスの人数が同じだと仮定するならば，各々の条件（独立変数）にさらされる参加者の数は同じとなる。そして効果を特定するために，コース終了時に，達成度や満足感の測定が行われる。エドワ

ーズ（Edwards, A. L., 1985）は，要因計画法が強調するのは次の点だという。

> （それは）実験結果が，ある実験変数の効果について，一般化するための確固たる根拠を提供することを意味する。というのも，実験結果は，個別にだけではなく，他の変数の効果との関連のなかでも検証されるからである。[p. 223]

実験デザインの主な構成要素は，統制群と実験群である。各群が，無作為抽出と割り振りをとおして等質化されたのち，実験群は，ある特定の処置や操作にさらされたり，それが除去されたりする。統制群には，処置は施されない。そして実験群と関連のある事象の変化が，統制群の事象と比較される。ただし，人間の相互作用がなされる多くのしぜんな状況下では，確実に統制をすることがむずかしいため，たとえ最もうまく計画された要因計画であっても，成人教育・訓練などの，社会科学の応用領域における調査者のニーズにいつも応えられるわけではない。

教育における調査上の問題に取り組むためには，この探求の形態を用いた手法は，どうしても修正されねばならなくなる。古典的実験モデルを修正したデザインは，準実験的方法と呼ばれる。もし実験を計画しているさいに，研究グループが研究に必要としている参加者数や条件が不ぞろいな場合は，できるかぎり統制された準実験的デザインを用いることになる。たとえば，数学の学習に最も適した場に関する標本研究では，研究参加者のクラスの開催場所の好みがランダムな割り振りをむずかしくさせている。もし，参加者が自主選択により特定のクラスに行ったならば，YMCA に行くことに抵抗を示しつつ，教会に行くことを決めた人は，外的影響に関して，条件が同等だとはいえなくなる。ある参加者が教会のクラスに友人と一緒に出かけたならば，それも外的な影響要因となってしまうのである。

第2節　準実験研究のデザイン

無作為法（randomization）を通じてある標本を得ることで，実験研究の研究者には，独立変数の効果を検証するために必要な統制が提供される。しかしながら，準実験研究を計画するさいには，無作為の割り振りが，つねに可能だとはかぎらない。その場合，少なくとも他の4つの方法で実験的統制を行うこと

ができる。まず研究者は，自分たちが確認しうる多くの同様の特徴をもつ参加者によって，釣り合わせることができる。たとえば，コンピュータのトレーニング実験の参加者は，同じ年数のコンピュータ経験や同等の数学の訓練経験や同等の教育レベルといった特徴にしたがって，別のグループの参加者とマッチングすることができる。実験的処置による実験結果の差が，この手続きによってさらに保証されることになる。

　実験統制は，同質的選定（homogeneous selection）という第二の方法によっても可能である。コンピュータ・トレーニング実験の参加者は，年齢（「20歳から35歳まで」など）と過去のコンピュータ経験の量（「2年以上」など）のみにもとづいて選定することもできる。研究参加者をより同質のグループにすることにより，外在変数を統制できる。同質的選定の欠点は，結果を，他のコンピュータ・プログラム参加といった別の状況へと，容易に一般化できないという点にある。

　実験統制を公使する第三の方法は，共分散分析（analysis of covariance）と呼ばれる統計的手法によるものである。この手法では，実験の開始時と終了時で，従属変数においてうかがわれた，グループ間の差の統計的分析をとおして，統制がなされる。また，有効な独立変数間の差も，共分散分析を通じて統制できる。たとえば，実験終了時における，コンピュータ・プログラムの参加者の達成度の差は，実際の達成度の変化を判断するために，プログラム開始前の参加者の達成度と統計的に比較される。また，過去のコンピュータ経験のような，達成度に影響をあたえうる要因も，参加者の達成度への影響の程度を判断するために，他の独立変数と統計的に比較される。

　無作為法にくわえて，実験統制を得るための第四の手法は，個々の研究参加者を通じてなされる。同一人物に対して，同様の効果が期待されるような2つ以上の実験的処置を受けさせることによって，研究者は，外在変数を制限できたという確信を少し得るのである。この場合，その人は，統制の代行者（controlling agent）となる。たとえば，コンピュータ・トレーニング実験の参加者に対して，同じコンピュータ技能を教える3つの異なった体験が提供された場合，各々の体験の最終時の診断では，異なったアプローチの結果，どのくらい速くその学習がなされたか，あるいはどのくらい完璧にその技能が習得されたかを示すことになる。研究参加者を統制の代行者として活用するのは有効な方

法ではあるが，その明らかな問題点は，訓練経験の順序が攪乱要因になるということである。ひとつの訓練経験が，次に続く訓練での参加者の達成度に影響するかもしれないので，研究者は，いつもそれが個人の経験の実際の効果だとは確信できないのである。

これまでの議論で説明してきた実験統制は，準実験研究をデザインするさいにも，研究者によって活用されている。統制への留意は，独立変数の効果を検証するうえで不可欠である。これが，実験的方法論の本質でもある。準実験デザインのより詳細な説明のためには，研究者は，より権威のある文献を参照するとよいだろう (Kerlinger, 1986)。

統制された状況が，実験研究にとって不可欠であるだけに，成人教育・訓練の領域では，実験デザインを用いた研究はあまりない。実験的な研究はふつう，ある種のプリテストと事後テストのデザインを用いたものである。ローゼントレター (Rosentreter, G., 1979) の研究はその一例である。そこでは，大企業における職務集団の生産性を監督する，管理者のための訓練プログラムの効果が検証されている。ローゼントレターは，コミュニケーション技能の訓練が，従業員の離職率，仕事の遅れ，管理者による職務評価，地元の組合に寄せられる正規の苦情数などの従属変数におよぼす効果を検証した。研究対象者は，ある大企業の68名の部局管理者で，かれらは，16名から30名の部下をもつ小さな作業集団の監督をしていた。管理者は，訓練前の従業員の相対的離職率にもとづくマッチング（群内調整）のあとで，実験群と統制群とに無作為に割り振られた。訓練期間の前後には，従業員の離職率，仕事の遅れ，管理者による職務評価や正規の苦情件数が，管理者ごとに記録された。この研究の結果によると，訓練プログラムは，従業員の離職率に有意に影響をあたえているが，他の従属変数に対しては，有意な変化はうかがわれないことが示された。

成人の学習プロセスを分析した，準実験的研究の別の2つの例は，ウィリアムズ (Williams, G. B., 1985) とヤング (Young, J. D., 1986) によるものである。ウィリアムズは，成人学習の理論として，パースペクティヴ変容 (perspective transformation) を用い，それによって，配偶者に対する虐待行動が進むプロセスと，その行動が処置をとおしていかに変化したかを説明する程度を検証した。自尊心，統制の位置，役割選好などの5つの自記式の尺度が，パースペクティヴの予期される変化を測定するために用いられた。測定は，12週間の介入プロ

グラムの前後で実施された。そこには，25名の自選された男性の虐待者の参加者が含まれていた。参加者のフォローアップは，処置終了後12週間実施された。ウィリアムズは，パースペクティヴ変容のプロセスが，自尊心や統制の位置や役割選好の変化につながる虐待者の順応を，ただ部分的にのみ説明できると結論づけた。

　ヤング（1986）によって行われた研究では，「概念学習」のワークショップに参加した成人の世界観に関する認知的再構築が検討された。この研究では，42名の教員が，ひとしく2群に分けられた。そのうちワークショップに参加した1群は，28項目のリッカート尺度で構成された，未来世界観価値尺度（The Future World Perspective Values Scale）に回答した。ヤングは，ワークショップの直後と6か月後とで，参加者が有する世界観が有意に変化したことを見出した。年齢，性別，担当教科，教育経験年数などの基本属性の変数は，これらの変化に有意に関連していなかった。

　実験デザインに関するいくつかの用語とその基本的プロセスには，何らかの定義が必要である。次のところでは，いくつかの基本用語（key terms）について述べていく。

基本用語

標本（sample）　標本は，ある特定の研究の代表性の規準を満たす，戦略的・体系的に選ばれた人びとや事象の集団をさす。因果関係を検出し将来の予測をするために，実験デザインでは，研究対象の人びとの母集団と事象の世界を正確に代表するような，研究参加者や事象の選択が必要となる。調査においては，標本抽出は，体系的なやり方で，研究のための対象者や事象を明らかにすることを意味する。

無作為化（randomization）　実験参加者を選出し，グループに割り振るときによく用いられる方策が無作為化である。それは，「ある母集団のサブグループに対する，ある集団の特性（実験対象者，処置，群）の割り振りであり，…母集団内の全メンバーが，割り振りに選ばれる確率は同じである」（Kerlinger, 1986, p. 114）。無作為化はふつう，乱数表を用いて行われる。各対象や事象ごとに，番号が割り振られる。割り振りは，乱数表の数字にもとづいて行われる。

変数（variables）　ある現象における変数間の相互関係を明らかにするさいに，

関連性を説明するために，次の機能的用語が用いられる。独立（independent）変数・従属（dependent）変数・外在（extraneous）変数・媒介（intervening）変数。独立変数は，研究対象の現象から独立したものである。逆に従属変数は，「独立変数の有無によって変化するだろう」（Johnston & Pennypacker, 1993, p. 365）。

先にふれた作物生産の研究では，用水量と肥料のタイプの両者が，育成中の作物のあらゆる特性から独立しており，それゆえ，これらが独立変数として位置づけられる。逆に，作物の成長は，耕作や湿度の影響を受ける。それゆえ，作物の成長は，機能的には従属変数として記述される。

外在変数は，従属変数に影響をあたえる変数ではあるが，研究者によって確認することはできない。たとえば，土壌中の未確認の有害な化学物質は，作物生産における外在変数となるだろう。媒介変数は，実験中に影響をおよぼすことが観察されるものであるが，突然発生する葉枯れ病のように，統制することはできない。

処置（treatment）と統制（control） 一部の実験デザインにおいては，研究手続き上でさまざまな独立変数を観測あるいは導入して，従属変数への効果を検証する。さまざまな変数を導入するプロセスは，操作（manipulation）または処置と呼ばれる。従属変数に対する独立変数の影響が，正確に診断されていることを確認するために，実験研究の調査デザインにおいては，厳密な統制が採用される。実験条件の統制が，外在変数の影響の可能性を減じさせるのである。先に述べた要因計画デザイン研究では，再教育コースの教育方法と場所が独立要因であり，これらは，数学の達成度と満足度への影響を調べるために観察された。この場合，教師のパーソナリティやプログラム参加者のタイプといった，予測される外在変数の効果を最小限にする統制は，各々の独立変数を他のすべての変数と組み合わせた，2×3のデザインであった。場所と教育方法の2つの異なった組み合わせを含むことにより，教員のパーソナリティと参加者のタイプという外在変数は，少なくとも部分的には統制されたことになる。

観 察（observation） 観察という単語は，実験的方法ではよく用いられる。その用語は，行動や事象を「観ること（viewing）」を含んでいるが，それは，視覚的な観察のみならず，あらゆる形態の評価として，一般的には考えられている。たとえば，ある活動のプリテストと事後テストによって示される評価は，

観察の一形態である。それは単に，研究対象の現象と結びついた，ある事象の記録化にすぎない。

妥当性に対する内的および外的脅威（internal and external threats to validity）
実験研究を実施するさいの基本は，研究結果の妥当性を保証する程度にある。どのていど正確に，原因を確認できるか，また将来の出来事を予測できるかを，研究結果の利用者に示せるかという点で，研究の妥当性の程度は重要である。研究が妥当だと判断される程度は，内的妥当性と外的妥当性という2つの点で決定される。両タイプの妥当性を確保するステップは，実験的な調査研究を計画するさいに，入念に考慮される。

　妥当性は，あらゆる研究者にとっての，研究実施上の関心事である。しかし妥当性への脅威は，実験研究のデザインにおいて特別なる関心事となる。というのは，その研究者は，研究結果から予測可能性を期待するからである。妥当性への内的脅威とは，その研究手法が，測定しようとしているものを測定する程度に影響をおよぼす要因として，解釈することができる。たとえば，次のようなものが，この例としてあげられよう。

1．実験によって生じた事象の履歴
2．時間経過による被験者の成熟
3．被験者に対する検査法の効果
4．測定や観察にともなう誤差
5．被験者選定にともなうバイアス
6．統計学的回帰現象によるもの

　外的脅威は，研究結果を他の状況に一般化することの程度と関係する。こうした脅威は，次のものと関連する。

1．被験者選定における無作為化の程度
2．被験者へのプリテストの効果
3．実験の場の効果（ホーソン効果／プラシーボ効果）
4．実験上の多重処置の効果

たとえば，ある研究プロセスにおける，実験参加者の生活経験（履歴）の効果や身体的・情緒的発達（成熟）の効果は，生み出された研究結果の妥当性に影響をあたえる内的脅威の一例である。実験参加者は，経験を通じて変化し，時間経過のなかで発達するので，実験開始時と実験後半部とでは，異なった反応を示すのはしぜんなことであろう。また，研究参加者の選定法にバイアスがかかることもある。たとえば，あるタイプの人や集団が，選定されやすい傾向にあるかもしれない。あるいは，処置によって期待される以上のことを，実験プロセスのなかで，参加者が学習してしまうこともある。くわえて，研究者による観察や測定上の単純な誤差は，統計的回帰現象によって生じる誤差（実験参加者の再テストの得点が，平均値により近づいていくという傾向）とともに，妥当でない研究結果につながるかもしれない。

　研究結果の一般化可能性は，ある研究が研究デザインをとおして統制される程度によって，影響を受ける。標本集団内の代表性の欠如は，潜在的な外的脅威の一例である。実験の場の独特の雰囲気や実験的処置の二次的影響によってもたらされる変化もまた，外的脅威である。これらは，現行の研究をこえて研究を一般化する，研究者の能力に影響をおよぼすだろう。

仮　説（hypothesis）　仮説とは，実証的に検証されたり，調査の方向性を示したりするような，現象に対する暫定的な説明のことである（Ary et al., 1995）。実験研究を導くために提供されるそれぞれの仮説はふつう，研究対象の現象を構成する，ある重要な変数や一連の関連概念とかかわりをもつ。研究仮説は，統計的検定が活用できるように，量的な，ネガティブな記述あるいは帰無仮説として言い換えられる。帰無仮説（null hypothesis）は，実験群と統制群の間に，仮説のなかで述べられている特定の変数と関連する，有意な差が存在しないことを述べるものである。推測統計は，研究で用いられる母集団の分布形態のようなパラメータを推測するとともに，仮説を検証する道具としても用いられる。推測統計の検定では，帰無仮説が不適格かどうかを検証するものである。そして，研究者が帰無仮説を棄却することを認めるのである。帰無仮説の棄却と最初の仮説あるいは対立仮説を採択することにより，差がたしかに存在するということが示される。帰無仮説の採択と棄却は，有意水準を用いて行われる。有意水準とは，観察された差が，偶然による結果であるかどうかの程度を示すものである。

要　約

　実験研究デザインの明らかな利点のなかには，研究結果を予測するという特性がある。理論的には，実験的アプローチは，実際に事象が観察されていなくても，類似の状況での事象を正確に予測することを可能にする。別の利点は，実験プロセスをとおして生じる実験現象をくわしく描写することができるという点である。それは，研究結果に影響をあたえうる要因を，選り分けたり検証したりするために，細心の注意がはらわれるということでもある。

　この手法の不利な点は，人間的事象における，この研究方法の実施にともなう困難さにある。しぜんな場面で真なる実験条件を整えることは困難である。そのため，研究者は，教育の場面では，準実験的方法を用いざるをえなくなる。準実験的方法の援用は，研究者が利用できる予測力を弱めることにつながる。実験アプローチの別の不利な点は，実証的／演繹的な探求のモードによって引き出された，狭い範囲の調査だという点である。たとえば，直観的知識の活用は，最小限に抑えられる。現実世界は，きわめて小さな静止画像へとおとしめられてしまう。実験デザインの効力は，正確さにある。その主な限界は，人間的事象の力動的な側面とかかわったさいの，範囲の狭さにある。

　要約するならば，実験的方法論が依って立つ基本的考え方は，厳格な条件統制の利用と統計的予測の適用が，因果関係の判断につながるというものである。実験的方法へのこだわりは，研究者に，ある研究結果を別の類似の状況へと一般化することを可能にするのである。

　利点と問題点の議論のところで強調したように，すべての調査上の問題や関心が，実験的方法を用いて探求されえないし，またそうすべきでもない。実際には，研究者は，調査上の問題とともに，ある現象をとりまく関連性を単に記述したり解釈したりしたがることが多いのである。予測よりも記述を重視する記述的調査法については，次節で論じていく。

第3節　記述的デザイン

　成人教育・訓練の研究において，最もよく用いられる方法のひとつが記述的研究（descriptive research）である。記述的研究の主眼は，人びとに関する事実や，かれらの意見や態度を検証するところにある（Kerlinger, 1986）。その目

的は，事象間の関連性を評価することではなく，2つの事象や現象の関連性の程度に，単純に目を向けるところにある。社会科学の研究者は，人工的な操作や処置のともなう実験の場に対象者を組み込もうとするが，しばしばうまくいかないことがある。それゆえ記述的研究が，よく用いられるひとつの選択肢となっている。記述的研究では，研究者は，変数を操作したり，研究が行われる環境を統制したりしない。その目的は，ある特定の現象や人びとや関心領域に関する，事実や特徴を体系的に記述するところにある。記述には，次のものが含まれるだろう。(1)対象となる現象を描写している事実の収集，(2)問題の特定化，あるいは現在の状況や実践の説明，(3)計画や成果の評価，(4)将来計画や意思決定の参考にするための，同様の問題をかかえる集団間での経験の比較。

因果関係的／比較研究

　実験的デザインの特徴を多くもつ記述的研究の形態が，因果関係的（causal）／比較（あるいは事後的）研究である。そこでは調査者は，すでに生起した現象の説明を試みる。こうした研究は，将来の出来事を予測するものではない。むしろ，因果関係につながるような関連性を示す結果を探ろうとするのである。

　自動車内でシートベルトを着用するさいの効果に関する研究は，因果関係的／比較研究の一例である。それは，安全装置の開発に影響をあたえるものであった。研究報告では，シートベルトを着用したほうが，より傷害と死亡の比率が低いことが示された。この研究が，1968年1月1日以降に購入されたすべての新車に対して，腰と肩のシートベルトを装着させねばならないという法律の制定につながった。これに続く報告では，腰と肩のベルトを着用していた人は，事故に遭っても頭部と顔面の傷害が激減することが示された。1990年代の因果関係的／比較研究では，車の人間工学にかかわったものが実施されている。たとえば，乗車者の自動安全装置（エアバッグ）やトラックの燃料タンクのタイプと位置といったものが調査されている。これらの研究結果は，今後のさらなる安全装備の導入に関して，自動車などの製造業者の決定に影響をあたえるであろう。

　因果関係的／比較研究の別の例は，『移行期のアメリカ人：成人学習への誘因としての人生移行 (*Americans in Transition : Life Changes as Reasons for Adult Learning*)』（Aslanian & Brickell, 1980）における研究報告である。合衆国

に住む25歳以上のほぼ2,000人の標本集団が，面接と電話によるインタビューによって調査された。その質問には，「なぜ成人は，ある特定の学習活動を選ぶのか？」「なぜさらに多くの成人は，学習活動に参加しようとするのか？」といったものが含まれていた。その結果，学習参加の理由として，学習従事者の80％以上が，何らかの生活上の変化をあげていた。移行期の半数以上は，キャリアに関連するものであった。これよりやや少ないが，一定数の人びとは，家族や余暇における移行をあげていた。したがって，これらの結果より，成人生活の移行期が学習と結びついていることが指摘できよう。この結果はまた，初期の学習参加研究の知見，すなわち，成人学習者は，若年・高学歴・高収入の者に偏りがちだという知見を補強するものでもあった。

　因果関係的／比較研究の方法を採る場合に留意すべきことは，独立変数が，従属変数のなかに反映された結果への原因である／ではないと考えてはいけないということである。因果関係的／比較研究の関連的データにもとづいて因果関係を結論づけることは，「因果の誤り（post hoc fallacy）」と呼ばれる。たとえば，『移行期のアメリカ人』の研究では，著者は，移行期が学習の原因だとは言っていない。ただ移行期と学習とが関連しており，因果関係は示唆されるにとどまっている。

　因果関係的／比較法を用いて正しくない結論に到達する場合の例を，次にあげておこう。ある研究者は，あるコミュニティ・カレッジのイブニング・クラスへの成人参加者の減少に関心をもった。研究を進めていくなかで，その研究者は，イブニング・プログラム参加者に関連のあるさまざまな記述的データを収集し，コミュニティ・カレッジに通っている18歳から25歳の女性が，26歳から40歳までの範囲の女性よりも，より継続して参加していることを示した。研究者がまちがって引き出した結論は，より若いという理由が，クラスへの参加継続の理由だというものでる。実際には，もしいくつかの変数が実験下で操作されるならば，育児の責任やつよいキャリア志向といった他の多くの要因が，原因として特定できるかもしれない。ある出来事が生じたあとで収集されたデータは，ただ関連性のみを示し，因果関係の可能性の手がかりを提供するだけなのである。

　記述的研究にかかわる研究者は，データが選ばれサンプリングされる手続きがきわめて重要だと考える。一般的に，大規模な母集団が研究対象の場合には，

3つの異なった手続きが，記述的研究データを収集するために用いられる。それらは，横断的（cross-sectional）・縦断的（longitudinal）・系列的（sequential）サンプリングである。これらの3つのアプローチには，2つの注目すべき特徴がある。すなわち，(1)データが収集される時点，(2)標本のタイプまたは特性である。記述的データの収集についての議論は，次節にて行う。

第4節　記述的データの収集方法

横断的アプローチでは，データは，ある1つの時点で収集される。一方，縦断的アプローチでは，同一サンプルからのデータは，いくつかの時点にて収集される。横断的と縦断的方法の2つを組み合わせたものは，横断系列（cross-sequential）法と呼ばれる。各々のアプローチは，研究目的に応じて，研究者にとって意味のある特定の利用法となる。サンプリング・デザインに関する以下の例は，教育・訓練に影響をあたえてきた研究領域である，「成人発達と学習」研究から援用されている。3つのアプローチがどのように異なるのかを説明し，それぞれの利点と限界について議論するために，以下でいくつかの例を示す。

横断的発達研究では，異なった年齢集団の人びとのスコアが，同じ時点で測定される。たとえば，20歳・40歳・60歳のグループが調査され，各々の平均値が比較される。この方法を用いる主な理由は，多様な年齢層の人びとの差を明らかにするところにある。

横断的研究の主な問題点は，スコアや態度に示された年齢別の差を，年齢的変化として解釈するところにある。横断的研究では，ある年齢や年代の人びとがある特定の特徴を有していると指摘できる。しかし，加齢につれて人びとが，ある特定の傾向で変化するということはいえない。

縦断的研究では，ある人びとの集団のスコアが，その人たちの人生の別の時点でのスコアと比較される。たとえば，20歳の者のグループは，20歳の時点で観察され，25歳，30歳，35歳などの時点で再び観察される。このデザインでは，年齢関連的な結論を引き出すことができる。しかし，1つのコホート（年齢集団）のみが研究されるため，その年齢集団が生まれた時代の人のみに一般化できるといってもさしつかえないだろう。このデザインの他の限界には，次のものもある。こうした研究では，長期的に，研究に必要な費用や時間や労力がか

かる。また，生存者バイアス（survivor bias）も生じる。すなわち，研究に継続して参加してくれる人たちは，脱落者にくらべてしばしば，より健康で，より学力が高いということである。継続的な検査による学習効果の問題もあるし，研究者の関心が変わってしまうこともある。

あらゆる調査研究に共通する内的・外的妥当性の基本的問題とは別に，成人発達とエイジングの研究では，とくに，以下に示す方法論的問題に対して，配慮が必要となる。

1. 選択的サンプリング（Selective Sampling）　横断的研究では，研究対象の年齢集団ごとで，代表性のある標本が得られるかという課題がつきまとう。また研究協力者は，協力者以外よりも，学力と社会経済的地位において，平均値が高くなる傾向にある。
2. 生存者バイアス（Survivor Bias）　同じ年齢集団であっても，加齢にしたがってその構成が変化していく。コホート・メンバーの生存率は，知能，社会経済的要因，精神病理学的要因と関連がある。したがって，横断的研究における高齢者群と縦断的研究における生存者群は，そのコホート集団を代表しているというわけにはいかない。
3. 選択的ドロップアウト（Selective Dropout）　縦断的研究の後半部で測定された人びとは，その初期に測定された人びととは比較できないかもしれない。というのは，そのサンプルからのドロップアウトは，より大人数の母集団におけるランダムな減少パターンと同じではないからである。その結果，調査結果にはバイアスがかかることになるだろう。
4. 検査効果と測定ツール（Testing Effects and Instruments）　縦断的デザインでは，同じ標本をくり返し測定しても，従属変数に影響をあたえることはないと仮定されている。しかし，検査を受けることによる練習効果と検査慣れは，誤差の原因となる。測定あるいは測定ツールそれ自身もまた，さらなる問題を生む。若年成人と高齢者の知能といった，同じ特性を測定するツールを見つけたりデザインしたりすることの困難さは，けっして小さな問題ではない。あるひとつの測定ツールを用いたスコアの年齢差は，同じ特性の年齢的変化というよりはむしろ，異なった特性が測定されたことを示しているのかもしれない。

5．世代効果（Generation Effects）　世代効果は，横断的デザインの内的妥当性と縦断的デザインの外的妥当性への妨げとなる。横断的デザインでは，標本は，年齢と世代コホートによって変化する。したがって，測定された差は，年齢的変化と文化的変化を反映することになる。縦断的デザインでは，同じコホートが測定されるので，測定された差が世代の差と混合されることはない。しかしながら，その変化は，その世代のみに特有のものなのである。

　検査と世代の効果をコントロールするために，いくつかの系列的デザインが，発達とエイジングの研究のなかで考案されてきた。系列的あるいは「混合的（mixed）」デザインは，横断的研究と縦断的研究の要因を同時に組み込んでいるところにその特徴がある。年齢的変化が，ある一定の期間に，いくつかのグループで同時に診断される。たとえばまず，20歳・40歳・60歳のグループで測定される。次に，同じ対象者または同じコホート内の異なった対象者に対して，10年後に再び測定される。同時に，そこに新しい20歳のグループを付け加えるのである。当初20歳だったグループは，現在30歳となり，40歳のグループは現在50歳になり，60歳のグループは現在70歳になっている。この方法により，同世代の人びとに生じる年齢的変化と，ある一定の時点での年齢差とが対比されるのである。また，環境からの影響は，あらゆる年齢群で一定であり，それゆえ発現してきた差を，成熟によるものだとみなすことができよう。

　いくつかの記述的アプローチは，成人教育者，計画者，政策分析者，人的能力開発者たちに，将来予測の感覚を生み出すことが目論まれている。次節では，未来研究（futures research）と呼ばれる記述的研究の一形態について述べていく。

第5節　未来研究

　トレンド分析（trend analysis），デルファイ法（Delphi technique），シナリオ法（scenario writing），シミュレーション・ゲーム（simulation gaming）は，**未来研究法**と呼ばれる一群のアプローチを，まとめて記述するために用いられる用語である。未来研究の研究者は，未来を照らし出すために過去を活用するこ

との重要性を強調する。これらのアプローチは，「応用歴史学（applied history）」とも呼ばれている（Cornish, 1977）。

　未来学者はふつう，研究上の2つの原理をほのめかしている。すなわち，「持続性の原理（Principle of Continuity）」と「類推の原理（Principle of Analogy）」である。持続性の原理では，現在観察されることは，将来にも持続すると示唆されている（Cornish, 1977, p. 103）。この原理は，未来が現在と非常に似ていると仮定している。持続性の原理によってわれわれは，現在観察されるものは変化しない，あるいは過去に変化したのと同じように変化すると予測することができる。持続性の原理を受け入れることでわれわれは，たとえば，明日もまた川が流れ，来年にも空気が存在し，2000年にも太陽が輝くと考えるのである。成人教育領域へのこの概念の適用例としては，徐々にしかし確実に，合衆国で，より大きな労働力となりうる成人の平均年齢が上昇していることがあげられる。このことは，将来的には，成人へのより多くの訓練が必要となるだろうということを意味する。

　類推の原理では，未来研究の手段として，くり返されるパターンや事象のサイクルの観察を用いる。たとえば，晩秋の気温低下の研究は，降雪の予報に活用されよう。また，ガンの南方への飛来は，冬の天候の予測となるだろう。

　マクヘイル（McHale, J., 1978）は，これらの原理が適用されている，現行の未来研究の3つのアプローチを紹介している。

1．記述的アプローチ（Descriptive Approach）（「想像された未来」）　これには，多くの古典的なユートピア的未来（ヴェルヌ（Verne, J.）の『海底二万里』やウェルズ（Wells, H. G.）の『宇宙戦争』など）のような，推測や推論や想像された状況が含まれる。
2．探査的アプローチ（Exploratory Approach）（「論理的未来」）　これは，未来に向かう，過去から現在への展開を，順序立ててやや直線的に敷衍することにもとづいて予測するものである（ランド研究所（RAND Corporation）の1964年報告書など）。
3．規範的アプローチ（Prescriptive Approach）（「意図された未来」）　これは，規範的に未来を方向づけるものである。そこでは，特定の未来像の描かれ方や到達のされ方をめぐって，明確な価値観の挿入と選択がなされる。た

とえば，カーンとウィーナー (Kahn, H.& Wiener, A., 1968) による『西暦2000年』やヨーロッパ2000年計画組織委員会の『未来は明日』(1973) などがこの例である。

マクヘイルは，これらのカテゴリーが，実際の実践においては，多くの点で重複することをも指摘している。研究活動は，活動のタイプや範囲にしたがってグループ化されるだろう。研究活動のなかには，因果関係の予測に焦点をあてるものもあれば，長期計画を焦点化するものもある。未来研究は，「次の20～30年かそれ以上」という時間枠にて方向づけられる傾向にある (McHale, 1978, p. 10)。

16世紀に書かれたトマス・モア (More, T.) の『ユートピア』とフランシス・ベーコン (Bacon, F.) の『ニュー・アトランティス』は，近代未来学の時代の幕開けに貢献した。こうして近代の始まりとともに，未来研究の多くの方法が開発されてきたのである。ここではこのうち，トレンド分析，デルファイ法，シナリオ法，シミュレーション・ゲームについてふれていくが，これらは，社会科学の応用領域でよく用いられている手法でもある。

トレンド分析

成人教育の政策分析や人的能力開発の領域で応用されてきたひとつの方法が，トレンド分析 (trend extrapolation) である。ヒル (Hill, K. Q., 1978) の定義によれば，トレンドとは，「連続した一定時間内に，着実な規則正しさとともに増減する，ある価値に向かう傾向」をさす (p. 249)。持続性の原理にもとづくと，未来研究のこの形態は，重要な統計的情報のグラフ化をも行う。たとえば，数年間にわたる企業内での労働上の傷害の平均数や，数か月にわたる月別の雇用者の減少数などである。未来研究で用いられる他の統計手法としては，相関分析と回帰分析がよく用いられる。前者は，時間経過にともなう事象間の関連性を量的に記述するものであり，後者は，ある事象が，その統計的予測パターンとどのていど一致する／離れるのかを観測するものである。

トレンド分析は，文献レビューをとおして行われることもある。たとえば，ホア (Hoare, C. H., 1982) は，成人教育の未来に影響をあたえる要因を決定するために，1970年代から10年間の，成人教育およびその関連文献の包括的なレ

ビューを行なった。たとえば，会議の要旨集録，調査報告，アクション・リサーチの報告，専門家からの有用な意見などの多くの資料が，トレンド研究に用いられたのである。ホアの研究から明らかにされた未来にかかわる問題は，さまざまな教育の形態と関連がある。たとえば，労働と余暇の教育，エイジングのための教育，健康教育，専門職の継続教育，社会的・市民的責任，個人的適応，機能的な能力，成人教師教育などである。

　この分析法を用いて分析される，成人教育・訓練に関連する別の事象としては，人口動態や労働パターン，移住パターン，居住パターンなどがある。

デルファイ法

　ランド研究所報告書の，『長期予測研究に関する報告』（Helmer-Hirschberg & Gordon, 1964）は，未来研究の第二の方法である，デルファイ法なる方法を紹介している。ランド研究所の研究目標は，「科学・技術をとくに強調した，長期的トレンドの方向性と，それのわれわれの社会や世界におよぼす効果の可能性」を決定することであった（Linstone, 1978, p. 273）。この紹介以来，ビジネス界以外の領域でも，この方法は，未来予測のための市民権を得るようになっていった。この方法の実施プロセスでは，何回かの質問紙調査が行われる。回数を重ねるごとに，回答者からの回答は，前回よりもより構造化され，より焦点化されたものになっていく。デルファイ法のプロセスには，次のステップが含まれる。

1. あるテーマのもとに，デルファイ法を実施およびモニターするチームを編成する。
2. この調査に参加する1人以上の専門家を選定する。ふつうは，そのテーマや領域の専門家が選ばれる。
3. 第1回目のデルファイ法質問紙調査の項目を作成する。
4. 質問紙のワーディングの妥当性をチェックする（あいまいさや不明確さなど）。
5. 専門家（集団）に対する，第1回目の質問紙調査の実施。
6. 第1回目の回答の分析。
7. 第2回目の質問紙調査の準備（可能ならばその点検も）。

8. 専門家（集団）に対する，第2回目の質問紙調査の実施。
9. 第2回目の回答の分析（必要なデータが得られるまで，7から9をくり返す）。
10. 分析チームによる報告の準備を行い，デルファイ法の終了を示す。

[Linstone, 1978, pp. 274-275]

　元来デルファイ法のプロセスには，次の3つの重要な要素が組み込まれていた。(1)情報の流れの構造化，(2)調査参加者へのフィードバック，(3)参加者の匿名性が保たれること。

　デルファイ法が成人教育調査に適用された例としては，成人教育の教授の協議会との共同で，ロング (Long, H. B., 1991) が行なった研究がある。この研究では，継続高等教育調査の未来に関する研究に参加するために，22名の教授が招聘された。10名の教授が，デルファイ法の2，3ラウンドを完了した。デルファイ法は，(1)継続高等教育調査の将来の見通しと，(2)選ばれた教授たちの，確認された未来像へのコンセンサスの程度を調査するために用いられた。調査はとくに，1990年代における，動向，トピック，報告されるべき重要な結果，重要な調査手続き，そして継続高等教育を支援するための資金源を明確にするために組まれた。

　その結果，現代の社会的・技術的発展の意義を，研究の重要な領域だとした点で，教授たちの間に，つよいコンセンサスがうかがわれた。また教授たちは，現場に根ざした質的調査法の必要性にも，つよく賛同していた。コンセンサスがあまり得られなかった領域は，継続高等教育の効果の評価と，学習と技術の評価に関連したものであった。協議会の教授たちの未来予測の相違は，かれらの元来の成人教育実践領域と関連しているようである。成人基礎教育の教授たちは，未来像に関して，継続高等教育の教授たちとは意見を異にしていた。

　リンストン (Linstone, H. A., 1978) が指摘するように，デルファイ法が用いられるのは次のような場合である。すなわち，個人的価値や社会的目標の優先順位を決めたり，ある問題への賛否を検討したり，予算配分を評価したり，歴史的出来事の重要性を診断したりする場合，さらに知覚された動機と真の動機を識別したりする場合さえあるのだ。

　デルファイ法が適用されるのに，とくに有用な2つの状況がある。すなわち，

(1)ある問題が，正確な分析的手法を援用するのはむずかしいが，人びとの主観的判断を集合的に用いるとうまくいく場合と，(2)時間とコストの制約のため，相互交流の必要な人びとが対面的なかたちで集められない場合である（Linstone, 1978, p. 275）。また，この技法は，強烈なパーソナリティの影響を和らげることができる。デルファイ法の明らかな短所は，綿密な研究を実施するさいにかかる時間の絶対量である。

シナリオ法

シナリオの辞書的な定義の多くは，それが未来研究の方法として用いられるときにあてはまるものとなる。シナリオとは，「劇的で，小説的で，スケッチ的（sketchy）」である（Wilson, 1978）。ウィルソン（Wilson, I. H., 1978）によれば，その目的が意識変革にあるという理由から，これらの記述がすべて，未来研究では不可欠となる。未来研究で用いられるシナリオのより専門的な定義は，「代替的未来の説明」（p. 225）である。

シナリオは，仮説的なもの，すなわち，ひとつの代替案の示唆として描かれる。また，未来の分岐点を描くためのアウトラインだけが使われるという意味では，スケッチ的でもある。さらに，多面的あるいは全体論的（holistic）でもある。よりはば広い未来の可能性の像を描こうとする試みなのである。

未来のシナリオの古典的例のひとつは，プラトン（Plato）が『国家』のなかで描いた理想像の記述であった。この作品から，トマス・モアは，『ユートピア』という物語を創作した。シナリオ法を用いた有名な作品としては，『成長の限界』（Meadows et al., 1972）があげられる。これは，人口爆発と生態系の変化を扱ったものである。『成人教育の未来：推測的なシナリオ』（Boshier, 1979）は，シナリオ法の一例であり，デルファイ法を用いてある会議の参加者の集団から情報を集め，未来の研究領域を予測したものである。より最近の，未来のシナリオ法の適用例は，ネイスビッツとアバディーン（Naisbitt, J.& Aburdene, P., 1990）の『メガトレンド　2000』である。この2冊シリーズのうちの2冊目では，著者は，1990年代への10の予言を描いている（Naisbitt, 1982）。それは，ネイスビッツ・グループと呼ばれる，世界中の専門家集団による，新聞の内容分析の結果によるものである。

シナリオ法は，人びとおよび組織が，優先順位や選択肢をふるい分けること

によって，環境計画を立てるときに役立つ。この方法はまた，計画者を伝統的な環境から自由にもするし，また未来を断片化してではなく，全体論的にとらえることも可能にする。この方法の限界としては，どんなに創造的なものであっても，現在のデータから構築され，それをとおして認識されるという点があげられる。

シミュレーション・ゲーム

未来研究の方法で，成人教育・訓練にとくに適用されているものとして，シミュレーション・ゲームをあげることができる。シミュレーション・ゲームは，人びとがその見解を伝えたり，代替的状況を説明したりする手助けとして開発された。シミュレーション・ゲームは，未来予測のための手段ではなく，未来への準備を，われわれに説明したり手助けしたりする手段なのである。

シミュレーション・ゲームには，次の4つの基本的機能がある。

1. 情報の伝達
2. 情報の摘出
3. 参加者同士の討議の実施
4. 参加者に対する，未来の経験への動機づけと準備

［McLean, 1978, p. 345］

成人教育・訓練に適用されているシミュレーション・ゲームの例としては，次のものがある。第三世界における人びとの社会事業計画の研究をするために，ユネスコによって開発された HEX ゲーム。大気汚染の制御訓練法として，アメリカ政府で用いられているメトロ・アペックス（Metro-Apex）ゲーム。第三世界での食料計画を実施するために開発された，SNUS（食料シミュレーション・システム）ゲーム。要するに，シミュレーション・ゲームを未来研究の方法として援用する人は，研究参加者に未来とふれあう感触をもってもらおうとしているのである。研究者は，参加者にゲームを通じて，より発展的に考えてもらおうともしている。つまり，とくにある問題や状況を多面的な角度から探究したあとで，人びとの認識を広げ，論理的な結論に至らせるということである。ここで紹介した4つのアプローチは，一括して未来研究のアプローチだと

もいえるが，同時に，記述的研究デザインの一部でもある。

第6節　記述的データ収集法

　記述的研究において，データ収集で最もよく活用される技法は，サーベイ調査法（survey）である。調査参加者は，書面または口頭で示された一連の質問に回答するよう求められる。書面形式での調査は，質問紙調査（questionnaires）であり，口頭形式の調査は，インタビュー／面接調査である。サーベイ調査はふつう，多くの必要な情報をうまく引き出せるように，入念に組まれている。

　質問紙法による調査を実施する利点は，調査に先立って，質問項目の構成と妥当性の入念なチェックの機会があるところにある。また質問紙はふつう，実施者にとって扱いやすいものが多い。調査者がその場にいなくてもよい場合もあり，これによって，時間と出費が抑えられる。多くの質問紙調査が郵送法にて実施されるため，条件が許せば，より多くの人びとに調査をすることが可能となる。

　インタビュー法の利点は，特定の層の人びとに調査ができ，またより深い内容の情報が得られるという効果にある。インタビュー法はとくに，「接近が困難な」人びとからデータを得るうえで有効である。たとえば，障害者や読み書きが困難な人や異文化の人などである。また，調査者が調査参加者に会うまえに，質問内容を準備するうえで知らねばならないことを知ることができない場合に，非構造化インタビューは，質問紙調査よりも，より信頼できうるデータを提供してくれるだろう。個人的・対面的なインタビューは，ラポール（rapport）を形成し，より広範なデータを収集するうえで推奨できる。しかし，対面的インタビューが困難な場合には，電話によるインタビューが，データ収集のさいに用いられよう。これらの技法については，本書の第7章で，よりくわしく述べていく。

　記述的研究は，成人教育の領域で最もよく用いられる形態である。実践の領域を定義・記述する当面の必要性があるだけに，この方法論は，知識を発展させるうえで重要でありつづけるだろう。しかし研究者は，記述的研究にも，それ固有の長所と限界があることには留意しておくべきであろう。

第7節　記述的研究の長所と限界

　記述的方法の明らかな利点あるいは長所は，その活用の容易さにある。それは，正確で代表性のあるデータを生み出す。それは，「どんなようすか」を記述する。記述的研究では，研究デザインの厳密さは，実験研究ほどにはきびしいものではないことが多い。
　第二の利点は，この方法によって，研究者は，人間の生活状況のなかで生じる関係性や出来事を研究できるという点である。実験デザインでよく用いられる，人工的で操作的な技法は，ここでは用いられない。
　第三の利点は，記述的方法に探究的性格があるという点である。予測される原因を示す変数を検証するだけではなく，現象に新たな光を投げかけるような，新しい変数が発見されるかもしれないのである。
　逆に，顕著な欠点あるいは限界としては，予測力の欠如という点があげられる。研究者は，「どんなようすか」を発見したり記述したりするが，「今後どうなっていくのか」を，明確に一般化したり予測したりすることはできない。
　調査・研究を実施するさいに，ポジティブ・ネガティブ双方の影響が出る研究方法論のひとつが，統計学（statistics）の適用である。統計的な説明と分析によって，研究者は，記述研究を行うさいにより強力な表現力をもてるようになる。そして，実験的方法が援用されるさいには，予測力も増すことになる。しかし，物語的・会話的調査の分析と報告を統計的用語で代用した場合，しばしば調査者や調査結果の利用者を混乱させ，失望させ，落胆させることになる。
　実験研究と記述的研究では，他の多くの研究方法と同様に，データの比較や分析，研究結果の解釈のさいに，統計がよく用いられる。その意味でも，統計が研究者や調査者をいかに支援したり妨害したりするのかに気づくことは，重要である。
　われわれは，さまざまな統計的手法を活用することができる。さまざまな統計的手続きのタイプと実施方法のきちんとした扱い方については，統計的デザインのトピックに紙幅を割いた文献のなかにうかがわれる（Kerlinger, 1986）。
　調査・研究方法の議論のなかで，統計的，統制，処置，標本といった用語を用いる場合，ある種の倫理的問題が生起してくる。研究参加者に対する，研究

者の道徳的・倫理的責任とは何なのか？　科学という名のもとに，研究対象者の生活に介入できる限界点はどこまでなのか？　実験研究や記述的研究に従事する者は，とくにこれらの問題が意味していることがらに敏感であらねばならない。明確な回答を示すことは困難ではあるが，研究者の倫理的責任に関連した要因についての議論は，調査・研究の計画と実施を理解するうえで重要となる。これらの問題については，第10章でよりくわしく議論していく。

第8節　結　　論

　つまるところ，実験デザインと記述的デザインは，社会科学研究で活用されている。しかし記述的研究は，成人教育・訓練の研究でより一般的に見受けられる。それぞれは，探求のために独自のアプローチを提供してくれる。実験研究では，従属変数にて観察される変化に影響をおよぼすような，独立変数を特定することで，因果関係を探ろうとする。逆に，記述的研究では，変数を記述したり，変数がその一部となっている現象を記述したりして，それらの間に存在する関連性の程度を示すのである。因果関係的／比較法による記述的研究の結果ならば，潜在的な原因を指摘できるかもしれない。

　実験研究は，処置や統制，統計的確率論を用いた，入念にデザインされた研究をとおして，予測力を提供してくれる。しかしながら，多元的な性格をおびた教育事業や，成人教育・訓練に関連した研究が実施されるしぜんで人間的な場面では，実験研究を行うには限界が生じる。研究参加者の権利やプライバシーへの倫理的配慮は，研究者が実験的方法を適用するさいに制約をくわえるだろう。

　記述的研究では，さまざまな形態のサーベイ調査法や，データ収集の横断的・縦断的・横断系列的アプローチが活用される。記述的研究デザインの利点は，この方法が有している探究的性格にある。この特徴が，成人教育・訓練のような，発展途上の研究領域に対して，大きな貢献を果たすことにつながったのである。

第4章参考文献

Ary, D., Jacobs, L. C, & Ragevich, A. (1995). *Introduction to Research in Education* (4th ed.). New York: Holt, Rinehart & Winston.

Aslanian, C. B., & Brickell, H. M. (1980). *Americans in Transition : Life Changes as Reasons for Adult Learning.* New York: College Entrance Examination Board.

Boshier, R. (1979). The Future of Adult Education: An Inductively Derived Scenario. *Adult Education Research Conference Proceedings.* Ann Arbor, MI.

Bredo, E., & Feinberg, W. (Eds.). (1982). *Knowledge and Values in Social and Educational Research.* Philadelphia: Temple University Press.

Cornish, E. (1977). *The Study of the Future.* Washington, DC: World Future Society.

Dickinson, G., & Blunt, D. (1971). A Content Analysis of Adult Education, *Adult Education, 21,* 177-185.

Drew, C. J. (1985). *Introduction to Designing and Conducting Research.* St. Louis: The C. V. Mosby Company.

Edwards, A. L. (1985). *Experimental Design in Psychological Research* (5th ed.). NY: Harper & Row.

Fisher, R. A. (1960). *The Design of Experiments.* Edinburgh: Oliver and Boyd. (R・A・フィッシャー, 遠藤健児・鍋谷清治訳『実験計画法』森北出版, 1971年。)

Helmer-Hirschberg, O., & Gordon, T. J. (1964). *Report on Long-Range Forecasting Study.* Santa Monica, CA: RAND Corporation.

Hill, K. Q. (Ed.). (1978). Trend Extrapolation. In J. Fowles (Ed.), *Handbook of Futures Research* (pp. 249-272). Westport, CT: Greenwood Press.

Hoare, C. H. (1982). Future Issues in Adult Education: A Review of the Literature of the Seventies. *Adult Education, 33,* 55-59.

Johnson, J. M., & Pennypacker, H. S. (1993). *Strategies and Tactics of Human Behavioral Research Sciences.* Hillsdale, NJ: Lawrence Erlbaum Associates.

Kerlinger, F. N. (1986). *Foundations of Behavioral Research* (3rd ed.). New York: Holt, Rinehart & Winston. (F・N・カーリンジャー, 馬場昌雄・馬場房子・福田周司訳『行動科学の基礎手法（上）』鹿島研究所出版会, 1972年。)

Linstone, H. A. (1978). The Delphi Technique. In J. Fowles (Ed.), *Handbook of Futures Research* (pp. 273-300). Westport, CT: Greenwood Press.

Long, H. B. (1991, Spring). Continuing Higher Education Research Futures: A

Delphi Study of Professors of Adult Education. *The Journal of Continuing Higher Education, 39*(2), 29-35.

McHale, J. (1978). The Emergence of Futures Research. In J. Fowles (Ed.), *Handbook of Futures Research* (pp. 5-16). Westport, CT: Greenwood Press.

McLean, J. M. (1978). Simulation Modeling. In J. Fowles (Ed.), *Handbook of Futures Research* (pp. 329-352). Westport, CT: Greenwood Press.

Meadows, D., & Meadows, D. (Eds.) (1972). *The Limits to Growth.* New York: Universe Books. (D・H・メドウズ／D・L・メドウズ他，大来佐武郎監訳『成長の限界：ローマ・クラブ「人類の危機」レポート』ダイヤモンド社，1972年。)

Merriam, S. B. (1991). How Research Produces Knowledge. In J. M. Peters & P. Jarvis (Eds.), *Adult Education: Evolution and Achievements in a Developing Field of Study.* San Francisco: Jossey-Bass.

Mill, J. S. (1990). *A System of Logic.* New York: Harper & Row. (J・S・ミル，大關將一・小林篤郎訳『論理學體系（全6巻）』春秋社，1949～1959年。)

Naisbitt, J. (1982). *Megatrends.* New York: William Morrow & Company（ジョン・ネイスビッツ，竹村健一訳『メガトレンド』三笠書房，1982年。)

Naisbitt, J., & Aburdene, P. (1990). *Megatrends 2000.* New York: William Morrow & Company.（ジョン・ネスビッツ／パトリシア・アバディーン，木村尚三郎訳『トウェンティハンドレッド2000：黄金世紀への予告』日本経済新聞社，1990年。)

Rosentreter, G. (1979). Evaluating Training by Four Economic Indices. *Adult Education, 24,* 234-241.

Williams, G. B. (1985). Perspective Transformation as an Adult Learning Theory to Explain and Facilitate Change in Male Spouse Abusers. Unpublished Doctoral Dissertation. Northern Illinois University.

Wilson, I. H. (1978). Scenarios. In J. Fowles (Ed.), *Handbook for Futures Research* (pp. 225-248). Westport, CT: Greenwood Press.

Young, J. D. (1986). An Examination of Cognitive Restructuring in an Adult Continuing Education Workshop. Unpublished Doctoral Dissertation, Northern Illinois University.

第5章
歴史的探求と哲学的探求

　調査は，体系的な探求であると考えることができる。いくつかのアプローチについてはすでに，第4章で議論した。どのような体系や方法にしたがうかについては，問題の性格や，投げかけられている問いのタイプに依拠している。歴史的探求（historical inquiry）と哲学的探求（philosophical inquiry）には，過去に関する，あるいは，背後にある前提や考え方に関する問いに答えるための，それぞれの「体系」が存在する。本章の目的はまず，歴史学と哲学が，社会的実践の領域を理解するうえでいかに有効かを議論するところにあり，次に，歴史的あるいは哲学的研究に体系的に取り組む方法について議論するところにある。

第1節　歴史的探求

　他の調査の領域と同様に，歴史的探求は好奇心によって動機づけられる。この方法の出発点はまず，ある出来事や制度，理念，人物について疑問をもつことである。医療・保健，職業教育，人的能力開発といった応用領域には，投げかけられるべき歴史的な問いが多くある。ある特定の制度や実践や理想などについて，それらの発端，目的，沿革について興味をもつこともあろう。たとえば，カウンセリングの領域において，なぜ今日キャリア・カウンセリングが強調されるようになってきたのか？　職業教育において，アフリカ系アメリカ人はどのような経験をしてきたのか？　連邦政府は，成人基礎教育には財政支援をしようとするのに，リベラルな教育プログラムにはそうしないのはなぜなのか？
　意義のある調査トピックは，興味・関心から生じるだけでなく，どこかでより大きな問題やより広範な問いにもつながっている。問題の特定の切片に焦点を合わせるさいに，調査者は，より大きな問題領域の理解に貢献するよう望ん

でいるのだ。たとえば、成人夜間学校（adult evening school）や地域の診療所などの制度の歴史を出来事の順序に並べるだけでは、十分だとはいえない。問われねばならないのは、そうした特定の制度が社会のなかで果たしてきた役割や、その制度が進展してきた社会歴史的な文脈なのである。そうすることで、特定の問いがより大きな文脈のなかにつなぎ止められるのであり、またその文脈を理解することで、現在の実践をよりいっそう把握できるようになるだろう。

カールソン（Carlson, R. A., 1981）は、歴史的調査および哲学的調査が、実際に、実践を理解するための最も効果的な研究方法であると述べている。それらは、「われわれがどこから来たのか、われわれは何をして、なぜそうしているのか、われわれはどこに向かっているようなのか、そしてわれわれはいかにして、人間的な方向に向けて出来事に影響をあたえられるのか、といったことを見きわめさせてくれるような観点を提供する」(p. 3)。明確に表現されていようとなかろうと、(個人的な生活にもあてはまるが、) 実践家が仕事をしていくうえでのあらゆる計画や意思決定は、先行経験、知識、価値観にもとづいている。そして知識が増えるほど、実践における意思決定はより情報量豊かなものとなる。

それゆえ、応用領域において重要となる歴史的な問いかけは、その領域の実践に関連するものとなる。19世紀のシャトーカ（Chautauqua）運動を例に引きながら、ローズ（Rose, A. D., 1982, p. 15）は、「伝統的な歴史家」と歴史的調査研究にかかわっている成人教育者とを区別している。伝統的な歴史家は、シャトーカと改革や社会的ゴスペル運動との関係や、あるいはその知的な起源といった、「その時代に由来する問いにとくに興味を示す」だろう。こうした問いを無視するのではないが、成人教育者が焦点をあてるのは、「そこへの参加者とその実際の影響」といった問題なのである。ローズは言う。

> 参加者はどこから来たのか？ シャトーカのことをどのようにして知ったのか？ かれらは湖畔の家を購入したのか、それとも訪問客であったのか？ 平均すると、どのくらいの期間滞在したのか？ 参加者の教育的背景はどのようなものだったのか？ このような夏期集会の増加と、同じ時期に開発されていた巨大リゾートとの間に関連性はあるのか？ 両者のちがいは何なのか？ そして最後に、「成人がこの時期に学習することをいかにとらえたのか」について、参加者はわれわれに何を語ってくれるのだろうか？　　　　　　　　　　[p. 15]

応用領域における多くの歴史的調査の問題が扱うのは，出来事や制度，そして人物である。あるいは，実践に影響をあたえた理念や概念，理論を扱うこともあろう。スタブルフィールド（Stubblefield, H. W., 1988）は，アメリカの成人教育思想家の第一世代が，いかにして，この領域に関する理論化を始めたのかについて議論している。彼は，知識と文化の普及，リベラルな教育，そして社会教育といった観念（notion）の発展過程をさかのぼる。歴史的調査の主題となるような他の概念は，人的能力開発，患者教育，遠隔学習，地域開発などである。

成人教育や人的能力開発，老年学，ソーシャル・ワークといった領域は，おそらくその歴史の浅さゆえに，より「科学的」な方法論によって，それぞれ独自の知識体系を確立するすべを探りつづけてきた。歴史的調査は，制度やプログラムを記述するようなものである傾向にあった（Knowles, 1962）。歴史的探求は，出来事を年代順に並べることを重視しつつも，以下の点を検証するさいには，その領域にとってさらに役立つものとなろう。

1. その領域で「正しい」とされている考え方の起源。
2. ある領域の「偉業」，およびその失敗例（Rockhill, 1976, p. 196）。
3. ある実践が人びとの生活にあたえた影響（Rose, 1982, p. 19）。
4. ある出来事それ自身だけではなく，その出来事の全体的な文脈（Rose, 1982, p. 18）。

応用領域における歴史的調査が，いかにして，ある領域の考え方や失敗と成功，人びとの生活への影響，そしてある出来事の全体的な文脈を示したかの例としては，次の研究を参照するとよいだろう。スタブルフィールドとレイチャル（Stubblefield, H. W. & Rachal, J. R., 1992）は，アメリカ合衆国における**成人教育**という語の起源や意味の変遷を遡及して，それが最初の専門職協会の設立とともに1920年代に成立したという，通説に挑んだ。ローズ（1989）は，アメリカ成人教育協会（AAAE）の創設を探った。ローズは，この出来事の歴史を単に年代順に並べるというよりはむしろ，カーネギー財団がその創設にかかわったことにとくに注意をはらいつつ，その時代の文脈にそれを位置づけたのであった。

他の例としては，以下のものがある。成人教育の初期の指導者である，ジェームズ・ハーヴェイ・ロビンソン（Robinson, J. H.）についてのローフェルド（Rohfeld, R. W., 1990）による研究。また，第二次世界大戦中の男女の兵士が学習したことへの認証のための努力，およびこの改革によってつくられた先例とそれの今日の成人教育にあたえた影響について，ローズが行なった調査（Rose, 1991）。第一次世界大戦の兵士らが平時の世界に備えるために，陸軍が大学を創設したプロセスについての，ローフェルド（1989）の研究。

 このように，応用領域で歴史的調査にかかわることは，その領域のある側面の，年代順の歴史を記述する以上のものを含んでいるのである。それは，出来事の文脈をながめたり，あるトピックに関連した仮説を検証したり，参加者の生活への影響について自覚的になったりすることを含む。このアプローチは，現在の実践についての知識と理解を拡張する可能性を信奉している。すなわち，予測それ自体が歴史的調査の目標ではないにしろ，それは，将来の実践のための何らかのガイドラインを提供さえするだろうということである。まさに歴史的研究は，予測のかわりに，「**おそらく起こる**（probable）というよりは起こる**可能性がある**（possible）**行動についての手がかり**」を提供し，「**予測**（predict）というよりはむしろ**予期**（anticipate），統制というよりは**予防策**（precautions）」を可能にするのである（Gottschalk, 1963, p. 269）。

第2節　歴史的調査を行うこと

 歴史的調査を行うためには，歴史的なトピックが必要となる。先に記したように，問題は出来事や制度，概念，人物の過去に関する好奇心から生じる。大学開放や隣保館，成人基礎教育といった，成人の教育・訓練に関連する多様なトピックについての研究は，すでに多くなされてきている。ときおり，現在の実践への問いかけから始めて，それが歴史的な問題につながっていることに気づく場合もある。プログラム化された教授法を成人向けに用いることの効果を問うことによって，次のような点が問題になってくるのかもしれない。プログラム化された教育はどのくらい長く行われてきたのか。もともと，それはいかにして開発されたのか。いかにして，今日の実践につながるやり方を見つけたのか。なぜそれは，教授技法として採用されたのか。そして，その利用による，

成人への影響はどのようなものであったのか。

歴史的研究を始めるためには,一般的なトピックを掲げて,そのトピックに関するいくつかの問いを提起することで,十分となる。トピックに関する資料を検討するなかで,やがて,議論されるべき命題や問題提起に遭遇することになろう。しかしながら,調査者は最初に,「仮説を表明したり,社会科学理論に固着したり,あるいは問題というかたちで研究を明確化したりすることは,避けたほうが賢明であろう。……歴史的調査というものは,『問題を解決する』学問ではなく,人間というミステリーを探求する手段だからである」(Carlson, 1980, p. 44)。

一般的なトピックにくわしくなったあとでは,課題は,問題領域の特定の断片に焦点をあてることになっていく。他のタイプの調査と同様に,歴史的研究においてどれが扱いやすいトピックなのかを知ることは,試行錯誤のプロセスでもある。トピックがあまりにも広い(あるいは狭い)場合には,カバーされる地理的エリアの広さや含まれる人の数,カバーされる時間のスパン,含まれる人間活動の範囲を操作して,トピックを狭めたり拡張させたりすることができる (Gottschalk, 1963)。たとえば,アメリカにおける成人非識字の歴史は,1人の人間が扱うにはあまりにも広大なトピックである。ゴットシャルク (Gottschalk, L.) の提言によれば,トピックを狭めるには次のようなやり方がある。(1)国の1地域あるいは1つの州における非識字の歴史を研究すること,(2)女性,移民,ユダヤ系アメリカ人といった人口の一部に,調査を限定すること,(3)非識字と闘った著名な人物に焦点をあてること,(4)「植民地時代の成人の非識字」という具合に,研究を特定の期間に限定すること。

扱いやすいトピックを文章で描いたり,研究を焦点化したりしているならば,その人は,おそらくすでに歴史的調査を「行なっている」のであろう。さらにまた,すべての歴史家が同意するような標準化された形態は存在しない。カーティス (Curtis, L. P., 1970) がそのことを発見したのは,「まさに,歴史家がいかにして研究テーマを選び,研究を行い,解釈を考案し,結果をまとめることに取り組むか」を示すアンソロジーをまとめようとしたときのことであった (p. xi)。著名な歴史家数人が,依頼された寄稿を断ったさいのコメントは,次のようなものであった。「私は,方法論について書くには不適任者です。私には方法論はないのです」。あるいは,「寄稿者全員がきわめて誠実にそちらの要

望に応じたならば，歴史の専門職は船首から船尾まで粉砕されるでしょう。われわれがそうだとうすうす感じていること（＝調査のマニュアルがそうすべきだと言ったとおりに進める人などはいない）は，疑いもなく証明されてしまうであろう」(Curtis, 1970, p. xv)。

歴史的調査の技法がいかにつかみどころのないものであっても，歴史的調査を行うすべての者は，そのトピックに関して利用可能な，最良の情報を得ることにはかかわることになる。歴史的資料の扱いは非常に体系的なものであり，一次資料 (primary sources) と二次資料 (secondary sources) を区別することを含んでいる。

一次資料は，歴史的研究で用いられる基本的な資料である。シラキュース大学のケロッグ・プロジェクト (Kellogg Project) の主導下で，いま北米の成人教育者，歴史家，公文書係によって，成人教育の歴史にかかわる一次資料のデータとそのコレクションを，探し出して保存する努力がなされている。口頭のあるいは文書形態の一次資料は，著者が出来事の直接的な観察者あるいは目撃者であったようなものである。バーザンとグラフ (Barzun, J. & Graff, H. F., 1957) は，「意図的な (intentional)」事実の伝達物と「非意図的な (unpremeditated)」事実の伝達物とを区別している。意図的な一次資料には，(1)年代記や年鑑，回顧録，碑文などの文書記録，(2)口頭記録，(3)肖像画や絵画，映画などの芸術作品がある。非意図的な資料としては，人間の遺骨，公文書，言語・慣習，道具，その他の人造物といった遺物がある (pp. 132-134)。

二次資料は，実際の出来事を目撃しなかった人たちの観察を報告したものである。こうした二次的あるいは間接的な資料は，研究者にあるトピックを熟知させたり，今後の研究の新しい領域を示したりすることに役立つだろう。最良の一次資料が，ある現象に時間的・空間的に近いところで記録されたものであるのに対して，二次資料は，現象から遠くに離れているほどよい。というのは，最良の二次資料は，それまでの学者が蓄積してきた見識から引き出されるからである。

資料を一次的／二次的のカテゴリーに分けることは，いつも可能であるとはかぎらない。目撃者の証言も，他者の観察や意見を含んでいるかもしれないし，また興味深いことに，ある特定の資料が，研究上の問題に応じて，一次にも二次にも分類されうるのである。たとえば，研究が，連邦法がいかにして実践へ

と翻訳されていくのかを調査するものであるならば，学習プログラムが成人職業教育の法律をいかに解釈したかに関する監督者の報告は，一次資料となる。しかし同じ報告は，成人の職業に関する法律の歴史研究においては，二次資料になる。

一次資料の位置づけは，研究者がその資料の価値や重要性をどのように診断するかに応じて異なってくる。一般的には，最良の資料は，次の規準にかなうものだといえる。

1．近接性（Proximity）　出来事に時間的に最も近い説明は，他のものよりも好ましいだろう。
2．著者の力量　より良い記録は，身近な問題を観察する，訓練を受けた人によって書かれたものである。たとえばある実践の指導者には，その制度の公共政策の専門家であることは期待されていないが，しかし警察官には，出来事を正確に記録することが期待されている。
3．目　的　出来事を公正に記録することを目的とした文書は，自由な印象よりは正確な印象のものとなる傾向にある。スポーツのイベント，選挙結果，国勢調査データなどの公的な記録は，正確であることを企図したものである。同様に，数名の人に読まれるつもりで書かれた個人的な書簡といった文書は，より多くの読者を念頭においたものよりも暴露的なものになりやすい。

文書の真正さを確かめるさいに，研究者が立証しようとするのは，原著者（authorship），書かれた時期と場所，そしてそれが原本かどうかである。内在的批判や批評によって，文章**内部**の情報の信頼性が確かめられる。研究者は，誇張，誤解，歪曲，明白な作りごとの可能性のある記述の不整合性だけでなく，著者の偏向や動因についても，内在的に探索していく。批判・批評の原理を十分に議論することは，本章の範囲をこえる問題ではあるが，歴史的研究を行う者は，使われる資料の価値を査定するさいにともなう手続きと問題に熟知しているべきだろう。

歴史的研究で用いられる資料に注意深くなり，それらの資料の扱い方に体系的であることによって，ある現象に関して述べられていることがらが，可能な

かぎり真実に近いものになっていくであろう。しかしながら，過去はけっして複製されないし，またわれわれは，一次資料のなかの事実を完全に信じることもできない。

> それゆえ，絶対的な真実はない。コピーにぴったりと合うオリジナルも存在しない。……歴史家は，資料に対する自分自身および同業者のあくなき判断の行使によって，真実に近づくのである。判断とは，証拠や報告を取り入れつつ，……擁護できないものを取り除く，比較作用の行為である。結果として生ずる真実は，築かれるものであって，到達されるものではない……。
> 　　　　　　　　　　　　　　　　　　　　[Barzun, 1974, pp. 147-148]

結局のところ，フェルト（Felt, T. E., 1976, p. 6）が述べているように，「われわれはみな，寄せ集めることができるあらゆる観察や文書，あるいは演繹的／帰納的な推論からの証拠に依拠することによって，入手しうる最高次の可能性に甘んじねばならないのである」。バーザンとグラフ（1957, p. 144）が指摘するように，われわれが歴史を信頼できるのは，(1)批判的に検証されうる文書があり，(2)われわれの判断が蓋然性によって左右され，(3)過去を実際にあったとおりに複製するという考えは「幻想」にすぎない，というかぎりにおいてである。

ある歴史家が感じるところによると，歴史的な調査は近年，より「科学的」（Barraclough, 1978）で，より確かで，より正確なものになろうとする，新しい方法を試みてきている。測定や定量化の活用が，「ここ10～20年の間に，歴史的研究の事実上あらゆる分野に影響をあたえた」（Barraclough, 1978, p. 84）のである。計量や測定が可能なあらゆる現象（投票行動，集落パターンなど）は，洗練された統計的技法やコンピュータ解析を用いた定量的歴史研究のテーマになろう。定量的分析を歴史研究に適用したものとしては，次のようなものがある。

1. 叢伝（Collective biography）―スウェーデン移民，南北戦争時の下院議員，禁酒法時代の警官といった，特定の人びとの集団の伝記的特徴を描いたもの。
2. 内容分析―特定の資料全体のなかで，ある考えや態度，単語の頻度を確

かめるもの。たとえば，1950年代の女性の雇用機会は，新聞の内容分析を，一定期間行うことで確認できるであろう。
3．歴史人口学—出生率や婚姻年齢といった，人口の構成要素を研究するもの。これは公的記録を収集することによって測ることができる。これらおよびその他の定量的な歴史研究法については，ベリンガー（Beringer, R. E.）の『歴史的分析：クレイオの技の今日的なアプローチ』（1978）にてくわしく述べられている。

定量的な歴史研究以外にも，心理社会的な歴史研究も，歴史研究の方法として受け入れられるようになってきた。大まかに定義するならば，このアプローチは，現代の心理学と社会学の理論と概念を用いて，過去の人物のパーソナリティや出来事，集団，運動などを解釈しようとするものである。このアプローチの例としては，エリクソン（Erikson, E. H.）によるルター（Luther, M.）の精神分析的伝記（Erikson, 1958）や，ドナルド（Donald, D.）による，地位と準拠集団理論の観点からみた，奴隷解放論者の行動の解釈（1956）がある。

歴史的研究への両アプローチには，支持者もいれば批判者もいる。これらの方法に関する論争に入ることは本章の範囲外のことではあるが，各々が，ますます複雑化していく世界の諸問題に，歴史的分析によってより正確に取り組もうとする試みだと指摘することはできよう。こうしたアプローチへの批判的論者であるバーザン（Barzun, J.）は，それでも，その人気の理由を認識している。

> 心理学的および定量的な歴史がともに人気を博しているのは，偶然でも矛盾でもない。というのも，イド（Id）ほど実体のわからないものはないし，また役場の記録よりも分厚いものはないにもかかわらず，両者それぞれが個人と社会を表しているし，どちらかあるいは双方の過去が，現在と未来に対して影響力のある秘密を含んでいることもまた事実なのである。歴史研究の新しい2つの領域は，切迫した問題を解決するという，先に言及したつよい要望に，ひとしく足がかりとなるものである。　　　　　　　　　　　　　　　[Barzun, 1974, p. 78]

歴史そのものと同様に，歴史的探求の方法もまた変化してきている。けれども，新しい方法はそれぞれ，過去の真実を明らかにするための最善策を見つける試みでもある。応用領域の研究者—とりわけ，成人の訓練と教育にかかわる

者—はしばしば,他の学問分野での訓練を受けているので,調査研究を行ううえでの他領域の理論や方法をよく知っているのかもしれない。これらの方法を,歴史的な問いに創造的に適用することで,過去がよりいっそう照らされていくであろう。

第3節 解　釈

歴史的調査研究を行うことは,一次資料のデータに対して,さまざまな方法によって情報を収集すること以上のものである。ハレ (Halle, L. J., 1982, p. 2) が書いているように,「歴史は,単なる詳細部分の集積物ではない。ちょうど,シャルトル大聖堂 (the cathedral of Chartres) が石の集積物ではないのと同様に。シャルトル大聖堂で重要なのが個々の石ではないのと同様に,歴史においても,詳細が重要なのではない」。事実の山は,何らかの秩序のもとに整えられ,何らかの解釈がなされねばならない。研究者の側に技能と想像力が必要とされるのは,データを解釈し,一連の事実に洞察と一貫性を提供するこの作業においてである。コマジャー (Commager, H. S.) によると,「偉大な歴史家は,解釈者であった。……すなわちかれらは,歴史の混沌とした原材料から,何らかの意味を引き出そうとしたり,何らかの哲学をそこに付与しようとしてきたのだ」(Commager, 1965, p. 6)。

人が実際にいかにして一連の事実を解釈するかを説明することは,洞察のもち方や発見の仕方を説明するのと同じくらいむずかしい。解釈は,個々の研究者しだいなのである。事実は,さまざまなやり方で整理され解釈されうる。こうした歴史の多面性は,「人類の性格を映し出すものである。そしてその性格については,過去を含む他のさまざまなテーマで見解が一致しないのと同様に,現在またはごく最近の過去に対する見解が一致することもあまりない」(Barzun, 1974, p. 101)。

解釈に到達するプロセスをくわしく描写することはできないが,解釈のステップのいくつかの特徴を指摘することは可能である。先にふれたように,解釈された物話 (narrative) は,事実の羅列以上のものである。そこにはアイディア (考え) が含まれる。アイディアとは,「むき出しの事実をこえた,イメージや示唆である。…ある事実の言明には,それ自体で終わりだという印象があ

る。これに対して，アイディアはわれわれをいざなうのだ」(Barzun & Graff, 1957, p. 117)。アイディアは，諸事実をつなぎ合わせ，物語に意味を注ぎ込む。

歴史的な説明というのは，研究者が利用可能な，最良かつ最適の証拠の個人的な解釈である。研究者は，このプロセスのうちの2か所で判断を下すのである。まず第一に，何が「適切な」証拠かを決定する点においてである。第二に，その証拠を物語のかたちで示す方法を選ぶ点においてである。カールソンは，次の一節において，歴史的研究の主観的な次元に注目している (Carlson, 1980)。

> 歴史家は，証拠と自分自身の価値観にもとづいて，過去に関する筋の通った議論を提示する。…歴史家は，利用可能で適切な証拠を取捨選択し，その情報を自らの価値観や哲学と混合させることによって，過去を解釈する。ときには苦しみがともなうこのプロセスをとおして，歴史家は，過去に生じた思考や行為，動機，関連性のパターンを創出したり発見したりする。ただ現実と自らの常識のみによって律せられるなかで，歴史家は，自らが描く出来事がなぜ生じたのかに対する解釈を引き出したり，思いついたり，紡ぎ出したりするのだ。　　　[p. 42]

歴史的解釈の明敏さが，研究者の想像力と知力しだいであるのと同様に，解釈の観点は，調査者の先入観や価値観によって形づくられる。克服するのがとりわけ困難な，歴史家のひとつの限界点は，コマジャーがいうところの「現在中心主義（present mindedness）」である。すなわち，「過去をわれわれ自身の眼で見て，われわれ自身の基準で判断し，われわれ自身のことばでつくり直し，過去の言語のなかにわれわれ自身の意味を読み返し，そして何が起ころうとも，それは何らかの『過去』に生じたと考え，あらゆる過去がかつては現在であったということを忘却するような本能的な習慣」(Commager, 1965, p. 46) をさす。研究者は，現在を脱ぎ捨てることができないものの，出来事に参加している者の視点からそれを理解する努力をすることはできよう。たとえば，レミッシュ (Lemisch, J., 1969) は，初期アメリカの商船隊員が，いかにして無責任で，荒々しく，操られていると，歴史家によって描写されるようになったのかを説明しているが，それは，船員自身の視点から行動を理解しようとする試みがほとんどなされていなかったからなのである。レミッシュ (1969) は，「物言わぬ民」の視点からの歴史研究が，ある領域の歴史に関する，ある種のまちがった考え方と偏見を打破するだろうと述べている。成人教育領域の類似した例で

は，セラー（Seller, M., 1978）は，教育機会の記録を検証することで，移民教育のまったく新しい側面，すなわち移民者自らがつくり出した教育の機会を明らかにしたのである。

　要約するならば，応用領域での歴史的調査研究は，その領域の実践に対して，何らかの展望をもたらすであろう。歴史的研究に従事するためには，歴史家あるいは歴史的方法における訓練はもちろん望ましいものではあるが，必ずしも絶対にそうだともいいきれない。研究者はむしろ，過去のある制度や出来事，人物，実践に好奇心を抱くことが大事なのだ。それが生じた時代や関係する人びとについても興味をもつべきである。そうして研究者は，研究で立てた問いに答えていくなかで，資料の信憑性と価値を検証するために必要な知識を獲得していくのである。最後に，情報は，過去を説明し，解釈する物語へとうまくまとめ上げられるとよい。そうすることで，現在に光が当てられるからである。

第4節　哲学的探求

　本書で示されている多くの調査研究の方法は，データの体系的な扱いと他者に向けてそのデータを解釈するという点で，共通点がある。哲学的調査研究，あるいはより一般的な言い方からすれば，哲学的探求もまた例外ではない。歴史的探求と同様に，哲学的探求は，ある問いかけや問題から始まり，一定のルールのもとにデータの選択と検証に進み，そして最後に，問いに対する洞察的な解釈で終わる。哲学的探求は，本章で歴史的探求と同じグループに入れられてあるが，その理由は，両者の探求形態が，学問領域や実践領域の土台と関係しているからである。歴史的探求は，現在の実践を照らすために，過去の出来事や人びと，つまりある領域の元々の土台にまでさかのぼる。哲学的探求は，ある実践の領域をより明瞭にするために，その基礎となる考えや信念，価値観，仮説を検証する。哲学的研究を歴史的探求から区別するものは，立てられる問いの性質と，そうした問いを表明するさいに哲学者が援用する方法にある。

　すべての人間は，自分の人生や自分が経験すること，自分はいったい世界のどこにふさわしい人間なのかといった点について，あるていど思いを巡らすだろう。知りたい，理解したい，好奇心を満たしたいといったことは，われわれすべてに特徴的なつよい衝動なのである。

ほとんど教育を受けていない者や最も愚かな者であっても，必要に迫られてたえず努力していることがある。外見上の無意味さの背後に意味を見出すこと，表面上の多様性のもとに一体性を発見すること，そして（何といっても），われわれの個人的な経験の一見混沌としたところにあるていどの秩序を見出すことである。この努力はたいてい，無意識のうちに延々と続くものなのかもしれないが，しかしわれわれは，そこから逃れられないのだ。　　[Mead, 1962, pp. 23-24]

　他の多くの人びととは異なり，哲学者とは，哲学を意識的および体系的に「行う」人をさす。哲学的な問いに答えるさいに，いかに「体系的に」アプローチするかこそが，研究方法としての哲学的探求の中核にあるのだ。
　他の探求の形態と同様に，哲学は真理を開示し，知識の拡張に貢献しようとする。哲学的探求の主題は，ものごとの本源性にある。もちろん，「万物」の探求を成就する者はいないだろう。むしろわれわれは，この世界とわれわれ世界内存在という選ばれし断片について気をもんでいるのだ。こうした取り組みに何らかの秩序を付与するために，哲学的な性格をもった問題は，これまで次のようなカテゴリーに区分されてきた。知識の起源や特性とともに，あることがらがいかにして真実であるのかを知ることを扱う**認識論的な問題**（epistemological questions）。究極的な実在性を扱う**形而上学的な問題**（metaphysical questions）。善性や美などの価値（観）を扱う**価値論的な問題**（axiological questions）。そして，正しい推論法に焦点をあてる**論理的な問題**（questions of logic）。
　こうした基本的な区分は，応用領域における問題について考えるさいに有用である。たとえば，「すべての成人の学習機会へのアクセスは，平等であるべきだ」といった簡明な言説は，いくつかの観点から哲学的に分析することができる。人を「成人」と区分する根拠は何なのか？　なぜ，成人の学習機会へのアクセスが平等である「べき」なのか？　「すべての」成人とはだれのことであり，また「アクセス」とは何を意味するのか？　「学習機会」とは何なのか？　こうした理想は，いかにして現実のものとなりうるのか？　これらの問題のいずれかに答えることによっても，成人教育の実践にいくばくかの光を当てることになろう。哲学者は，明晰さ，ものの見方，秩序と全体性の感覚といったものを追求する。それゆえ，応用領域における哲学的な問いや問題は，実践の背後にある仮説に対する好奇心や疑念から生じるのである。教育の領域で

哲学的な問題としてよく焦点化されるのは、教育実践の目標、教育と社会の関係、教授 - 学習過程、そしてカリキュラムなどである。

第5節　哲学的探求の方法

　哲学的な探求は、他のいかなる探求の形態よりも体系的で厳密である。その方法は、探求者がコミットしている哲学の学派によって異なる。ジョンストン (Johnstone, H. W., 1965) の指摘によると、「ある方法を支持することは、結局、ある哲学の性格をおびた見解を受け入れることを意味する」(p. 19)。たとえば、もし事物の究極の本質が、人間の意識のなかにあると信じるならば、ある一定の手続きのもとで、意識を探求することになろう。そしてこの手続きは、その哲学的な問いへの答えが、言語のなかに、あるいは理性的思考のなかに、あるいは経験のなかに見出せると信じている人の手続きとは異なってくるだろう。

　哲学的探求の方法は、ふつう哲学の特定の学派の枠組みのなかで考究されるが、いくつかの学派の思潮をグループ化することで、少なくとも探求の「3つの基本的方法」が描かれるようになった (McKeon, 1965)。3つの方法のそれぞれが、哲学そのものの性質と目的の、異なったかたちでの概念化を反映している。

1. 弁証法 (Dialectic)　この方法は、論争を調停させ、経験を統合することをめざす。一見したところ別々の主張が共存可能となるような全体像をめざすのである。マキオン (McKeon, R.) は、この方法を援用している主な哲学者として、プラトン、ヘーゲル (Hegel, G. W. F.)、そしてマルクス (Marx, K.) の名をあげている。弁証法にはさまざまな形態があるものの、ひとつの共通した目的がある。すなわち、「自然のプロセス、歴史の流れ、あるいは芸術の洞察、科学思想の諸段階、会話による集団的探求の相互作用のなかで、矛盾が消し去られていくように、矛盾を超越し取り除くこと」(McKeon, 1965, p. 94)。
2. 記号論理学 (Logistic)　この方法は、それ自体矛盾を解決することとは関係がないが、「知識を、その構成要素やそれらが関係づけられるプロセスにまでさかのぼること」を試みる (McKeon, 1965, p. 94)。たとえば哲学

者のなかには，「公理と公準は，数学のシンプルな要素である」「論理的構文法は，言語の基本的要素である」「単純な理念こそが，フォーマルな知識の基礎である」などと提唱する者もいた。
3．問題意識化（Problematic）　この方法は，「すべてを包括する全体や最も単純な部分などと関連させることなく，一度に1つずつ特定の問題を解決することをめざす。解決策が受け入れられるのは，それが『役立つ』かぎりにおいてである」(Johnstone, 1965, p. 22)。ウィリアム・ジェームズ（James, W.）とジョン・デューイが，この方法をはば広く活用した。

弁証法，記号論理学，問題意識化の方法は，哲学的研究を行うための一般的なアプローチである。哲学的調査を進めるステップや体系的な探求がを行ううえで援用される「ルール」についてよりくわしく説明するためには，特定の哲学体系に精通することが必要となる。現象学（phenomenology）と言語分析（linguistic analysis）に適用するさいに示される探求のプロセスについては，あとのところで議論していく。しかしながら，いまのところは，哲学的探求全般にかかわる2つの追記的なことを記しておきたいと思う。

第一に，哲学的探求において収集され検証された「データ」であれば，あらゆるものが研究者にとっては，真理を暴くものだと感じられるのである。過去において哲学者が，探求におけるデータとして用いてきたものは，信仰，理性，有形物，観察，直観，言語などであった。データの情報源が選ばれると，哲学的探求は，規律ある精神活動となっていく。たいていの哲学者は，この活動に必要な唯一の装具が言語であるということに同意するだろう。言語は，哲学がそのデータを省察し，その観察を記録する媒体なのである。

第二に，哲学的な研究の結果を報告するための標準的な形態（format）は，「思想家の見解を，秩序と一貫性のある展開のもとに，**体系的に**提示する」以外にはない (Matczak, 1975, p. 27)。マットチャック（Matczak, S.）は，さまざまな思想の学派の哲学者が使ってきた，いくつかの異なった形態をあげている。

1．対話的（Dialectic）あるいは会話的アプローチ　ソクラテス（Socrates），プラトン，ヒューム（Hume, D.），ヘーゲル，エンゲルス（Engels, F.），マルクスなどが用いた方法。

2．コメンタール（Commentaries）　トマス・アクィナス（Thomas Aquinas）の現代的解釈など，哲学の原典について注釈や解説をくわえたもの。

3．文学形態（Literary forms）　カミュ（Camus, A.）やサルトル（Sartre, J. P.）など，現代の実存主義者たちが採った手法で，戯曲や小説として自己の見解を表現する。

4．告白録あるいは日記（Confessions or journals）　キェルケゴール（Kierkegaard, S.）や聖アウグスティヌス（St. Augustine）など，とりわけ信仰の問題に関係した哲学者ではよく見かけられるもの。

5．数式（Mathematical form）　スピノザ（Spinoza, B.）やヴィトゲンシュタイン（Wittgenstein, L.）の著作にあるように，自己の見解を，数字や方程式を用いて数学的な精密さのもとに表現したもの。

要約するならば，哲学的調査・研究は，データの単一の情報源，研究結果を公表するためによく用いられる形態，問題を探索するための標準化された方法に向かうものではない。調査のプロセスのこうした側面は，特定の学派の思想によって定義されている。したがって，哲学的調査研究を**行う**ことがどういうことなのかを，読者によく理解してもらうためには，特定のアプローチにより精通しておくことが必要となる。以下のところでは，今日の哲学の2つの学派とその探求の方法の，簡単な説明を行う。ここでは，言語分析と現象学を議論の対象に選んだ。というのは，それらは，今日の西洋哲学のなかで突出した位置にあるからである。さらに重要なことだが，それぞれは，実践の領域に応用しやすい，調査のための洗練された方法を有しているのだ。

第6節　言語分析

言語分析は，概念分析や分析哲学とも呼ばれるが，人間の言語をそのデータベースに用いるものである。伝統的な哲学とは異なり，言語分析は，人間性や知識，宇宙などを取り巻く思想体系を構築することとはあまり関係がない。哲学的分析では，むしろ次のものに関心が示される。

> 基本的には，生活のなかの思想を何らかの世界観のもとに総合するというよりは，むしろその基礎となる考えや議論の様態を明らかにすることに関心を示す。また，啓示的だがあいまいな宇宙の像を描くよりは，むしろ，根本的な考えを徹底的に診断することに関心を示す。　　　　　　　　　　[Scheffler, 1960, p. 7]

　ちょうどすべての人びとが，あるていどは，自分の人生を意味づけようとするのと同様に，だれもみなさまざまな時点で，ある概念，ある言明の意味，あることばの定義を明瞭にする必要性を感じてきたであろう。言語分析にとっては，言語は，「伝統的な哲学の多くの謎とパラドックス」(Elias & Merriam, 1995, p. 180) を理解するためのキーなのである。この学派そのものの内部でも，強調点によっていくつかの流派があるが，すべての言語分析者には，「ことばの使われ方を研究することによって，哲学的な問題に多くの光を当てることができ，また多くの場合，『擬似問題』の犠牲になることを避けることができる」ことへの信念がある (Kurtz, 1966, p. 36)。

　この学派の提唱者によって，2つの一般的なタイプの分析が進められている。そのうちの1つのタイプは，言語を用いる者にとって言語が意味するものは何かを，精確に説明しようと努めている。その目的が「話す者と考える者の集団が使う表現の意味を展示すること」であるという理由から，コーナー (Korner, S., 1969, p. 26) はこの分析を，「展示分析 (exhibition-analysis)」と名づけた。2つ目のタイプである「置換解析 (replacement-analysis)」は，言語の意味や規則を明らかにする以上のことを行う。置換解析の目的は，次の点にある。

> 何らかの欠陥がある概念や概念のセットを，そうした欠陥がなくてかつ有用で望ましい特徴を保持している他の概念や他の概念のセットに置き換えることである。　　　　　　　　　　　　　　　　　　　　　　　　　[Korner, 1969, p. 29]

　言語運用の分析に含まれる実際のステップは，誤りを指摘したり，真と偽の規準を設けたり，術語を定義したりするなどの，論理学の標準的なツールを援用する。くわえて，言語分析は，独自の約束事や手続きを発展させてきた。たとえば，立てられる問いのタイプが決定されているとか，概念を例示する事例が求められるとか，概念の活用法を最もうまく反映する定義があらかじめあたえられているとかである。

分析者はまず，いかなるタイプの問いが立てられているのかを決定する。問いには，事実に関するもの（「毎年，何百万ドルが成人の訓練に使われているのか？」など）もあれば，価値に関するもの（「訓練は教育と同じなのか？」など）もある。哲学的分析はそれ自身，概念に関する問いとかかわりをもつ。いったんこうした問いに答えられたならば，事実と価値に関する問いに答えるのはいっそう容易になる。たとえば，もし教育と訓練を区別できたとすれば，訓練の範囲を見積もるのはより容易になる。同様に，訓練が何であるのかを厳密に知ることができれば，だれが参加すべきなのかをより容易に決定できよう。

　概念を分析するさいには，研究者は，モデル・ケース（model cases），コントラリー・ケース（contrary cases），ボーダーライン・ケース（borderline cases）を参照することになる。モデル・ケースとは，「これがその概念の良き用い方だとだれもが納得するようなかたちで，概念が用いられる」事例をさす（Elias & Merriam, 1995, p. 184）。だれもがたとえば，ゼネラル・モーターズ社やベル・テレフォン社（のちのAT&T社）や陸軍が，その従業員や隊員に「職業訓練を行なっている」ことに同意するであろう。コントラリー・ケースとは，その用語を用いることができない事例のことである。教会が，成人の構成員に「職業訓練を施している」とはだれも考えないであろう。ボーダーライン・ケースとは，ある概念が一般的な使用法をこえて，拡張あるいは応用された状況をさす。ある大学で大学教員が，コンピュータの利用法の職業訓練を受けているということもあるが，そこにはどこかおかしなひびきがある。大学教員が，コンピュータの利用法を**学んでいる**という言い方がより一般的だからであろう。

　概念は，多義的（ambiguous），つまりいくつかの意味をもつものでもある。あるいは概念は，あいまい（vague）でもある。つまり，その性質にさまざまな程度があるのだ。

　たとえば「プログラム」にはいくつかの意味があり，それゆえ，多義的であると分類される。これに対して「年齢」は，程度のなかで存在している性質をさすという意味であいまいである。言語のなかの多義性とあいまいさをさらけ出すことで，言語分析は，思考と日常の活動に明瞭さをもたらすのである。

　概念の明瞭さは，言語分析で想定されている最終産物である。すでにふれたように，概念の根本的な意味や定義や規準を「展示する」ことを好む研究者も

いる。また，一歩先に進み，欠陥のある概念をより良きものと「置換する」ことが必要だと思う者もいるだろう。概念の定義は，規定的（stipulative），記述的，あるいは計画的（programmatic）に分けられる。規定的な定義は，用語や概念の望ましい用いられ方を特定する。記述的な定義は，用語の一般的な使用法を説明する。計画的な定義は，「公然あるいは暗黙に，なされていることよりはむしろ，なされるべきこと」を明らかにする（Elias & Merriam, 1995, p. 186)。

問いやモデルや定義を議論するなかで，われわれは読者に，言語分析の研究で用いられている技法のいくつかを紹介しようとしてきた。この学派の哲学の技法は，人間の活動のいかなる領域においても適用可能である。じっさい何人かの研究者は，この観点から成人教育の領域をはば広く分析してきた。2人のイギリス人の分析家，ローソン（Lawson, K. G., 1975）およびパターソン（Paterson, R. W. K., 1977）は，成人の訓練，教授‐学習過程，成人教育といった，成人教育の基本的概念を分析するうえでの先駆的な仕事を行なっている。アメリカの哲学者のモネット（Monette, M., 1979）は，成人教育と訓練におけるニーズの概念を分析する論文を著した。彼が行なったニーズに関する哲学的な文献研究は，この領域が，政治的および倫理的側面をあまり考慮せずに，ニーズを満たすことに方法論的にかなり専念していることを明らかにした。

まだ分析されていない概念も多くある。「生涯学習」「アカウンタビリティ」「コミュニティ教育」「成人発達」などは，その一例である。このタイプの研究の価値は，概念的混乱にどれだけ明瞭さを提供できるのか，また，そうした明瞭化がその領域の実践にどれだけ影響をあたえるのかによって決まるのである。

第7節　現象学

現象学者もまた言語を扱う。またその探求の一環として，概念または言語的表現の分析にかかわることもある。ステイナージ（Stanage, S., 1987, p. 53）は，言語学的現象学は，「成人が調査で直接的に言っていることと，われわれが感じ，経験し，意識する現象（＝ともにある知）の記述とを，内部でできるかぎりはっきりと区別させる方法である」と指摘している。しかしながら，現象学者にとっての言語分析は，それ自体目的だというよりもむしろ，「指示対象

（＝表現されたものが意味する現象）の研究への準備段階にほかならない。それゆえ現象学的分析は，現象それ自体の分析なのであって，現象が示される表現の分析ではないのだ」(Spiegelberg, 1965, p. 669)。つまり，言語は現象を研究するうえでの，不十分な土台でしかない。生活と経験がかかえる次元は，言語でとらえるには多すぎるのである。

　現象学者は，近代科学が現象を，理論のための抽象的な法則に向けて，カテゴリー化し，単純化し，そして還元しようとすることに対しても不満を表明する。それよりはむしろ，現象学は，われわれの意識のレベルを深め，われわれの経験のはばを拡げようとする，展開的なものなのである。現象学は，「『ものごとそれ自体に』」直接向かうこと，「……現象の前で視界を遮断してきた，理論的パターンからはなれて現象そのものへと向かうこと」をわれわれに求めているのだ (Spiegelberg, 1965, p. 658)。現象学者の関心は，直接経験のシンプルな単位から，いかにして複雑な意味が形づくられるのかを示すところにある。探求のこの形態は，日常生活では十分探られていない内的な経験を扱おうとする。こうした領域は，現象学者が感じるところによれば，主観的すぎるという理由からか，科学によって見過ごされてきた。現象学に共通するところは，知覚や意図，時間感覚，経験の起源，そして諸経験間の関連性といったテーマについての記述的研究だという点である。

　現象学的調査研究が，応用領域の研究に役立つことは，いくつかの調査によって確かめられている。ある研究では，成人の学習が，成人の内的経験と学習経験のふり返りの観点から探究された (Bates, 1979)。他の研究では，能力にもとづく教育（competency-based education）の実践のための理論的基礎が，現象学的に探究された (Collins, 1987)。第三の例としては，「女の子のように投球すること」や他の「女性的な」身体の動きが分析された (Young, 1980)。最後に，ステイナージの『成人教育と現象学的調査』(1987) という本は，「4つの根本的な問い，すなわち，『私は誰なのか？　私は何を知りうるのだろう？　私は何をすべきか？　私は何を望むとよいのか？』を，成人の生活における中核的な問いとして」(p. 3) 取り上げている。彼の本ではこれらの問いは，成人教育の定義を考えたり，成人であることの意味を省察したり，現象学や科学的な方法とは何であるかを明らかにしたり，そして，これらすべてが成人教育実践におけるカリキュラムや方法の問題といかにかかわるのかを明らかにすることに

よって，取り組まれている。

　現象学的調査の「データ」とは，現象，あるいはより正確にいえば，現象の意識的な経験である。「現象」は，考えること，信じること，感じることといった行為と，理念や有形物といった，それらの行為がかかわっている事物の双方を含んでいる。経験はかくして，「意図的」，すなわち何らかの対象に向けられているのである。人はたとえば，単に恐怖や愛を経験するのではなく，むしろ高所恐怖症や美への愛といった，何か**に対する**恐怖や愛を経験するのである。現実世界の対象物に対する思いは，一時停止される。どのような先行理論や先入観も，経験そのものの分析を規定することは認められない。このタイプの調査の基本的な方法は，自己の経験を「観ること」「直観すること」「省察すること」である。その目的は，「直観することによって得られる，現象の構成要素や構造の跡をたどる（trace）ことである」(Spiegelberg, 1965, p. 669)。

　現象学の方法にとっての本質的なものは，現象学の創設者，エドムント・フッサール（Husserl, E.）が「現象学的還元」と呼んだ，内的経験などの純粋な記述にある。このことは，世界や日常生活の活動に対する，しぜんな態度や思いを保留することをともなう（Korner, 1969）。われわれの世界のリアリティは，「否定されないが，一時的に『カッコに入れられる』」(Collins, 1981, p. 5)。われわれの思いを保留することで，意識**そのもの**が研ぎ澄まされる。そして，意識の対象が検証されるのではなく，意識そのものが検証されるのだ。内的経験の記述やその経験に対するわれわれの態度の保留は，現象学の基本的な特徴であるが，現象学的探求のプロセスには，いくつか特定のステップがともなう。スピーゲルバーグ（Spiegelberg, H. A.）は，現象学がいかにして「体系的で共同主観的な知識」に到達するのかについて記述している。

> 到達のためには，次のことを行う。(a)典型的な構造や関係（「本質」と「本質的な関係性」）において，本当であろうとなかろうと（「純粋現象」），経験されるかぎりにおいて主観的に経験されること（直観されること）が何であるかを，最初に記述すること。次に，(b)その立ち現れ方（appearance）の様態と，それが意識のなかで自らを構築する仕方に，とくに関心を寄せることを行う。
>
> [1975, p. 112]

　たとえば，自分たちの学習を現象学的に分析するためには，われわれはまず，

その場や感情や学習内容への反応など，何が「主観的に経験されたのか」を記述せねばならない。そしてその「立ち現れ方の様態」に目を向けることで，学習が，感覚的経験や精神的活動，あるいは情緒的な次元をも含むものだということがわかるであろう。最後に学習が「意識のなかで構築される」には，学習が，われわれの意識のなかで確立され形成されるような一連のステップをたどることが求められる。おそらく最初は，学習されていることがらの特性に対して関心が向かい，それから，学習されることがらに関する情報の収集に向かい，そしてさらに，心のなかの情報が組織化されていく，という具合に…。

　スピーゲルバーグ（1965, pp. 659-700）は，現象学的方法の7つのステップを示しているが，これには上記の活動が含まれている。すべての現象学者が，7つすべてやリスト化された順序に同意するわけではないだろうが，これらのステップは，現象学的探求の厳格さを，まさにわれわれに垣間見させるものなのである。

・ステップ1：特定の現象の探求。このステップには，「現象を直観的に把握すること，その分析的検証，その記述」が含まれる（p. 659）。
・ステップ2：一般的本質の探求。ここでわれわれは，探求中の現象の一般的本質を直観する。われわれは，一般的本質を直観するまえに，あるいはそれと同時に，特定の例を見ることができる（学習のいくつかの事例は，たとえば一般的本質の感覚につながることもある）。
・ステップ3：いくつかの本質の間の，本質的な関連性の理解。ここでわれわれは，ひとつの本質内の内的な関係の構成要素が，本質的なものかどうかを診断し，いくつかの本質の間の関連性のあり方を診断する。
・ステップ4：立ち現れ方の様態の監視。ここでは，「現象を体系的に探求する。特殊であれ一般的本質であれ，**何が**立ち現れるのかだけではなく，ものごとの立ち現れ方という意味でも探求するのである」(p. 684)。
・ステップ5：意識のなかで現象の構築のされ方の探求。この段階になってわれわれは，ある現象がいかにしてわれわれの意識内に参入してきたのかを分析する。
・ステップ6：現象が存在するという思いの保留。これは，現象を「カッコに入れること（bracketing）」や，現象の存在や性質に関する判断を保留す

ることとも同じものである。
・ステップ7：現象の意味の解釈。いったん経験が意識のなかに持ち込まれて分析されると，経験の意味を把握するための試みがなされる。

現象学的探求を要約するなかで，スピーゲルバーグは，それを他の哲学的な探求と区分けするような，個性的な特徴をいくつか強調している。スピーゲルバーグは，次のように言う。

> 現象学的方法の背後にある統合感が，ある現象を見たりそれについて考える以前から，現象に忠実でありつづけようとする，めったにないほど頑固な試みであると記されるかもしれない。…現象学を他の方法から区別するのは，それが，他の方法を発展させたり，知識拡張をしてきた特定のステップというよりはむしろ，哲学的研究において，哲学への畏敬の精神をまず第一に考えているという点にある。
>   [Spiegelberg, 1965, pp. 700-701]

第8節　結　論

本章では，歴史的探求と哲学的探求という，2つの研究方法の特質と技法について述べてきた。それぞれが，人間存在の根源的な問いかけにかかわっているという意味において，両者は基盤的な方法である。歴史が過去に向かうのは，ものごとが現在あるようになったのはいかにしてかを説明するためである。哲学は，人間存在の本性を把握するさいに，心を自分自身あるいは他の現象に向かわせる。双方の探求形態は，別の意味でも基盤的なものである。両者は，ある学問や研究領域の基盤を探索する手段を提供するものでもある。歴史的探求は，過去に何が起こり，そしてその過去が現在に対してどのような意味をもつのかを問う。哲学的探求は，どのような考え方や価値観やアイディアが，人間行動を理解するうえでの枠組みを構成しているのかを問う。研究の応用領域においては，歴史的・哲学的研究には，きわめて実践的な流派もある。過去において，あることがいかにして，そしてなぜそのようになされたのかを知ることは，現在の実践を明確なものにしたり，未来の実践を形づくったりすることにつながっていく。同様に，日々の活動が依拠している前提や価値を理解するこ

とで，最もありふれた日常活動に対しても，目的と見通しの感覚を浸透させていくことができるだろう。

第5章参考文献

Adams, J. T. (1944). *Frontiers of American Culture : A Study of Adult Education in a Democracy.* New York: Charles Scribner's Sons.

Barraclough, G. (1978). *Main Trends in History.* New York: Holmes & Meier. (G・バラクラフ，松村赳・金七紀男訳『歴史学の現在』岩波書店，1985年。)

Barzun, J. (1974). *Clio and the Doctors.* Chicago: University of Chicago Press.

Barzun, J., & Graff, H. F. (1957). *The Modern Researcher.* New York: Harcourt, Brace & World.

Bates, H. (1979). A Phenomenological Approach to the Study of Experience. *Proceedings of the Adult Education Research Conference.* Ann Arbor, MI.

Beringer, R. E. (1978). *Historical Analysis : Contemporary Approaches to Clio's Craft.* New York: John Wiley & Sons. Reprint (1986). Malabar, FL: Krieger Publishing Co.

Carlson, R. (1980). Humanistic Historical Research. In H. B. Long, R. Hiemstra, & Associates (Eds.), *Changing Approaches to Studying of Adult Education* (pp. 41-49). San Francisco: Jossey-Bass.

Carlson, R. A. (1981, November). *Philosophical and Historical Research : The Importance of a Humanistic Orientation in Adult Education.* Paper presented in Finland and available from the author, University of Saskatchewan, Saskatoon, Saskatchewan, Canada.

Collins, M. (1981, February). *Phenomenological Perspectives in Adult Continuing Education : Implications for Research and Practice.* Paper presented at the Lifelong Learning Conference, College Park, MD.

Collins, M. (1982). Competency in Adult Education: Applying a Theory of Relevance (Doctoral Dissertation, Northern Illinois University, 1980). *Dissertation Abstracts International, 42,* 54A.

Collins, M. (1987). *Competence in Adult Education : A New Perspective.* Lanham, MD: University Press of America.

Commager, H. S. (1965). *The Nature and the Study of History.* Columbus, OH: C. E. Merrill.

Curtis, L. P. (1970). *The Historian's Workshop : Original Essays by Sixteen Histo-*

rians. New York: Alfred A. Knopf.

Donald, D. (1956). *Lincoln Reconsidered : Essays on the Civil War Era.* New York: Alfred A. Knopf.

Elias, J., & Merriam, S. (1995). *Philosophical Foundations of Adult Education.* (2nd ed.) Malabar, FL: Krieger.

Erikson, E. (1958). *Young Man Luther : A Study in Psychoanalysis and History.* New York: W. W. Norton. (E・H・エリクソン, 西平直訳『青年ルター 1・2』みすず書房, 2002年, 2003年。)

Felt, T. E. (1976). *Researching, Writing and Publishing Local History,* Nashville: American Association for State and Local History.

Gottschalk, L. (1963). *Understanding History.* New York: Alfred A. Knopf.

Halle, L. J. (1982). The Historian's Vocation. *Manas, 35,* 1-2, 7.

Johnstone, H. W. (Ed.). (1965). *What Is Philosophy ?* New York: Macmillan.

Knowles, M. (1962). *The Adult Education Movement in the United States.* New York: Holt, Rinehart & Winston. (マルカム・S・ノールズ, 岸本幸次郎訳『アメリカの社会教育:歴史的展開と現代の動向』全日本社会教育連合会, 1977年。)

Korner, S. (1969). *What Is Philosophy ?* London: Allen Lane.

Kurtz, P. (Ed.). (1966). *American Philosophy in the Twentieth Century.* New York: Macmillan.

Lawson, K. G. (1975). *Philosophical Concepts and Values in Adult Education.* Nottingham, UK: Barnes & Humby.

Lemisch, J. (1969). Listening to the 'Inarticulate.' *Journal of Social History, 3,* 1-29.

Matczak, S. (1975). *Philosophy : Its Nature, Methods and Basic Sources.* New York: Learned Publications.

McKeon, R. (1965). Philosophy and Method. In H. W. Johnstone (Ed.). *What Is Philosophy ?* (pp. 93-97). New York: Macmillan.

Mead, H. (1962). *Types and Problems of Philosophy* (3rd ed.). New York: Holt, Rinehart & Winston.

Monette, M. (1979). Need Assessment: A Critique of Philosophical Assumptions. *Adult Education, 29,* 83-95.

Paterson, R. W. K. (1977). *Values, Education and the Adult.* Boston: Routledge, Kegan, Paul.

Rockhill, K. (1976). The Past as Prologue: Toward an Expanded View of Adult Education. *Adult Education, 26,* 196-208.

Rohfeld, R. W. (1989). Preparing World War I Soldiers for Peacetime: The Army's University in France. *Adult Education Quarterly, 39,* 187-198.

Rohfeld, R. W. (1990). James Harvey Robinson: Historian as Adult Educator. *Adult Education Quarterly, 40,* 219-228.

Rose, A. D. (1982, March). *The History of Adult Education : Questions of Context and Utility.* Paper presented at the Mini-Conference on Historical Research in Adult Education, Adult Education Research Conference, Lincoln, NE.

Rose, A. D. (1989). Beyond Classroom Walls: The Carnegie Corporation and the Founding of the American Association for Adult Education. *Adult Education Quarterly, 39,* 140-151.

Rose, A. D. (1991). Preparing for Veterans: Higher Education and the Efforts to Accredit the Learning of World War II Servicemen and Women. *Adult Education Quarterly, 42,* 30-45.

Scheffler, I. (1960). *The Language of Education.* Springfield, IL: Charles Thomas.

Seller, M. (1978). Success and Failure in Adult Education: The Immigrant Experience. *Adult Education, 28,* 83-99.

Spiegelberg, H. A. (1965). *The Phenomenological Movement* (Vol. 2). The Hague, Netherlands: Martinus Nijhoff. (H・スピーゲルバーク, 立松弘孝監訳／抄訳 『現象学運動（上・下）』世界書院, 2000年。)

Spiegelberg, H. A. (1975). *Doing Phenomenology.* The Hague, Netherlands: Martinus Nijhoff.

Stanage, S. (1987). *Adult Education and Phenomenological Research.* Malabar, FL: Robert E. Krieger.

Stubblefield, H. W. (1988). *Toward a History of Adult Education in America.* New York: Routledge, Chapman & Hall.

Stubblefield, H. W., & Rachal, J. R. (1992). On the Origins of the Term and Meanings of "adult education" in the United States. *Adult Education Quarterly 42,* 106-116.

Young, I. M. (1980). Throwing Like a Girl: A Phenomenology of Feminine Body Comportment, Motility and Spatiality. *Human Studies, 3* (2), 137-156.

第6章
意味づけと解釈：質的調査法

　因果関係をつきとめたり，予測をしたり，ある母集団内の何らかの属性の分布を記述したりするよりむしろ，調査者は，ある現象がそれにかかわる者にとって，何を意味するのかを明らかにしたいと思うかもしれない。質的調査法 (qualitative methods) はまさに，そうしたことを可能にしてくれるのである。それはとくに，成人教育・訓練のような応用領域での調査に向いている。というのもわれわれは，実践を改善したいと考えているからである。実践の改善は，それにかかわる者の経験を理解することから始まる。また応用領域はしばしば，そこから仮説を導き出して検証できるような，うまく構築された理論をもっていない。質的調査法は，理論構築を可能にしてくれる，帰納的な方策である。本章ではまず，質的調査法の概観を示すが，そこにはその基盤となる哲学的な考え方が含まれている。次に，エスノグラフィ (ethnography)，ケース・スタディ，グラウンデッド・セオリー (grounded theory) という，3つの主要なタイプの質的調査法について議論していく。

第1節　共通する特徴

　われわれは，いくつかの共通した特徴を有する調査法を総称するために，**質的調査法**という用語を用いる。上記の3タイプ以外にも，質的調査法は，自然主義的探求法 (naturalistic inquiry)，解釈的調査法，フィールド・スタディ，現象学的調査，参与観察法 (participant observation)，帰納的調査法とも呼ばれてきた。あらゆるタイプの質的調査（法）が立脚している，キーとなる哲学的前提は，「日常（現実）世界 (reality) は，人びとがその社会的世界と相互作用することによって構築されている」という視点である。要するに，実証主義的パラダイムにもとづいた調査（第4章参照）にとって重要となる，たったひとつの観察可能で測定可能な日常世界よりはむしろ，多くの「日常世界」がある

のである。

　とりわけ現象学や象徴的相互作用論から引き出されることであるが、質的調査者が関心を寄せているのは、人びとがいかに自分の経験を理解しているのか、いかに自分の世界を構築しているのか、自分の経験にいかなる意味を付与しているのかといったことである。質的調査の全般的な目的は、人びとがいかに自分の生活を意味づけしているのかを**理解**すること、（結果や産物よりはむしろ）意味づけのプロセスを描くこと、人びとが自分の経験をいかに解釈しているのかを記述することにある。

　あらゆる形態の質的調査において、**調査者が**、データ収集と分析のための**主たる道具なのである**。このタイプの調査の重要な目標は理解することにあるので、ただちに反応や対応のできる、人間という道具は、データ収集と分析のための理想的な道具だといえよう。グーバとリンカーン（Guba, E. G. & Lincoln, Y. S., 1981）は、応答性と適合性にくわえて、主たる道具としての調査者は、次のようなこともできると指摘している。特定の部分よりむしろ、ある現象の全体的な文脈を考慮すること。収集中のデータを即座に処理し、必要とあらば、データ収集の手法の洗練化を行うこと。解釈の精度を上げるために、回答者の声を取り込みつつ、資料を明確化したり要約したりすること。一般的でない、あるいは特異な回答を掘り下げてみること。最後の点に関しては、彼らは、次のように記している。

> 標準化された探求の範囲内では、一般的でない回答や特異な回答は、排除されたり、隠されたり、統計的なはずれ値として扱われたりするだろう。……そうした回答に対応しつつ、理解を深めるためにそれらを活用していける能力はじっさい、人間…という道具にのみ備わっている。　　　　　　　　　　[p. 138]

　データ収集や分析の主たる道具であるということは、研究に影響をあたえうる欠点やバイアスを明らかにする責任をもつことにつながる。人がこうしたことを行うのは、質的研究をより「客観的」にするためではなく、人間の主観性がいかにして調査とその結果を形づくっているのかを理解するためである。ペシキン（Peshkin, A., 1988, p. 55）はじっさい、次のように述べている。主観性は、「有効なものであると思う。なぜなら、それは、調査者が独自の貢献をなす基盤だからである。それは、調査者の個人的資質と収集されたデータとが合

わさった独自の合成物から生まれるものである」。

　質的調査法のもうひとつの特徴は，それが，ふつうは**フィールドワーク**（field work）をともなうものだということである。調査者は，データを収集するために，現場や人びとの集団や機関，すなわち「フィールド」にじっさいに出向くのである。こうした点はもちろん，異文化の人びとについて学ぶことを目的とする人類学で，つねに行われてきたことである。フィールドワークでは，研究対象の現象と親密な関係を結ぶことが求められる。たった1人の人物のケース・スタディであれ，複雑な社会的相互作用に関するグラウンデッド・セオリー研究であれそうである。ときには，文献のみを用いて行う質的研究もあるが，それらは例外的なものだといえよう。

　最後に，質的調査法は，主として**帰納的な調査の方策**を用いる。先述したように，質的調査法はとくに，問題に関する知識がほとんどない領域で用いるのに適した方策である。もし理論が欠如していたり，既存の理論がある現象を適切に説明できなかったりした場合，調査を組み立てるうえで仮説を用いることができなくなる。そこではむしろ調査者は，ある現象が，それにかかわる者に対してもつ意味を発見しようとする意図をもって，フィールドに向かうのである。発見されたことは，調査者自身の観点をとおして，現象の解釈や記述や説明へとつながっていく。調査者は通常，カテゴリー，類型，概念，作業仮説，ひいては理論といったかたちで成果を提示する。それらは，データから帰納的に引き出されたものである。

第2節　質的研究のデザイン

　あなたが特定した問題や答えを探っている問いにくわえ，日常世界の特性や知識の構築のされ方に関するあなたの思いが，どのような調査デザインを選ぶのかを決定づける。もし，ある現象を理解したり，ある状況がそれにかかわる者への意味を明らかにしたり，あるいは，出来事が起こっているプロセスを描き出したいのであれば，質的デザインが最もふさわしいだろう。多くの問題領域は，こうした目標を反映させるように形づくられよう。たとえば，もしあなたが成人基礎教育プログラムに学生をとどめる方法に関心があるのなら，学生の保持の成功につながるような要因を思い描きつつ，高い在籍率のプログラム

を見分けて，その質的ケース・スタディを行うことができるだろう。別の例では，ある調査者は，女性管理職者の昇進にとくに非好意的であった労働環境（アメリカの企業界）のなかで，彼女たちが何とかして成功してきた方法を問題領域をとらえている（Bierema, 1996）。その調査者は，文献や個人的経験から障害物や方策を明らかにしたうえで，フォーチュン誌掲載500社の女性管理職の者に質問紙調査をすることもできた。しかしながら彼女は，その女性たちが，白人男性中心の文化のなかで成功できたことを，自分自身でどう認識しているのかに，より関心を示した。質的研究は，この目的に取り組むために始められたのであった。

　いったん質的な観点から取り組むほうがより適している問題提起と調査目的（第2章参照）を練り上げたならば，次のステップは，サンプルを抽出しデータを収集することである。質的調査におけるサンプル抽出は，目的をもった（purposeful）ものである。あなたは，（多数の人の平均的な意見よりむしろ，）最も多くを知っている人びとをより深く理解することに関心があるので，目的をもってサンプルを抽出するのである。パットン（Patton, M. A., 1990）によると，目的的なサンプルとは，そこから最も多くを学ぶことのできるものであり，「情報量豊かな」ケースをさす。先のビエレマ（Bierema, L. L.）の研究では，インタビューのために，フォーチュン誌掲載500社の上層部の女性管理職が選ばれていた。彼女は，企業内の女性がいかに成功したのかに関して，他者からの受け売りの意見には関心を示さなかったのである（質的調査でのサンプル抽出に関して，くわしくは，ルコンプとプレイスル（LeCompte, M. D.& Preissle, J., 1993），メリアム（1998），パットン（1990）を参照のこと）。

　質的調査でデータを収集するには，3つの基本的な方法がある。成人教育・訓練領域の質的研究で最もよく用いられている方法は，おそらくインタビュー法であろう。インタビュー法は，高度に構造化されたもの（highly structured）から構造化されていないもの（unstructured）まである。構造化されたものでは，たずねられる特定の質問やその順序がまえもって決められている。構造化されていないものでは，探求すべきトピックの領域はあるが，質問内容も順序も事前には決められていない。多くのインタビューは，これらのどこか中間に位置するが，これは，半構造化（semi-structured）インタビューと呼ばれている（Merriam, 1998）。第二の主なデータ収集の方法は，観察法（observation）を

用いたものである。インタビュー法と同様ここでも，完全なる観察者から活動的な参加者にいたるまでの範囲がある。完全なる観察者は，マジック・ミラーの後ろや公共の場で観察するため，観察される人びとには気づかれない。かなり活動的な参与観察者は，グループや組織の一員となって，観察しながら参加しているのかもしれない。第三の主なデータの出所は，文献（documents）（文書形式のもの，口頭のもの，視覚的なもの）や人造物（artifacts）である。これらはしぜんな情報の出所であり，たいてい研究上の資料としてすでに存在している（たとえば，社内メモ，綱領，プレス・リリース，学生新聞，写真など）。また文献には，調査者が調査参加者に対して，関心ある事象についての日誌や日記をつけるよう頼むときのように，調査者が産み出すものもある。

　質的調査では，データは収集と**同時**に分析される。つまり，調査者は，データを収集しつつ分析をするのである。これによって調査者は，まさにデータ収集の方向性を変える時点まで，また生成された概念やテーマや仮説を「検証する」ときまで，途中で調整できるのである。データ分析にはいくつかの方策がある。最も一般的な「たえざる比較法」は，本章のグラウンデッド・セオリーの箇所でさらに議論していく（メリアム（1998），マイルズとフーバーマン（Miles, M. B. & Huberman, A. M., 1994），パットン（1990），ストラウス（1987），ウォルコット（Wolcott, H. F., 1994）も参照のこと）。

　質的研究の最終ステップは，調査結果を書き上げることである。この点は，第9章の調査法全般を扱った部分で取り上げているが，とりわけ質的調査を書き上げることに関して，何点か指摘しておきたい。質的調査が一般的にしたがいうる，調査研究を書くうえでの標準的な形態（フォーマット）がある。しかしながら，調査結果はたいてい，数字よりはむしろことばのかたちで表現されるので，解釈や分析に対してどれほどの補助資料を盛り込むべきかを知ることは，ときには困難となる。おそらく最善の経験則としては，インタビューからの引用文やフィールド観察からのエピソードや証拠となる文書といった形態で，調査結果を適切で納得のいくようにサポートするだけのデータを，確実に提示することであろう。質的調査では，読者に調査結果の信頼性を納得させるのは，（数字ではなくて）豊かで分厚い記述やことばなのである。にもかかわらず，いかなる報告書でも，分析や解釈に対する補助資料の適切な量に関しては緊張関係がある。第二の問題は，自分の調査結果を示すのに適した「声（voice）」

を見つけることである。質的調査の記録内容は、私的な当人の話から、よりフォーマルな提示物までさまざまである（ヴァン・マーネン（Van Maanen, J., 1988），ウォルコット（1990）を参照のこと）。いくつかの質的調査の報告書を読むことは、これら2つの問題点のバランスを知るうえで役立つといえよう。

第3節　妥当性と信頼性

　調査結果の生産者も消費者も、それが信用・信頼されるものだと確信したいと思うだろう。実践家が人びとの生活に介入するような応用領域では、調査から導かれた新たな実践がしっかりと支持されることが、とくに重要となる。ゆえに、妥当性（validity）と信頼性（reliability）の問題は、あらゆる種類の調査における重要な検討材料なのである。しかし、質的調査における妥当性と信頼性をどうとらえるかに関しては、実証主義的調査の場合とはいくぶん様相が異なる。以下に示すのは、内的妥当性（internal validity）と信頼性と外的妥当性（external validity）または一般化可能性（generalizability），そして各々を保証するために援用される方策に関する概説である（よりくわしい議論については、ファイヤストーン（Firestone, W. A., 1993），グーバとリンカーン（1981），メリアム（1998）を参照のこと）。

　内的妥当性は、「いかに調査結果がリアリティ（日常世界，現実世界）に即しているか？」という問いを投げかける。量的調査ではふつう、この種の問いは、次のように解釈される。われわれは、自分が観察・測定していると思っているものを、観察し、測定しているのか？　この問いは、われわれの日常世界の理解に左右される。また、先にふれたように、質的な探求では、日常世界は多元的で変化しつづけるものだという仮説に立脚している。日常世界は、人びとによって構築される。ゆえに、質的調査における日常世界の理解とは、まさに調査者が他者の解釈を解釈することなのである。質的調査者がデータの収集と分析の主たる道具であるからこそ、日常世界の解釈は、観察やインタビューをとおして直接的になされる。調査する側とされる側との間に何らかのツールが差しはさまれている場合よりも、われわれの日常世界は「より近い」ものとなるのだ。こうした理由から、内的妥当性は、質的調査の長所だとみなされるのである。

できるかぎり調査者が日常世界に近づけるようにするために，いくつかの方策が用いられる。(1)トライアンギュレーション（triangulation）：創出された分析結果を確かなものにするために，複数の調査者，複数のデータ源あるいは複数の方法を使うこと（Mathison, 1988）。(2)メンバー・チェック：調査参加者から集められたデータとそのデータに対する自分の暫定的な解釈を，データ提供者のところに持っていき，そのデータが「本当らしい」かどうかたずねること。(3)仲間や同僚同士での検証（peer/colleague examination）：同僚に対して，データの検証と創出された調査結果の現実的妥当性に関するコメントを求めること。(4)調査者の経験，前提となる仮説，バイアスに関する記述。(5)調査の場に浸り込むこと／関与すること：ある現象に対する深い理解を確かなものにするために，十分な時間をかけてデータ収集を行うこと。
　信頼性は，その調査結果がどのていど再現されるかについての問いを立てる。すなわち，同じ調査がくり返されても同様の結果が得られるのか，ということである。社会科学においては，信頼性の概念はやや問題をはらんだものである。というのは，人間行動はけっして静的なものではないし，多くの人が経験したことが必ずしも，ひとりの人が経験したことよりも信頼できるとはかぎらないからである。何百人もの観客をだますことができるマジシャンも，舞台袖から見ている舞台係をだますことはできないのだ。反復された質的研究は，同じ結果を産出しないだろうが，しかし，これはいかなる質的研究の成果の信頼性をおとしめるものではない。同じデータに対して，多くの解釈が可能なのだ。質的調査者にとってより重要な問題は，**調査結果が収集されたデータと一貫性があるのか**という点である。グーバとリンカーン（1981）はじっさい，信頼性を，一貫性（consistency）や依拠の可能性（dependability）としてとらえたほうがよいとしている。
　一貫性を確保するために用いることのできる方策は，少なくとも3つある。まず，先に提示した，トライアンギュレーションと仲間同士での検証である。3つ目は，グーバとリンカーンが提示した，監査証跡（audit trail）である。監査証跡は，監査官があるビジネスの明細書を点検するときと同じ前提で行われる。「監査のために，調査者は，いかにしてデータが集められ，いかにしてカテゴリーが引き出され，いかにして探求全体にわたる決定がなされたのかを詳細に記述しなければならない」（Merriam, 1998, p. 207）。

外的妥当性，あるいは調査結果がどのていど他の状況に一般化できるのかについては，質的調査の文献のなかで多くの議論を生んでいる（Firestone, 1993）。調査結果は，統計学的な意味で，つまり標本から母集団を推測するという意味では，一般化されえないのである。しかしながら一般化可能性を，これとは異なるものとしてみなすこともできる。何人かの研究者は，経験主義的な一般化は，社会科学にとっては非常に高い目標だと考えている。われわれはそのかわりに，**作業仮説**（working hypotheses）という観点から考えるべきであろう。質的調査は，作業仮説，つまりある特定の文脈におけるある状況特有の条件を反映した仮説で終わるかもしれないのだ。一般化可能性について考える方法はほかにもいくつかあるが，最も一般的なものは，**読者あるいは利用者の側の一般化可能性**（reader or user generalizability）である。この考え方では，調査結果がどのていど別の状況に適用できるかは，その状況のなかにいる人びとの判断に委ねられる。調査結果が別の状況にいかに適用されうるかを推測するのは，調査者ではなく，調査結果の利用者なのである。

　内的妥当性や信頼性と同様に，厳密性のこの側面を強化するために援用しうる方策がある。分厚い記述（thick description）は，最も頻繁に引き合いに出されるものである。これは，十分に豊かな情報や記述により，読者が，自分たちの状況が調査状況とどれほどマッチしているか，そしてそれゆえ，調査結果を委譲できるかどうかを決められるようにすることである。またマルチサイト・デザイン（multisite designs）という別の方策もある。複数の調査地やケースや状況，とくに何らかの変化を示しているものを用いることで，調査結果をかなり広範囲の他の状況にまで適用することが可能となろう。第三の方策としては，最頻値の比較（modal comparison）がある。これは，プログラムや出来事やサンプルが，同じ部類の他の多くの事例とくらべて，どのくらい典型的であるかを記述するというものである。最後に，研究対象の現象内でのランダム・サンプリングも可能である。というのも，多くの構成要素（たとえば，学校システムのなかの教師，管理者，生徒など）があり，そのいずれもで，研究に向けてのサンプリングが可能だからである。

　要するに，少数のランダムでないサンプルの研究結果がどれだけ信頼できるかは，研究の内的妥当性と信頼性，そして外的妥当性しだいなのである。先に述べたように，質的調査法の基礎をなす考え方や世界観と合致した，これらの

各ポイントをとらえる方法がある。同様に，調査者がこれらの各構成要素の厳密さを確保するために援用しうる方策もあるのである。

第4節　質的調査法の3つのタイプ

　質的調査法は，いくつかの異なった質的探求の形態をカバーした包括的な用語である。クレスウェル（Creswell, J. W., 1998）は，伝記法（biography），現象学，グラウンデッド・セオリー，エスノグラフィ，ケース・スタディという5つの「流派」を示している。これらの流派のうち，エスノグラフィ，ケース・スタディ，グラウンデッド・セオリーの3つについては，本章でくわしく論じていく。質的調査法の一般的な形態である現象学については，哲学的探求のひとつのタイプとして第5章でふれている。最後に伝記法には，伝記研究，自伝，ライフ・ヒストリー（生活史），オーラル・ヒストリー（口述史）やライフ・ナラティヴ（人生の物語）といったものが含まれる。

　ライフ・ナラティヴあるいは人生・生活の物語分析は，人気が高まってきている質的調査の形態のひとつである。ナラティヴ分析は，物語をデータとして用いる。物語の構成要素をより厳密に規定しているナラティヴ分析家もいるが，ふつうこれには，始まりと中期と結末がある，経験の一人称記録である（Reissman, 1993）。ナラティヴ分析の次の3つのアプローチは，組み合わせることもできるし，個別に用いることもできる。心理学的アプローチは，ある個人の思考や動機づけなどの，個々の人生の物語にかかわるものである。伝記的方法は，個人の社会とのかかわりに目を向け，ジェンダーや階層や「家族の形成期」がある個人の物語にあたえる影響を考える（Denzin, 1989, p. 17）。最後に，何人かの者は，言語学的なレンズをとおしてナラティヴをとらえ，物語の構成要素の順序を決定するために文書の分析をしている。また別の人びとは，文章より会話に関心をもっており，会話内容の意味を調べるとともに，物語を，話し手のイントネーションや声の調子や間に区切って分析している（Gee, 1991）。

　以下でよりくわしく論じていく，質的調査法の3つの形態（エスノグラフィ，ケース・スタディ，グラウンデッド・セオリー）は，次の点で特徴づけられる。(1)理解することが調査目標である，(2)調査者がデータ収集と分析の主たる道具である，(3)（多くの場合）フィールドワークをともなう，(4)概念，テーマ，カ

テゴリー，仮説，理論の帰納的構築をめざす。とはいえもちろん，各アプローチは，他の2つとも区別されるものである。

第5節　エスノグラフィ

　エスノグラフィは，人間の社会や文化を研究するために，人類学者によって構築されてきた研究方法である。最近，**エスノグラフィ**という用語は，**フィールド・スタディ**，**ケース・スタディ**，**自然主義的探求**，**質的調査法**，**参与観察法**と同じ意味で用いられてきつつある。しかしながら，人類学者などエスノグラフィに通じた人びとは，これらの用語が同じ意味だとは考えていない。**エスノグラフィ**という語には，2つの異なった意味がある。つまりエスノグラフィは，(1)データ収集に用いられる一連の方法や技法であり，また，(2)エスノグラフィの技法を用いた**産物**である記述文書でもあるのだ。

　エスノグラフィの技法は，ある環境や状況に実際に参与している人びとにとっての，その場がもつ社会的秩序や意味を見出すために，調査者が用いる方法である。この種の調査でよく用いられる5つの手法は，参与観察法，深層インタビュー法，ライフ・ヒストリー，文献分析，調査者による日記（調査者の経験や印象の記録）である。これらの手法のどれを用いるにしても，フィールドに出向くこと，「その場のある側面に関する直接的な知識を得るために，そこでの共同的な生活様式に浸かること」(Shaffir et al., 1980, p. 6)がともなってくる。フィールドワークには，選択された場のなかに入ること，そこで暮らす人びととのラポールを築くこと，その対象との何らかの関係性を維持させること，そして最後に，その場を去ることがともなう。ここで思い浮かぶのが，異国の地を旅し，一定期間人びとと生活をともにし，その人たちの文化的規範や社会的実践を記録するために帰国するという，原型的な人類学者である。しかし，必ずしもすべてのエスノグラファが異国の地を旅するのではない。多くのフィールドワークは，エスノグラファ自身が住む社会のなかに存在する，特定の社会的集団において行われている。アメリカ合衆国では，エスノグラフィの研究成果は，ゲットーの住民，炭坑労働者，郊外居住の主婦などの，多くのテーマのもとに刊行されている。

　参与観察法は，エスノグラフィの基盤となる技法である。調査者は，この技

法の数あるバリエーションのどれかを用いることになろう。ユンカー (Junker, B. H., 1960, pp. 35-38) は，これには次の4つのタイプがあると述べている。

1．完全なる参加者　調査者は，調査対象のグループの一員となり，自分が参加だけでなく観察もしているという事実を隠している。
2．観察者としての参加者　観察者としての活動は隠されてはいないが，参加者として活動することが優先される。
3．参加者としての観察者　観察者の役割は公にされており，参加は二次的な活動となっている。
4．完全なる観察者　観察者は，（マジック・ミラーや隠しカメラを用いた場合のように，）活動者には見えない状態にいるか，あるいは，（対象者と一緒に生活するカメラ班や教室内の観察者のように）気づかれないよう努めている。

担われるべき役割は，求められている情報の種類や，調査対象グループの特質によって決まる。調査者の役割は，調査期間中にも変化しうる。ポスナー (Posner, J., 1980) は，老人ホームにおける彼女自身の経験に関する興味深い記録のなかで，自分がいかにして，ボランティア・ワーカーとしての「参与観察者」から，プログラム作成者としての「完全なる参加者」を経て，「観察者としての参加者」のスタンスへと移行していったかを述べている。

参与観察は，時間のかかる過酷な技法である。調査対象のグループとラポールや信頼関係を築かねばならないし，かれらの生活から意味を洞察するくらいにまで，対象を十分熟知せねばならない。同時に，情報収集をするさいには，ひとりの観察者として，できるだけ客観的でありつづけねばならない。こうした心が引き裂かれるような状態は，不慣れな場であまり構造化されていない調査手法を用いるさいにともなう，健康上の問題や倫理的問題や精神的ストレスによって悪化させられる (Shaffir et al., 1980, p. 18)。じっさい何人かの研究者は，フィールドワークの技法に関する記述と，フィールドワークを行うさいのガイドラインとが欠如していると述べている (Berreman, 1968; Pelto, 1970; Shaffir et al., 1980)。ペルト (Pelto, P. J., 1970) は，次のような提案をしている。

> フィールドワークの技法に関するさまざまな議論のいずれにも，(とりわけ)以下の項目を含めるべきである。情報提供者の選別，御礼の品や報酬，メモをとるべきタイミング，写真機材を用いる技法，部外者との接触，パーティの開催，タブーを破ってよいとき，そして「印象管理 (impression management)」という重要な問題に関連する他の数多くのテーマ。　　　　　　　　　　　[p. 225]

　インタビューは，フィールドワークで用いられるもうひとつのエスノグラフィの技法であるが，これについては，近年記述が増え，洗練されるようになってきている。調査者をめざす人たちは，インタビュー技法のコースを受講することができるし，あるトピックに関する多くの本や論文から，技法に関することを学ぶこともできる。インタビューは，「目的をもった会話」(Dexter, 1970, p. 136) である。エスノグラフィの調査では，インタビューはふつう，参与観察のあと，あるいはそれと一体となって行われる。観察はしばしば，調査者がインタビューで引き出したい情報の種類，およびどの人物がインタビューすべき重要人物なのかを明らかにしてくれる。インタビューは，ある特定の状況においては不可欠のツールである。「他者の価値観や思考の枠組みを用いて，かれらの自然言語で語られる，かれらの経験のなかに入り込むことは，かれらと直接向き合った，ことばを介した交流なしにはほとんど不可能である」(Guba & Lincoln, 1981, p. 155)。

　調査で用いられるインタビューにはいくつかのタイプがある。チーム・インタビューやパネル・インタビュー，潜在的 (covert) インタビューや顕在的 (overt) インタビュー，オーラル・ヒストリー・インタビュー，構造化されたインタビューや非構造化インタビューなどである (Guba & Lincoln, 1981)。多くのエスノグラフィの研究では，あるトピックに関する回答者の考えを知るために，インタビューは，オープン・エンドであったり，ゆるやかに構造化されていたりする。オープン・エンドの形態を用いることによって，調査者は，対象者の回答，さらにはかれらの日常世界に対する「見方」を，まえもって決めてしまうことを避けようとする。データ収集技法としてのインタビューについては，第8章でよりくわしく述べていく。

　ときには，キーとなる情報提供者(豊富な知識をもっており，その集団の規範や考えをまとめ上げることのできる人びと)へのインタビューが，ライフ・

ヒストリーの収集につながることもある。ライフ・ヒストリーとは，研究対象の社会文化的集団から選ばれたメンバーの，集約的な自伝的研究である。「ライフ・ヒストリーの十分に人格化された特性によって，特定の生活様式を理解するうえできわめて有効な，文化的情報を生き生きと統合させるのだ」(Pelto, 1970, p. 99)。

参与観察，インタビュー，ライフ・ヒストリーを用いるだけでなく，エスノグラファは，研究対象の現象に関する，利用可能なあらゆる文献を検討したいと思うだろう。情報源としての文献や記録はふつう，次のような特徴を有する。(1)入手しやすく，あまり費用もかからない，もしくは無料である。(2)「異議申し立てに対して自らを守るために，法的に難攻不落な基盤が築かれている」。(3)調査上の問題の文脈を示している。(4)インタビューよりもより客観的な情報源であることが多い。(5)さらなる探求への基盤を提供する (Guba & Lincoln, 1981, p. 232)。

フィールドワーカーはまた，日々の出来事について，（フィールドノートだけでなく）日記をつけ，それらに対する個人的な感想，考え，印象，あるいは洞察を記録するとよい。この日記はデータ源となるので，調査者は，調査の進行中に，自分の進歩やバイアスをたどることができるのである。

エスノグラフィの技法に関するこれまでの記述から，調査の道具としての調査者の役割が，非常に重要な検討材料として浮かび上がってくる。何人かの著者は，エスノグラフィ調査を行おうとする調査者に不可欠な，個人的資質について詳述してきた。多くの者が調査者には，共感的で，機転がきき，柔軟性があり，精力的で，想像力豊かで，冒険好きであることが求められると指摘している。グーバとリンカーン（1981）は，数多くの望ましい特性リストに対して，示された資質のすべてを備えた人物について，次のように述べている。

> 良き探求者であるだけでなく，疑いもなく，すぐれた大統領や良き医者，もうひとりのマーガレット・ミード (Mead, M.) になるだろう。あるいは，国連を世界紛争の平和的解決に導くだろう。……これらの人物はとりわけ，他者の社会的・行動的シグナルに入念に気を配ると同時に，人間が本来的に興味深いものだということをもわかっている人たちなのである。これらの技能の多くは教えることができるものであり，それ以外の技能も継続的に育まれ，精錬されていくものであろう。　　　　　　　　　　　　　　　　　　　　　　　[pp. 144-145]

エスノグラフィ調査における調査者の重要性については，量的調査法の紹介さえあるなかでも，ふれられないままであった。統計的手法は，人口統計学的な情報を集め，ある文化的行動や価値観の影響力や規則性を診断し，文化的現象内の関連性のつよさを見積もるさいの重要な手助けとなってきた。しかし，ミッチェル（Mitchell, J. C., 1967）は，次のように指摘している。

> 量的なものであれ質的なものであれ，社会人類学者が自分の結論を基礎づけるために用いるフィールドワークのデータは，，最終的にはすべて観察から引き出されるものである。こうした観点からすれば，2つのタイプのデータには本質的なちがいはない。定量化には，データに正確性をあたえる魔法の特性があるわけではない。つまり，基盤となる観察が不正確あるいは不十分であるならば，そこから引き出された統計値もまた，そうした弱点を確実に反映することになろう。定量化によって得られるものは，諸事実の凝縮なのであり，その結果，それらの規則性や傾向性がより容易に識別できるのである。　　　　［pp. 25-26］

参与観察やインタビューはとくにそうなのだが，エスノグラフィの技法は，応用研究領域の人びとによって援用されてきた。そこでの調査上の問題や問いは，仮説検証的なアプローチよりはむしろ，探索的なアプローチを必要としてきたのである。しかしながら，人類学者は，エスノグラフィの技法を用い，自らがエスノグラフィを行なっていると思っている教育者たちに対して異論を唱えている。というのも，エスノグラフィは，単に技法にとどまるものではなく，データの説明（account）でもあるからだ。つまり，ある社会文化的な枠組みのなかでのデータを解釈するものでもあるのである。エスノグラフィの目的には，社会的相互作用の，調査参加者にとってのシンボリックな意味と継続中のパターンとを組み込んだ状況の解釈がある。文化的文脈へのこだわりが，エスノグラフィを，理論構築をめざすグラウンデッド・セオリーや，調査者の観点からある状況や社会的単位を記述・解釈するケース・スタディと区別するのである。ウォルコット（1980）は，技法と説明を次のように区別している。

> 特定のエスノグラフィの技法は，ある問題や場に対して記述的にアプローチしようとする調査者ならだれでも，自由に活用できるものである。エスノグラフィの方法をフィールドワークの技法と区別するのは，文化的文脈に対して，基本的に人類学的なかかわりをするという点である。この点は，真のエスノグラフィを，

「その場に行なって観察する」アプローチと区別する点でもある。そして文化的解釈がその目標であるときには，エスノグラファは，人類学者のように思考しているのであって，単にそのそぶりをしているだけではないはずである。[p. 59]

エスノグラフィの同様の技法の多くは，ケース・スタディやグラウンデッド・セオリー研究においても用いられている。ケース・スタディやグラウンデッド・セオリーのアプローチは，社会文化的な解釈を主たる焦点とはしていない。それゆえ，自分の実践領域内での探索的な調査を実施したいと考えている成人教育者や訓練者にとっては，よりいっそう役立つものとなろう。

第6節　ケース・スタディ

ケース・スタディとは，ある現象あるいは，個人，集団，制度，地域社会といった社会的単位の，集約的な記述と分析である。ケース・スタディは，少数の変数を数多くの（社会的）単位にわたって行うサーベイ調査とは対照的に，単一の単位内の（すべてではないが）多くの変数を調査することにかかわるものである。このアプローチは，単一の現象や実体（＝ケース）に注目することで，その現象に特徴的な重要な諸要素の相互作用を明らかにしようとするものである。ケースとは，境界づけられ，統合されたシステムをさす（Stake, 1995）。ケース・スタディの目標は，全体論的な（holistic）記述と解釈にある。ケース・スタディは，それが長期にわたって行われれば，縦断的なものとなるだろう。それゆえ，時間的な変化が関心対象の変数のひとつとなっている。また他のケース・スタディでは，ある特定の時点での，ある現象そのものの姿を記述することに関心が向けられている。

ひとつの特定の学問分野のみと結びついているエスノグラフィとは異なり，ケース・スタディの方法は，多くの領域で適切に用いることができる。法学的ケース・スタディや医学的ケース・スタディ，心理学的ケース・スタディ，社会学的ケース・スタディがあれば，原始的文化の人類学的ケース・スタディさえもある。おそらく広範に用いられているがゆえに，ケース・スタディはときどき，**ケース・ワーク**，**ケース・メソッド**，**ケース・ヒストリー**と混同されることがある。すでに述べたように，ケース・スタディは，特定の社会的単位の

集約的な研究をさすものであるが、**ケース・ワーク**とは、「不適応の原因の診断ととくに結びついた、発達的、適応的、治療的あるいは矯正的な手法」(Good & Scates, 1954, p. 729) を意味する。**ケース・メソッド**は、例示や問題解決の目的のために、あるケース・スタディの主な要素を学生に提示する教授方法である。ある人物や集団や制度の過去をふり返る**ケース・ヒストリー**は、ときにはケース・スタディの一部になることもある。

　ケース・スタディは、さまざまな学問分野の観点に対応できる基本的なデザインである (Merriam, 1998)。とくに、教育分野でのケース・スタディはしばしば、人類学や歴史学、社会学、心理学の、概念や理論や調査技法を活用している。それゆえ、あるひとつの社会的単位や現象の社会文化的な分析が、エスノグラフィックなケース・スタディを生み出すのに対し、長期間にわたって展開してきたある制度やプログラムや実践の記述は、歴史的ケース・スタディとなるだろう。

　ケース・スタディによるアプローチの特徴のひとつは、多くの研究領域の多様な調査問題に対する適用可能性にある。メリアム (1998, pp. 29-31) は、質的ケース・スタディの3つの本質的な特性を描き出している。ケース・スタディは、

1. 特定主義的である　ケース・スタディは、特定の状況や出来事やプログラムや現象に焦点をあてている。
2. 記述的である　ケース・スタディの最終産物は、研究対象の現象に関する豊かな記述である。
3. 発見的である　ケース・スタディは、研究対象の現象への読者の理解をうながすものである。それは、新しい意味の発見をさせ、読者の経験を広げ、すでにわかっていることを確認させてくれる。

　ケース・スタディを行うプロセスは、いくつかのステップから成っている。そのひとつ目は、分析すべき「ケース」を抽出することである。この抽出は、無作為ではなく意図をもって行われる。つまり、ある特定の人物、場所、プログラム、プロセス、地域社会などの社会的単位は、調査者の関心という特徴を示すがゆえに選ばれるのである。次のステップは、原データを収集することで

ある。さまざまなデータ収集の技法が，ケース・スタディの調査者によって用いられるだろう。調査する単位によっては，質問紙調査などの手法もときどき用いられるものの，観察とインタビューと文献分析が，おそらく最も一般的なものであろう。

　さまざまな情報源からの情報が集められるにつれ，調査者は，データを扱いやすい単位に集約し，体系化し，分類しはじめるだろう。データは，年代別やカテゴリー別にまとめられたり，ある類型法にあてはめられたりするだろう。集約（aggregation）とは，特殊のなかから普遍を抽出するプロセスであり，個々のデータをとおして最も特徴的なパターンを探すプロセスである。いくつかの出版物では，データをまとめ上げて，分析するためのくわしい説明がなされている（Merriam, 1998; Miles & Huberman, 1994; Patton, 1990; Strauss, 1987; Wolcott, 1994）。以下のところでは，グーバとリンカーン（1981）によって示された一連の手続きを示す。まず第一に，インタビューや観察や文献から得られたあらゆる情報の内容を，インデックス・カードに短くまとめるのである。1番目のカードでひとつ目の山がつくられる。「次に，2番目のカードが，1番目と似ているか異なっているかを決めるべく判断される。似ていれば同じ山のなかに入れられるが，異なっていれば新たな山がつくられるのである」（p. 314）。次に，各々の山には，その山のカードの内容を最もうまく反映する名前がつけられる。この名前が，研究の中心となるカテゴリーや概念となるのである。新たなデータが集められるにつれ，このカテゴリーは洗練され，より確かなものになっていく。新たなデータはまた，新たな山を必要とし，それゆえ新たなカテゴリーを必要とするかもしれない。

　グーバとリンカーンによって詳述されたインデックス・カードの手法は，やや煩雑に思われるかもしれないが，それは帰納的なデータ分析のプロセスをうまく表したものである。基本的には，調査者のタスクは，研究で収集したデータをふるい分け，分析し，解釈することなのである。これは，既述したインデックス・カードで行うこともできるし，コピーしたデータのページの，ラベル付きファイル・フォルダーへの仕分けや，ソフトウェア・プログラムによっても行うことができる。質的調査でのコンピュータ利用は，ここ10年くらいの間にかなり一般的なこととなった（Fielding & Lee, 1991; Pfaffenberger, 1988; Tesch, 1990）。じっさい，ワイツマンとマイルズ（Weitzman, E. A. & Miles, M.

B., 1995）は，質的調査のために組まれた22の異なるソフトウェア・プログラムをレビューしている。コンピュータ・プログラムの大多数は，コーディングし，記録し，カウントし，検索し，情報表示する（retrieve）ことで，データを効率的に**管理する**ことができる。とはいえそれらは，あなたのためにあなたのデータを分析しているわけではない。より高性能のプログラムならば，規則や論理にもとづいたフォーマットによってデータを関連づけることができるかもしれないが，ハードな分析の作業，つまりデータがいかに関連しあい，それがいったい何を意味するのかを明らかにすることは，いまだ調査者が行なっていることなのである。

グーバとリンカーンによる上述のデータ組織化の手続きは，本質的に帰納的であり，新たなカテゴリーや概念の発見をめざしている。マイモンら（Maimon, E. P., et al., 1981）は，分類された観察結果も，社会科学にすでに存在している理論や概念にしたがってラベルづけされているかもしれないと指摘している。たとえば，「子どもの発達分野における，同胞葛藤，注意を引く行動，運動技能，言語発達。社会学の分野における，疎外，同調，逸脱。心理学の分野における，アイデンティティ拡散，抑うつ。政治学の分野における，単一争点キャンペーン，不安をあおること」（p. 225）などである。ゆえに，カテゴリーや概念やテーマは，ある領域の文献から引き出されるし，調査者によるデータの解釈や，調査参加者自身が用いたことばそのものからも導かれる（Constas, 1992）。

ケース・スタディのナラティヴ（物語）を書き出すことは，このプロセスの最終ステップとなる。ナラティヴとは，ある現象や社会的実体についての，きわめて読みやすい，記述的な描写である（Stake, 1995）。それは，「そのケースの状況，つまりある人物の生活やある集団の生活，あるプログラムでの生活などへと，読者を連れていく」はずのものである（Patton, 1990, p. 386）。

他の調査法と同様に，ケース・スタディには，その限界を十分補うだけの明らかな長所がある。ケース・スタディ・アプローチの長所は，それが，ある単一体（unity）や現象に関する多くの豊かで詳細な情報を提供してくれるところにある。それはまた，さらなる調査の構造化の手助けとなる重要な変数や仮説をしばしば明らかにするので，そうした調査を計画するうえでの情報支援としても有用である。さらにそれは，調査者が柔軟に，教育プロセスや問題に関す

る問いを理解し，それに答えられるようにさえしてくれるのである。ケース・スタディの限界の例としては，以下のようなものがあげられよう。

- ケース・スタディは，費用と時間がかかる。
- 観察とインタビューの技法の訓練，あるいは文献分析の訓練が必要である。
- ケース・スタディの描写は，長い文章になる場合があるが，方針決定者らは，それを読む時間がほとんどない。また，（おそらくまだあまり知られていない）潜在的な読者のニーズに応えられるナラティヴを書くことはむずかしい作業なのである。
- ケース・スタディの調査結果を，無作為抽出による調査結果と同じやり方で一般化することはできない。一般化可能性は，各々の利用者が研究結果から学び取ろうとするものとの関連から芽生える。

　成人の教育や訓練，カウンセリング，職業教育といった応用領域では，ケース・スタディは，新たなプログラムや目下の問題への新たなアプローチの有効性を，記述したり評価したりするために用いられてきた。たとえば，革新的な学校で行われていることに関するマルチ・ケース・スタディでは，「学校ごとに，教育的変化に対して効果的に行われていることの特徴を決め，そうしたプログラムの影響力を明らかにする」(van Tulder, van der Vegt & Veenman, 1993, p. 129) ことが試みられた。また他の人たちは，それまで検証されてこなかった実践の諸側面を探索するためにケース・スタディを用いた。成功した製造業の中小企業において人的能力開発がいかに機能しているかをみたロウデン (Rowden, R. W., 1995) の研究は，ティスデル (1993) による成人向け高等教育のクラスにおける権力関係の研究と同様に，このひとつの例である。
　最後に読者に紹介したいのが，ゼフ (Zeph, C., 1991) による，地域に根ざした成人教育者のためのキャリアアップ功労賞プログラムのケース・スタディである。このデータは，調査参加者とのインタビュー，3つのグループ・セミナーの観察，プログラムに関連した文献（調査参加者の賞への申請状況など）のレビューを通じて集められた。ゼフは，そのプログラムへの関与が，重要な個人的発達（「拡張した自己」と命名された）とキャリア発達（「省察的実践家」と命名された）とにつながっていることを明らかにした。

要約するならば，ケース・スタディは，先行調査や概念化が十分ではない実践領域を探究するのにきわめて有用な方法論なのである。ある現象の深い記述や理解が，一般化や検証をするまえに必要とされるのである。ひとつの関心対象物の記述と解釈を目的とするケース・スタディは，その後の研究を導く現象の抽象化と概念化につながっていくだろう。

第7節　グラウンデッド・セオリー

　グラウンデッド・セオリーは，1960年代後半，グレイザーとストラウス（Glaser, B. G.& Strauss, A. L.）の著書である『データ対話型理論の発見（*The Discovery of Grounded Theory*）』（1967）の刊行によって普及した，独特の調査法である。エスノグラフィやケース・スタディと同様，グラウンデッド・セオリー研究の調査者は，データ収集と分析の主たる道具である。調査法のモードの特徴は，演繹的な仮説検証法というよりはむしろ，帰納的なフィールドワークだといえる。グラウンデッド・セオリー研究の最終結果は，データから創出された，あるいはデータに「根ざした（grounded）」理論の構築にある。グラウンデッド・セオリー調査は，発見を重視しており，記述と検証は，二次的な関心事となる。

　質的・探索的方法論として，グラウンデッド・セオリーはとくに，理論化がほとんど進められていない問題を調査するのに向いている。対人関係の領域や社会過程の説明は，領域密着型（substantive）の理論あるいはフォーマルな理論としてのグラウンデッド・セオリー研究によって創出されている。領域密着型理論は，老人ホームでのケアやコミュニティ・カレッジでの成人学生の学生生活，あるいは地域資源の予算措置など，特定の現実世界の状況に限定された現象を扱っている。フォーマル理論は，（たとえば，ウェーバー（Weber, M.）の官僚制論など）より抽象的・一般的であり，ふつう１つの実体的な領域より大きな領域からのデータ分析を必要としている。

　ある研究者の見解では，領域密着型理論の生成は，「成人教育のような応用専門領域における調査者の関心である，あるいはあらねばならない」（Darkenwald, 1980, p. 67）とされる。ダーケンバルト（Darkenwald, G. G.）はつづけて，グラウンデッド・セオリー構築にうまく適している実体的な領域を，いくつか

リストアップしている。「開発途上国における識字教育，大学開放におけるプログラム開発，農村地域の開発，継続的専門職教育」(p. 69)。応用領域でグラウンデッド・セオリーの調査を行う主な目的は，「それのさらなる理解を通じて，専門的実践を向上させるところにある」(p. 69)。

専門的実践がいかにして高められるのかはまさに，グレイザー (Glaser, B. G., 1978) が，グラウンデッド・セオリーに関する最初の著書の続編となる文献のなかで，詳細に述べているところである。グレイザーは，実践家が自分自身の活動する実践現場では知識豊かで，有能で，熟練すらしていることを認識している。「内情に通じた人が好まないことは，自分がすでに知っていることを語られることである。彼が語ってほしいこととは，自分の行動領域での統御と理解が増大しつつあるなかで，自分が知っていることをどう扱えばいいのかということである」(p. 13)。実践家の知識はたいてい，経験にもとづいたものであって，理論的なものではない。調査者は，実践の多様な要素を統合するアイディアやカテゴリーや理論を提供するのである。グラウンデッド・セオリーは，それがまさに状況から生成され，データに「根ざして」いるならば，実践を導くための概念的ツールを実践家に提供してくれるだろう。グレイザーは次のように述べる。

> 領域密着型理論があれば，内情に通じた人は，ものごとに対する自分の有限の理解を超越しはじめるだろう。それまで伝達不可能だった彼の知識は，理論生成のために用いられるとき，彼がよく知っている他の領域へも伝達可能なものとなる。ただ知っているだけで整理されていなかった彼の知識はいまや，観念のなかで組み立てられていく。このことが，彼の目に見えるかたちでの進展を可能にするのである。　　　　　　　　　　　　　　　　　　　　　　　　[p. 13]

領域密着的であれフォーマルであれ，グラウンデッド・セオリーは，カテゴリーや諸特性や仮説から成っている。カテゴリーと，カテゴリーを定義したり明確化したりする諸特性とは，理論の概念的要素である。カテゴリーと諸特性は，分析的かつ感受的である必要がある。分析的というのは，「実体そのものではなく，具体的な実体の諸特徴をあげられるほどに十分に一般化される」ことをさす。感受的というのは，「適切な具体例の助けを借りつつ，自分自身の経験に照らして，参照物の理解を可能にするような『意味のある』描写を生み

出す」ことをさす (Glaser & Strauss, 1967, p. 38)。仮説とは，カテゴリーと諸特性の間の関連性である。実験的研究での仮説と異なり，グラウンデッド・セオリーの仮説は，検証済みというよりは，暫定的で示唆的なものである。たとえば，大学教員の現職ワークショップへの参加に関する研究では，調査者は，「ワークショップの信用性」を，教員の参加を説明するカテゴリーのひとつにあげている (Rosenfeldt, 1981)。ワークショップの信用性を定義するうえで役立った特性は，「後援組織の確認」と呼ばれた。著者は，「ワークショップ参加は，教員がワークショップの後援母体をどのていど認知しているかにかかっている」という仮説を立てた。「すなわち，潜在的な参加者が後援母体を認知していればいるほど，教授たちがそのワークショップに参加する可能性は高くなる」(p. 189) と仮定したのである。別のグラウンデッド・セオリー調査では，中年男性の研究が，研究対象のほとんどの男性の職業上の状況を反映するカテゴリーとして，「職業上の苛立ち (career malaise)」を示した。「退屈」「惰性」「捕われ」というカテゴリーも定義された。ある人の「職業上の苛立ち」が深刻化すればするほど，その人の子どもや親たちへの責任感がより重荷になるだろうとの仮説も示された (Merriam, 1980)。社会学における他の多くのグラウンデッド・セオリー研究の例は，グレイザー (1993) によって編纂された選集のなかにうかがわれる。「心臓発作後の復活：その概観」「新たなアイデンティティと家庭生活：大学へ行く母親の研究」「服役：刑務所という環境における時間感覚の変化とその影響に関するグラウンデッド・セオリー分析」といった諸研究は，その内容およびグラウンデッド・セオリーの方法論にかかわる教育者や訓練者にとって興味深いものになりそうである。

　継続専門職教育に関連する概念を調査した2つの研究として，ワグナー (Wagner, P. A., 1990) とリット (Ritt, E., 1990) によるものがある。ワグナーは，同僚から生涯学習者だと認められた専門看護師に影響をあたえた要因を明らかにするために，グラウンデッド・セオリーの方法を用いた。彼女の研究は，次の2つの主たる命題を導いた。(1)専門看護師のための生涯学習は，社会化プロセスの一環として，家族の支援をとおして人生の初期に育まれる価値観であり，それらは，専門職教育をとおして強化される。(2)生涯学習の成果は，エンパワメントの源となる，はば広い個人的・職業的な自己理解である。

　これとは対照的なグラウンデッド・セオリー研究として，リット (1990) は，

看護専門職領域のやや最近の現象である，看護コンサルタントという役割の展開について検証した。看護コンサルタントを行なっている人たちとの深層インタビューによって，リットは，いかにして人が看護コンサルタントになるのかと，看護師がその役割をうまく担えるように適切な準備をさせる介入物とを明らかにした。その研究は，看護コンサルタントの役割の発達を描いた理論モデルを生み出した。

　ほとんどのグラウンデッド・セオリー研究において，データは，インタビューや参与観察によって集められる。グレイザーとストラウス (1967) は，さまざまな文献資料や小説や先行調査もまた価値ある潜在的資料だと述べている。データを収集して処理する手続きは，グラウンデッド・セオリー調査の技法を熟知することによって，さらによく理解されよう。理論的サンプリング (theoretical sampling)，比較グループ (comparison groups)，たえざる比較分析 (constant comparative analysis)，そして飽和 (satuation) といったグラウンデッド・セオリーの技法は，どのようなデータを収集し，データをどう扱い，データ収集をいつ止めるのかを決定するものである。

　データ収集は，**理論的サンプリング**によって導かれる。そこでは，「分析者は，自分のデータの収集とコーディングと分析とを同時に行う。また，自分の理論が創出されてきたときに，それを発展させるために，次にどのデータを収集し，それをどこで見つけるのかを決めるのである」(Glaser & Strauss, 1967, p. 45)。最初のサンプルは，調査上の問題との論理的な関連性によって選ばれる。読者は，さらなるデータのために次にどこへ行くのかを決定するために，初期の分析から得られた洞察を活用する。たとえば，ニュージャージー・コミュニティ・カレッジでの成人教育の発展に関するグラウンデッド・セオリー研究 (MacNeil, 1981) では，データは当初，継続教育やコミュニティ・サービス部門から集められていた。初期のフィールドワークによって，成人学生の参加に関する研究は，単一の運営単位のみに限定できないことが明らかとなった。その後，データは，成人教育のプログラム領域にかかわるさまざまな職員へのインタビューによって収集されるようになった。

　グラウンデッド・セオリーの発見は，**比較グループ**の活用を通じてうながされる。いくつかのグループを比較することによってすぐに，理論的カテゴリーを生み出す類似性と差異が明らかになる。こうして生じるカテゴリーのつよさ

は，多様なグループからのデータ収集によって検証される。グレイザーとストラウスによる死にゆくプロセスの研究（1965a）では，死亡した未熟児がまず研究され，そこで生成された概念が末期がんの患者で検証された。グレイザーとストラウス（1965b）は，比較グループの活用について，次のように述べている。

> 重要なカテゴリーや仮説はまず，ひとつあるいは少数のグループでの予備的なフィールドワークや，他の研究からの領域密着型理論やデータをくわしく調べていくという，問題生成的な分析によって特定される。次に，比較グループが，カテゴリーやその結合物に新たなデータ提供すること，新たな仮説を提起すること，多様な文脈のなかで当初の仮説を検証することなどの目的との関連のなかで，位置づけられ，選ばれるのである。……これらのグループは，ひとつずつ研究されたり，いくつかが同時に研究されたりする。また，それらに関するあまりに多くの理論が構築されてしまうまえに，主要な仮説をくわしく確認するためにも，間断なく研究が続けられるのだ。　　　　　　　　　　　　　　[pp. 292-293]

グラウンデッド・セオリー調査の基礎となる手続きは，データの**たえざる比較分析**であり，これは，4つの段階から成っている（Glaser & Strauss, 1967; Strauss, 1987）。第一段階では，いくつかの事象を比較し，それらの事象をカバーするような暫定的なカテゴリーや諸特性を生成し，それぞれの事象を適切な数だけの暫定的カテゴリーへとコード化する。調査者はまた，事象間の比較のなかで浮上してきたいかなる洞察をも，メモのかたちで記録する。

第二段階では，比較の単位は，「事象と事象」間の比較から「カテゴリーの諸特性と事象」間の比較へと移行する（Glaser & Strauss, 1967, p. 108）。調査者は，カテゴリーとその諸特性とを統合しようと試みるのである。

第三段階の特徴は，理論の境界設定（delimitation）である。ここでは，類似のカテゴリーは，より少数のきわめて概念的なカテゴリーへと縮減される。また，仮説が生成され，データは全般的な枠組みに「合う」ようにさらにチェックされる。同時進行的なデータ収集と分析が終了するのは，カテゴリーが飽和状態になったときである。**飽和**とは，調査者が「あるカテゴリーの諸特性を構築するためのさらなるデータがもはや見出せなくなった」状態をさす（Glaser & Strauss, 1967, p. 61）。そのカテゴリー内のさらなる事象は，もうコーディン

グされない。というのも、それをすることは、「コード化されたデータの量を増やすだけで、理論には何ももたらさない」からである（p. 111）。

第四段階は、コーディングされたデータとメモから理論を実際に書くことであり、これは、「調査者が次のことを確信した」ときに生じる。すなわち、「自分の分析枠組みが、ひとつの体系立った領域密着型理論の体をなしていること。そしてそれが、研究対象の事象をかなり正確に記述していること。およびそれが、その研究領域に進む他者が利用できるかたちで述べられてあること」（Glaser & Strauss, 1967, p. 113）である。

比較グループのたえざる比較分析によって生成された理論の信用性を診断するためには、いかにしてデータが収集され、コーディングされ、カテゴリーや諸特性や仮説がデータから創出されたのかを、読者に伝えることが重要となる。理論自体の価値は、グレイザーとストラウス（1967）によって示された、次のような規準によって決定することができよう。

1. 適合性（Fitness） 理論は、それが適用される実体的な領域に適合しなければならない。実体的な調査領域の現実世界と緊密に結びついた理論は、データから慎重に導き出されてきたものである。
2. 理解（Understanding） 実体的な領域で活動している専門家でない人びとが、その理論を理解して活用できるものでなければならない。
3. 一般性（Generality） 生成された理論のカテゴリーは、「感受的な側面を失うほど抽象的であるべきではないが、しかし理論は、多面的で変化しつづける日々の状況への一般的な指針…となるていどには、抽象的でなければならない」（p. 242）。
4. コントロール（Control） 理論は、「それを用いる人が、日々の状況において、その価値ある応用ができるくらいにコントロールができる」（p. 245）ように、概念や相互関係の十分な理解を提供するものでなければならない。

調査法としてのグラウンデッド・セオリーに対し、批判がないわけではない。ある人は、そのアプローチが無規律で印象主義的だとみなしている。しかしながら、適切に用いられれば、たえざる比較法では、かなり体系的に、そして厳

密にさえデータを扱うことが可能となる。たしかに，グラウンデッド・セオリー調査の成功は，あるていど調査者の感受性や分析力に左右される。発見あるいは，のちにある理論のカテゴリーや特性を形成するような洞察にたどり着くプロセスは，あとに続く他の調査者への目印を刻むようなものではない。ただ発見をうながすようなツールだけが，調査者にあたえられるのである。この種の調査の中心に存在するのは，あくまでも調査者なのである。

　最後に，他の調査者が，同じデータから異なった理論を発展させるという訴えが出てきている。このことはおそらく真実であろうが，かといって構築された理論が妥当ではないとか，データとの一貫性がないものだというわけではない。むしろ，理論の妥当性は，その全般的な説明力によって判断される。また，主張がどれだけ十分に（データによって）支持されているか，構成要素がどれだけ十分に統合されているか，そして理論のあらゆる次元に対して内的・論理的一貫性があるかどうかによっても判断される。これらの原則は，**あらゆる**理論にも適用されるものである。

　成人の教育と訓練にかかわる領域といった応用専門領域がいまだ，今後のあらゆる調査を構造化するだけの理論的基盤をもちえていないことは，多くの人が認めるところである。これらの領域は，実践から引き出された理論的枠組みを付加させることによって，進展していくものであろう。また，こうした枠組みは次に，自分の領域の知識基盤の拡張に関心のある専門家によって，検証されていくであろう。

第6章参考文献

Berreman, G. D. (1968). Ethnography: Method and Product. In J. A. Clifton (Ed.), *Introduction to Cultural Anthropology* (pp. 336-373). Boston: Houghton Mifflin.

Bierema, L. L. (1996). How Executive Women Learn Corporate Culture. *Human Resource Development Quarterly, 7* (2), 145-164.

Constas, M. (1992). Qualitative Analysis as a Public Event: The Documentation of Category Development Procedures. *American Educational Research Journal, 29* (2), 253-266.

Creswell, J. W. (1998). *Qualitative Inquiry and Research Design*. Thousand Oaks, CA: Sage.

Darkenwald, G. G. (1980). Field Research and Grounded Theory. In H. B. Long, R. Hiemstra, & Associates (Eds.), *Changing Approaches to Studying of Adult Education* (pp. 63-77). San Francisco: Jossey-Bass.

Denzin, N. K. (1989). *Interpretive Biography.* Newbury Park, CA: Sage.

Dexter, L. A. (1970). *Elite and Specialized Interviewing.* Evanston, IL: Northwestern University Press.

Fielding, N. G., & Lee, R. M. (1991). *Using Computers in Qualitative Research.* London: Sage.

Firestone, W. A. (1993). Alternative Arguments for Generalizing from Data as Applied to Qualitative Research. *Educational Researcher, 22* (4), 16-23.

Gee, J. P. (1991). A Linguistic Approach to Narrative. *Journal of Narrative and Life History, 1* (1), 15-39.

Glaser, B. G. (1978). *Theoretical Sensitivity.* Mill Valley, CA: The Sociology Press.

Glaser, B. G. (1993). *Examples of Grounded Theory : A Reader.* Mill Valley, CA: Sociology Press.

Glaser, B. G., & Strauss, A. L. (1965a). *Awareness of Dying.* Chicago: Aldine. (G・グレイザー／A・L・ストラウス，木下康仁訳『「死のアウェアネス理論」と看護：死の認識と終末期ケア』医学書院，1988年。)

Glaser, B. G., & Strauss, A. L. (1965b). The Discovery of Substantive Theory: A Basic Strategy Underlying Qualitative Research. *The American Behavioral Scientist, 8,* 5-12.

Glaser, B. G., & Strauss, A. L. (1967). *The Discovery of Grounded Theory.* Chicago: Aldine. (B・G・グレイザー／A・L・ストラウス，後藤隆・大出春江・水野節夫訳『データ対話型理論の発見：調査からいかに理論をうみだすか』新曜社，1996年。)

Good, C. V., & Scates, D. E. (1954). *Methods of Research.* San Francisco: Jossey-Bass.

Guba, E. G., & Lincoln, Y. S. (1981). *Effective Evaluation.* San Francisco: Jossey-Bass.

Junker, B. H. (1960). *Field Work.* Chicago: University of Chicago Press.

LeCompte, M. D., & Preissle, J. (1993). *Ethnography and Qualitative Design in Educational Research.* New York: Academic Press.

MacNeil, P. (1983). The Dynamics of Adult Education Growth in Community Colleges (Doctoral Dissertation, Rutgers University, 1981). *Dissertation Abstracts International, 43,* 1795A.

Maimon, E. P., Belcher, G. L., Hearn, G. W., Nodine, B. F., & O'Connor, F. W. (1981). *Writing in the Arts and Sciences.* Cambridge, MA: Winthrop.

Mathison, S. (1988). Why Triangulate? *Educational Researcher, 17* (7), 13-17.

Merriam, S. (1980). *Coping with Male Mid-Life : A Systematic Analysis Using Literature as a Data Source.* Washington, DC: University Press.

Merriam, S. (1998). *Qualitative Research and Case Study Applications in Education* (2nd ed.), San Francisco: Jossey-Bass. (S・メリアム, 堀薫夫・久保真人・成島美弥訳『質的調査法入門：教育における調査法とケース・スタディ』ミネルヴァ書房, 2004年。)

Miles, M. B., & Huberman, A. M. (1994). *Qualitative Data Analysis* (2nd ed.). Thousand Oaks, CA: Sage.

Mitchell, J. C. (1967). On Quantification in Social Anthropology. In A. L. Epstein (Ed.), *The Craft of Social Anthropology* (pp. 17-45). New York: Tavistock.

Patton, M. A. (1990). *Qualitative Evaluation Methods.* Beverly Hills: Sage.

Pelto, P. J. (1970). *Anthropological Research.* New York: Harper & Row.

Peshkin, A. (1988). In Search of Subjectivity: One's Own. *Educational Researcher, 17* (7), 17-22.

Pfaffenberger, B. (1988). *Microcomputer Applications in Qualitative Research.* Newbury Park, CA: Sage.

Posner, J. (1980). Urban Anthropology: Fieldwork in Semifamiliar Settings. In W. B. Shaffir, R. A. Stebbins, & A. Turowetz (Eds.), *Fieldwork Experience* (pp. 203-211). New York: St. Martin's.

Reissman, C. K. (1993). *Narrative Analysis.* Qualitative Research Methods Series No. 30, London: Sage.

Ritt, E. (1990). The Evolving Role of the Nurse Consultant (Doctoral Dissertation, Northern Illinois University, 1989). *Dissertation Abstracts International, 50,* 2355A.

Rosenfeldt, A. B. (1981). Faculty Commitment to the Improvement of Teaching via Workshop Participation (Doctoral Dissertation, Virginia Polytechnic Institute and State University, 1981). *Dissertation Abstracts International, 42,* 2529A.

Rowden, R. W. (1995). The Role of Human Resource Development in Successful Small to Mid-Sized Manufacturing Businesses: A Comparative Case Study. *Human Resource Development Quarterly, 6* (4), 355-373.

Shaffir, W. B., Stebbins, R. A., & Turowetz, A. (Eds.). (1980). *Fieldwork Experi-*

ence. New York: St. Martin's.

Stake, R. E. (1995). *The Art of Case Study Research.* Thousand Oaks, CA: Sage.

Strauss, A. L. (1987). *Qualitative Analysis for Social Scientists.* Cambridge, UK: Cambridge University Press.

Tesch, R. (1990). *Qualitative Research : Analysis Types and Software Tools.* New York: Falmer.

Tisdell, E. J. (1993). Interlocking Systems of Power, Privilege, and Oppression in Adult Higher Education Classes. *Adult Education Quarterly, 43* (4), 203-226.

van Maanen, J. (1988). *Tales of the Field : On Writing Ethnography.* Chicago: University of Chicago Press. (ジョン・ヴァン=マーネン, 森川渉訳『フィールドワークの物語：エスノグラフィーの文章作法』現代書館, 1999年。)

van Tulder, M., van der Vegt, R., & Veenman, S. (1993). In-Service Education in Innovating Schools: A Multi-Case Study. *International Journal of Qualitative Studies in Education, 6* (2), 129-142.

Wagner, P. A. (1990). Select Factors Influencing Lifelong Learning of Professional Nurses (Doctoral Dissertation, Northern Illinois University, 1989). *Dissertation Abstracts International, 50,* 2357A.

Weitzman, E. A., & Miles, M. B. (1995). *Computer Programs for Qualitative Data Analysis : A Software Sourcebook.* Thousand Oaks, CA: Sage.

Wolcott, H. F. (1980). How to Look Like an Anthropologist without Really Being One. *Practicing Anthropology, 3,* 1.

Wolcott, H. F. (1990). *Writing Up Qualitative Research* (Qualitative Research Methods Monographs, Vol. 20). Newbury Park: Sage.

Wolcott, H. F. (1994). *Transforming Qualitative Data : Description, Analysis, and Interpretation.* Thousand Oaks, CA: Sage.

Zeph, C. (1991). Career Development for Community Adult Educators: Interrelating Personal and Professional Development. *Adult Education Quarterly, 41,* 217-232.

第7章
アクション・リサーチ，参与的調査，批判的調査，フェミニスト調査のデザイン

　成人の教育や訓練にたずさわる者などの，研究の応用領域の調査者は，知識獲得に向けてのより適切な方法を，たえず探求している。この探求はしばしば，知識追求においてだけではなく，知識それ自体という目的においてもまた，調査が演ずる役割の，まったく新しい概念化につながる。本章で議論される4つの調査法（アクション・リサーチ，参与的調査，批判的調査，フェミニスト調査）は，前章までで論じてきた従来型の調査方法からはなれて，知識の概念化と知識獲得のための技法を描くものである。

　これらの従来的でない方法論は，主に何が重要な知識として定義されるかという点において異なっている。伝統的な調査方法論においては，妥当性は，知識探求に用いられた方法と，その方法がどのていど内的・外的統制を達成したかにかかっている。本章で議論される比較的新しい方法論にとっては，知識の妥当性は，知識探求を「行なっている」人びとの観点から定義される。リーズンとローワン（Reason, P.& Rowan, J., 1981, p. 241）が指摘するように，この文脈における妥当性は，「知る側と知られる側の双方にかかわるものでなければならない。妥当な知識とは，関係性の問題なのである」。

　われわれはここでは，いくつかの候補のなかから，アクション・リサーチ，参与的調査，批判的調査，フェミニスト調査を取り上げて議論することにした。というのは，これら各々が，教育学，社会・発達心理学，地域開発，人的能力開発の研究に貢献してきたからである。

第1節　アクション・リサーチ

　アクション・リサーチ（action research）は，以下のような特徴において，他の社会科学調査の形態と異なっている。

1．調査者は，問題解決への支援者としてかかわる。また場合によっては，調査結果と，それから最も利益を得たり，それによって行動を起こしたりするような人びととの間の媒介者となる。
2．調査結果は，調査にかかわった人びとや調査を行う対象となった人びとによる，即座の活用がねらわれている。
3．アクション・リサーチのデザインは，調査開始のまえに完全に決定されているというよりは，むしろ調査の進行中に組み立てられていくものである。

　アクション・リサーチは，地域社会や社会的機関，学校，教室，あるいは調査者個人の内部にすらあるかもしれない，実践的，社会的あるいは個別的問題を解決するために用いられる。アクション・リサーチのひとつの解釈としては，教室などの応用の場への直接的な適用をめざして，新しい技能やアプローチの開発や問題解決のためにデザインされるものだというのがある。より広義の解釈としては，ボグダンとビクレン（Bogdan, R. C.& Biklen, S. K., 1997）が，アクション・リサーチを社会変革をもたらすために組まれた体系的な情報収集だと述べている。
　アクション・リサーチの方法の淵源は，クルト・レヴィン（Lewin, K., 1947）が人びとの食習慣の変容を報告した研究にまでさかのぼることになる。レヴィンは，さまざまな収入レベルの成人女性の，食習慣に対する講義や討議の効果に関する研究を行なった。この研究は，第二次世界大戦中に，あまり人気はないが入手しやすく栄養価の高い食品を，女性たちに利用してもらうところに焦点をあてていた。各収入別グループごとの半数の女性には，栄養士による30分の講義とそれに続く15分の質疑応答の時間があたえられた。残りの半数は，栄養士を情報提供者とする討議に参加した。そこでレヴィンは，講義と質疑応答に参加した女性にくらべて，討議に参加した女性は，10倍の割合ですすめられた食品を試したことを発見した。マロウ（Marrow, A. J.）（サンフォードの文献（Sanford, N., 1981）より引用）によれば，調査研究へのレヴィンの最大の貢献は，「彼女らの変化する姿と，その効果をみるなかで研究を行うというアイディア」（p. 174）であったといえる。レヴィンがアクション・リサーチを形づくるさいのテーマや原則とは，あるプロセスへの洞察を得るために，調査者が変

化を引き起こし、そしてそれからその効果と新たな変化のダイナミクスを観察すべきだとした点であった。

　アクション・リサーチは、以下のような点で、従来的な方法とは異なっている。

1. ある特定の状況（たとえば、教室、学校、社会的機関、地域社会など）に対して、直接に適用可能な知識の獲得を目的としている。
2. 調査上の問題は、効率的な教授方法やある地域に特有の汚染問題など、調査者を悩ますようなことがらから現れてくる。
3. 問題提起は一般的なかたちで示される。仮説はめったに用いられない。
4. 一次的な資料よりも二次的な文献資料のほうが、広く用いられる。調査者が求めているのはとにかく、研究対象の現象に関するアイディアなのである。
5. 調査参加者は、体系的に抽出あるいは選択されたりはしない。その人たちは、人間的活動のしぜんな「流れ」の一部なのである。
6. 研究遂行の手続きは、研究の当初にはただ一般的に計画され、必要に応じて調査進行のなかで変更される。
7. 調査を行うさいに、統制や実験条件にはほとんど注意がはらわれない。

　ボグダンとビクレン（1997）は、アクション・リサーチの調査者は、ときには差別や公害の発生源といった、社会的不公正を変革する実践のためにデータを収集することがあると指摘している。社会変革に影響をおよぼすためのアクション・リサーチには、以下のような手順が用いられる。(1)他の人びとの生活にネガティブな影響をおよぼす、人びとや機関を特定する情報を収集する。(2)人びとが問題への気づきを深め、自己を理解し、問題への取り組みを深めることを支援する。(3)地域内の特定の課題に対して、人びとを巻き込み、組織し、活動的にさせる媒介者となる。

　実践的でローカルなレベルのアクション・リサーチの例としては、「教師調査」と呼ばれる形態をあげることができる。この活動では、教師は、自分たちの実践に関する知識を生み出す調査者でもある（Cochran-Smith & Lytle, 1993）。たとえば、授業の進行のなかで、第二言語としての英語の教師が、参加者がカ

リキュラム教材に困難を感じていると思ったとしよう。より効果的な方法を模索するなかで，その教師は，クラスの何人かに対して異なった教材を試す。一定期間の間，教師は，新しい教材を利用している参加者の進展状況を慎重に観察する。ほぼ同時間数だけ各々の教材を用いて，また各グループに対して同等の指導上の注意を示すことにより，教師は，調査結果の信頼性を認めうる手順をふもうとする。一定期間後，教師によって，参加者の達成度と満足度の診断がなされる。研究対象となったクラスから戦略的なサンプル抽出は試みられないので，調査結果を他の第二言語クラスに適用することはなされない。このアクション・リサーチ活動をとおして，教師は，その学期の後半部で，クラス全体向けの第二言語のカリキュラム教材を選ぶ手助けとなるような調査結果に到達するのである。

　アクション・リサーチに関するより主導的なスタンスは，オーストラリアのディーキン大学の研究者らによって採られている (Kemmis, 1995)。ディーキン大学のアクション・リサーチは，主にフォーマルな教育システムの環境に焦点をあてている。端的にいうとこれは，社会的状況において参加者によってなされる，集合的で自省的な探求の形態なのである。探求の目的は，ある集団自身の社会的・教育的実践における合理性と公正さを高め，それらの実践や状況をよりよく理解するところにある。保護者，教師，校長，または学生など，関係者ならだれでも参加者になることができる。アクション・リサーチは，個々の集団の構成員の行動を，批判的にとらえ返すことを通じて達成される協同的活動なのである。

　この調査法は，言語・活動・社会的関係という，3つの個人的・文化的行動の領域の相互関係という点から，さらにくわしく説明される。改革は，個人的・文化的行動の双方を必要とする。そのため，教育改革には，教育を構成する言語や活動や社会的関係の制度的形態の検証と改変が必要となる。著者らはこのように述べている。

　このアクション・リサーチの形態の一例としては，オーストラリアにおけるアボリジニの教育と教師教育に取り組んだ一連のプロジェクトをあげることができる。ディーキン大学のスタッフによって実施されたプロジェクトは，アボリジニの教師の事前指導として行われたものである。それは大学教員による自己検証に始まり，次いで，カリキュラム間に存在する問題点が検討され，非ア

ボリジニとアボリジニの参加者の関与の重要性が強調される。プロジェクトは，「双方向型」教育の教育概念を教えることにつながり，最終的には，それをアボリジニの教師たちによって提案されることになった。この概念構築は，2つの代替的な生活様式，すなわち伝統的な生活様式と新しい生活様式の維持と強化によって，地域社会が二文化並存状態（bicultural）でありつづけるのを促進し支援している（McTaggart, 1991）。

　ディーキン大学の研究者によって進められた，より地域に根ざした参加型のアクション・リサーチにくわえて，アクション・リサーチとその派生形態は，とくにビジネスや産業界の組織にて援用されてきた。いくつかのアクション・リサーチのモデルは組織発展と結びついており，そこでは変革が全般的な目標となる。これらのアクション・リサーチのモデルは，変革を妨げる諸要因の診断を強調している。

　アクション・リサーチと組織変革に関して，カニンガム（Cunningham, J. B., 1993）らは，アクション・ラーニングとアクション・サイエンスとを区別している。アクション・ラーニングは，「組織改革および組織内の人間性の解放のためのプロセス」だと定義される（Garratt, 1991）。このプロセスには，次の4つのキー要素がある。「(1)重大な組織上の問題。(2)人びとが自分たちおよび組織を発展させるために，すすんでリスクを冒すこと。(3)問題に対して行動を起こす権限。(4)学習のための省察的なシステム」（Garratt, 1991, p. 54）。雑誌『トレーニング』の最近のもののなかでは，フロイランド（Froiland, P., 1994）が，アクション・ラーニングを通じて変革を試みた組織の成功例と問題点を示している。

　アクション・サイエンスは，対人関係の文脈を強調する点において，アクション・ラーニングとは異なっている（Brooks & Watkins, 1994）。組織内でさえ，意味は社会的に構築されたものであり，それゆえ社会的文脈における行為者に焦点をあて，人びとの観点を「解凍（unfreezing）」することが重要となる。解凍は，変革が**起こりうる**ような新しい意味体系を学習し構築するための文脈が生成されるように，個人の平衡状態（equilibrium）を乱し，穏やかな不安と不調和を創出することを意味する。このアプローチを生み出したアージリス（Argyris, C.）は，「人間の能力，自信，効力」を促進し，「同時に革新的，柔軟的かつ効果的な組織に導く」「行動する知識（actionable knowledge）」の創造に向

けた議論をしている (1993, p. xi)。

　これらすべての形態において，アクションとリサーチの望ましいバランスをめぐり，アクション・リサーチの文献では多くの議論がなされてきた。また，その強調点をどこにおくべきかに関しても，相違点がうかがわれる。たとえば，診断，問題の特定，個々人か集団か，学習，適用方法などである。しかしながら，いずれの形態においても，アクション・リサーチのプロセスは，分析し，事実を入手し，問題を特定し，問題に対して計画と行動を進め，そしてこのプロセスから新しい概念や情報が得られたならば，このサイクルをくり返すというものである。この方法の長所は，実践の場の実状に即していること，問題解決とプロジェクトの展開への体系的なプロセスに焦点をあてていること，そして実験と革新に対して敏感であることにある。オーストラリアのディーキン大学の教師訓練のプロジェクトでは，この方法は，大規模な社会変革につながるだろう。しかしながら，アクション・リサーチには限界もある。なぜならそれは内的・外的統制に欠け，調査が行われた特定の状況や条件下の結果を一般化するには限界があるからである。

第2節　参与的調査

　参与的調査 (participatory research) と形容されるまた別の探求の形態は，人間の不平等に取り組もうとしている。参与的調査は，知識の探求と獲得に向けての集団参加による，人びとの政治的エンパワメントに焦点をあてる。

　参与的調査の方法論は，人間的平等の社会哲学によって支持されている (Hall, 1984)。アクション・リサーチと同様に，この調査法のひとつのつよみは，その即時的な適用性にある。参与的調査は地域づくりのプロセスと密接に結びついているものの，両者のちがいのひとつには，調査者と調査参加者の役割があげられる。参与的調査では，調査活動を行う者は能動的な役割を演じ，それゆえ単なるデータの客観的な観察者ではない。調査者は，調査結果を用いて社会問題の解決を遂行するための媒介者なのである。調査参加者は，データの収集と分析における同僚の役割を果たす。参与的プロセスを通じて，調査者は地域社会に統合され，地域のメンバーとともに，社会問題の解決法を探る。

　参与的調査の方法論は，社会科学の分野でよくみられる，高度に実証的で演

繹的な調査法に対する反動でもある。この提唱者たちは，これは伝統的な調査法よりも抑圧的ではないと主張している。ホール (Hall, B. L., 1984) は，調査への社会科学的方法と参与的アプローチの主なちがいとして，次の3点をあげている。まず，社会科学の調査方法が価値からの自由を標榜するのに対し，参与的調査法は，ある種の価値に関与する。第二に，社会科学的調査で用いられる技法は，調査対象を操作するために「隠れたプロセス」を有しているが，参与的調査では，調査を統制するのは調査に参加する人びとなのである。第三に，多くの社会科学的調査は，他の研究者のために実施され報告される。それゆえ，知識人によって知識が独占される。調査結果は，ホールによると，不平等の対象とみなされる世界の人びとが利用しうるものでなければならないのである。

　参与的調査は，社会的不平等の問題に取り組み，経済的・政治的弱者への搾取を抑制するために集団で活動する人びとにとっての道具である。参与的運動は，本章で議論される他の調査方法論とともに，調査実施に関する論理‐実証主義的な考え方の対極に位置している。実証主義の考え方は，かつては調査者の方法論のレパートリーで支配的であったものである。

　参与的調査のキーとなる考え方は，それが，調査を行う人びとによって変革へとつながっていくという点にある (Couto, 1987)。アクション・リサーチにみられるいくつかの特徴は，参与的調査をも特徴づけている。コウト (Couto, R. A.) の指摘によると，参与的調査法は，以下の点で他と異なっている。

(a) 研究対象となる問題とそれを研究することの決定は，その問題による影響を受けたコミュニティに出発点がある。
(b) 調査の目標は，収集された情報から導き出された政治的・社会的変革にある。
(c) 現場の人びとが，問題定義のプロセスや情報収集，情報から芽生える行動に関する決定をコントロールする。
(d) 現場の人びとと調査の専門家は，調査のプロセスにおいては対等である。両者は，調査者であるとともに学習者でもある。　　　　　　　[p. 84]

　参与的調査は，人びとが，社会的機関の自分たちにおよぼす影響を研究し，よりいっそう理解することを可能にする。さらなる理解は，集団内の情報と努

力の結合につながり，そうして自分たちの生活のさらなる経済的・政治的コントロールへとつながっていく。参与的調査は，潜在的・顕在的な心理的・社会的抑圧の次元に焦点をあてる。たとえば，マス・メディアや宗教団体，政府，教育機関などによって伝えられるメッセージなどである。この調査法は，伝統的な社会制度の経路をとおして知識が産出され伝播されるやり方に挑むものである。

参与的調査の実施にさいしては，次の3つの相互関連するプロセスが機能する。

1. 全体のプロセスのなかで，参加者集団（コミュニティ）の主体的な参加がともなう，問題や課題の共同的調査（collective investigation）。
2. 当面の問題だけでなく，背後にある問題の構造的原因（社会経済的，政治的，文化的）への，参加者のさらなる理解を深めるような共同的分析（collective analysis）。
3. これらの問題の短期的および長期的な解決をめざした，参加者による共同的行動（collective action）。　　　　　　　　　　　　[Couto, 1987, p. 2]

最初の「問題提起」のセッションにおいては，参加者は，住宅改善，失業，健康問題といった，共通の関心事となる問題を，見きわめて解決するために共同作業を行う。この過程をとおして集団は，問題への理解を深め，背後にある原因への疑問を示すようになる。パウロ・フレイレ（Freire, P., 1974）は，南アメリカでの活動のなかで，**意識化**（conscientization）と**テーマ的調査**（thematic investigation）という用語を導入することで，参与的調査の概念と方法に多大な貢献をした。意識化という概念は，「社会的，政治的，経済的矛盾を認識し，現実世界の抑圧的な諸要因に対して行動を起こすことの学習」(p. 3)だと説明されている。意識化から芽生えた方法はテーマ的調査と呼ばれるが，これは，現実世界に共有されることばと経験の分析に，そして，自分たちの現実世界のより深い理解につながるような矛盾を明らかにすることに，参加者をかかわらせるものである。参与的調査は，主に第三世界の国々において行われてきた。世界各地のノンフォーマルな成人教育における参与的調査の実践例としては，ボツワナの織物協同組合プロジェクトの評価，タンザニアの識字プログラムの

評価，カナダの職場における英語教育のカリキュラム開発，インドのアーディアスにおける女性クラブの育成などがあげられる。

カッサムとムスタファ（Kassam, Y.& Mustafa, K., 1982）は，参与的調査をいわゆる「客観的」社会科学と区別する特徴として，以下の点をあげている。(1)調査者側の者から，調査対象となる人びとへの主体的な関与。(2)調査者の調査対象のコミュニティへの密接なかかわり。(3)データ収集を活用した問題中心型アプローチで，そこから行動が起こされることが期待されている。(4)調査者と調査対象となる人びと双方に対する教育的プロセス。(5)知識を産出しそれを分析する人びとの能力と可能性の尊重（pp. 70-71）。

ホール（1981）によると，参与的調査の起源は，エンゲルスたちによるイングランドのマンチェスターでの初期のフィールドワーク，およびカール・マルクスによるフランスの工場労働者への「非構造化インタビュー」にまでさかのぼる。デューイやジョージ・ハーバート・ミード（Mead, G. H.），ロンドンのタヴィストック研究所の研究の一部が，このタイプの社会調査へのガイドラインとなっている。この調査アプローチは，1950年代から60年代にかけての学問において支配的であった，経験的実証主義からは離れた位置にある。

1970年代半ばには，国際成人教育協議会が，参与的調査への大きな推進力となった。そこでは，バッド・ホールを代表とする参与的調査プロジェクトが芽生えていた。このプロジェクトの一般的な目標は，「自分自身のニーズ分析への貧困集団や最貧層の関与に焦点をあてた，成人教育および関連する社会変革プログラムにおける調査の方法を検討する」（「参与的調査プロジェクトの国際会議に関する現状報告」1977, p. 1）ことであった。「参与的調査の目的は，調査を民主化し，調査の進行により多くの参加を促し，調査結果から益を得ることだ」とホール（1984）は強調している。調査の民主化が進行しつつあるという証拠には，次の5点がある。(1)先進国大都市から第三世界への調査地の移行，(2)「外部」者から調査実施国の人びとへの，調査実施の責任の移行，(3)専門的な調査者役割への訓練を受けていない者の関与の増加，(4)その地域の意思決定者に対して，調査へのアクセスをしやすくすることへの関心の高まり，(5)貧困者や被搾取者の調査プロセスへのさらなる関与。

ある地区の地域社会において実施された参与的調査の例としては，「職場学習（Work Place Learning）：周辺部分からの視点」（Cunningham, Curry & Hawkins, 1997) という3年プロジェクトがあげられる。これは，シカゴの成人教育者と地域活動家のグループが，シカゴ南部およびそこと隣接するインディアナ州・カリュメットの地域社会での産業発展について研究したものである。彼らはとくに，シカゴ周辺の主要な鉄鋼会社とプルマン地区内での産業発展の調査を行なった。これらの地区は，20世紀前半においては，豪華寝台列車の最大の製造元であった。これらの産業は，歴史的には，シカゴの経済に対して大きな貢献を果たしたと考えられている。今日ではこれら産業地区の多くは，企業の撤退や産業公害によって荒廃している。これらの地区は，主に貧しい黒人やヒスパニック系アメリカ人の居住地でもある。

この報告書は，多くの人的能力開発者によって支持されてきた，労働の一般的な定義を問い直すものである。労働はしばしば，ヨーロッパ中心主義的な視点から，何かの生産につながるものだと記されている。しかし一方で，ただ単に生き延びることが，経済的に貧困で，社会で周縁化された人びとに共有される，より一般的な定義なのである。最終的に，プロジェクトの著者たちは，次のような労働の定義を拒否している。すなわち，産業資本主義にもとづき，世界は人間の搾取のために存在すると考え，科学と合理性による西欧的な発展の概念を特権化するような定義である。

より大規模な場で実施された参与的調査の例としては，アパラチアで行われた「市民による調査プロジェクト」があげられる (Gaventa & Horton, 1981)。このプロジェクトでは，土地所有権を研究するためにアパラチア同盟が結成された。問題として明らかになったのは，土地所有のあり方が，アパラチア山脈沿いの住民に対して不利な状態を招いているということであった。すなわち，露天採鉱による土地の荒廃，居住に適した土地の不足，低税源と低サービス，洪水，農耕地の喪失，そして土地の不法な譲渡や賃貸である。

実際にだれがアパラチア山脈沿いの土地を所有しているのかを調査するため，アラバマ州，ケンタッキー州，ノースキャロライナ州，テネシー州，ヴァージニア州，ウエストヴァージニア州の80あまりの郡から，約100人の市民が結集された。報告された調査結果は，以下の点を明らかにした。(1)アパラチアのすべての土地と鉱物は，比較的少数の人びとによって所有されている，(2)アパラチアの土地と鉱物資源は，不在地主によって所有されている，(3)大企業が，アパラチアの大部分の所有権を支配している（40％の土地と70％の採掘権），(4)

採掘権の資産税は，かなり低く見積もられている（p. 34）。参与の概念を保持しつつ，調査結果は，パンフレットや地元紙，地区の会合，ワークショップ，地域の集会などで，広く公表された。調査結果が公表されてから3か月後には，地元のグループが起こした行動としてみなされる，次のような活動が芽生えていた。ケンタッキー州での税制改革連盟の結成，テネシー州での税への異議申し立て，そしてウエストヴァージニア州のガスと石油，削岩作業をめぐる郡間同盟の結成。

　ホール（1984）らはまた，科学の神話を暴き，人びとの知識を正当化するという，参与的調査のユニークな目的を指摘している。しかしながら，参与的調査のもつ矛盾点への指摘もある（Couto, 1987）。実際にこの種の調査は，地域外からの専門家の助力なしには，実行はむずかしい。また，専門家の役割は必要とされているものの，参与的調査の実践にその人を組み込むこともむずかしい。

　参与的調査を行うさいの問題点は，ケンタッキー州東部のベル郡にある地域組織である，「イエロー川問題市民の会」による調査によって明らかにされている。この調査は，隣接するケンタッキー州ミドルバラ地区のなめし皮工場から生じる，イエロー川汚染への対応として行われた。地域組織は，沿岸の人びとを調査し，河川汚染に関連する疾病を明らかにすることを決定した。この調査は，地域住民の98％の協力を得て，おおむね成功を収めた。この調査によって，「市民の会」のメンバーは，汚染問題に関する新たな間接的情報を入手した。またこれにより，人びとが隣人たちとともに意見を共有し，新たな行動を模索することを可能にした。

　しかし，イエロー川への未処理廃棄物の投棄を停止させるという最終的な目的を達成するには，この調査法にいくつかの制約があった。まず，外部の援助者とともに作成された質問紙の内容は非常に長く，コード化と分析が困難であった。調査対象の市民全数のうちの特定のサブグループ，たとえば喫煙者やいくつかの年齢層の人びとは，適切に分析するには代表性が不十分であった。イエロー川の廃棄物の姿と臭いの不快さが，調査の結果を圧倒してしまっていた。またこの分析では，川の水との接触と疾病との間の関連は弱かった。ほかには，コード化の手法のばらつきという問題もあった。多くのボランティアによってデータの収集と分析をしたために，不正確なコーディングや数多くのミスが生

じ，最終報告書での修正を余儀なくさせられた。

コウト（Couto, 1987）は，参与的調査にかかわる人びとに対し，この種の調査の計画と実施のさいに注意がはらわれない場合，危険がともなうと警告している。イエロー川の市民たちの政治的目標が，不十分なデータ収集・分析によって危くされたことは，その一例である。地域内の状勢を変える権力のある人間は，ふつうは，説明可能な事実的データによって説得される必要があるのである。

参与的調査に関するその他の批判は，社会科学の従来的な調査法を代表するような人びとによって示されている。たとえばグリフィスとクリスタレッラ（Griffith, W. S. & Cristarella, M. C., 1979）は，「参与的調査という名前は誤称で，基本的には知識の発展というよりはむしろ，地域社会の発展を促すために行われる活動に対して，特異的に適用されているのだ」（p. 18）と指摘する。彼らによれば，参与的調査は，伝統的な社会科学の研究者が調査プロセスの唯一最も重要な機能だとみなしている，知識体系への貢献にはつながらないのである。

参与的調査の長所と短所は，アクション・リサーチのそれらと酷似している。すなわち，調査結果は直接実践に適用することができるが，他の状況に対して容易に一般化することはできない。また，参加者の調査へのさらなる関与によって，調査結果の適用可能性は，より確かなものになるだろう。しかし，専門家の助力なき参与の拡大は，技法の適用にばらつきが生じる可能性をはらみ，その結果それが，調査遂行の全般的な目標達成に支障をきたすことになりうる。

第3節　批判的調査

人びとのエンパワメントを志向したまた別の調査法は，より鮮明にマルクス主義の変革哲学から発展してきた批判的調査（critical research）である。ウェルトン（Welton, M. R., 1993）は，批判理論と成人学習に関する論考のなかで，ハーバーマス（Habermas, J.）がいかに，第二世代の批判理論家としてマルクス主義の流派から決別していったかを論じた。マルクス（1967）のことばによるならば，批判的調査法は，次のような意味において批判的である。

われわれは，世界を独断的に予言するのではなく，むしろ古きものごとへの批判を通じて新しい世界を発見することを望んでいる。すべての時代がここでの問題なのではない。いまこのときに行うべきことが，何よりも確かなのである。すべての現存する状況への容赦なき批判。権力との闘争を恐れないのと同様に，批判は，その結果を恐れないのである。　　　　　　　　　　　　　　　　[p. 212]

　ハーバーマスは，「自然科学的」な学習方法が知識の唯一の源泉だとみるマルクスの視点を完全には受け入れていない。ハーバーマスは，『認識と関心』(1972) という代表的な著作のなかで，知識，学習，人間的条件の間の関係性を理解するための方法を提示している。知識は，技術的知識・実践的知識・解放的知識の3つに分類されて表される。この例に関連してウェルトン (1993) は，「ハーバーマスの影響を受けた成人学習の哲学は，人間が，自然や他者や自己について学ぶ能力を秘めた，**唯物的**で**歴史的**な存在だという命題から始まる」(p. 83) と指摘している。しかし，人間生活の諸条件は，「多面的な可能性」を育む能力の獲得の妨げとなる。批判的省察 (critical reflectivity) は，われわれに，自分たちがかかえる文化的・心理的な前提をとらえ返させ，そうして，学習を通じてより解放された状態へと移行することを可能にするのである (Mezirow, 1991)。

　批判的調査法の一例として，カニンガム (Cunningham, P. M., 1998) は，変容的学習 (transformative learning) と社会運動に関して，心理学的観点に対抗して社会学的観点から考察をくわえている。成人学習の社会運動に対する関連性を議論するさいの批判的な要素は，「個人」の概念にある。彼女は，個人の概念を「伝記 (biography)」として説明している。つまり，「個人という概念は社会的に構築されている。すなわち，個人という概念は，彼女の暮らす社会の歴史や文化，社会的組織において文脈化されている」(pp. 15-16) ということである。カニンガムは，市民社会を構築し民主化することが成人教育の中心課題だとしている。なぜならそれは，成人の変容的学習と弁証法的に結びついた社会変革だからである。社会運動に関する議論は，資本主義と社会主義の差異に帰因するかのように思われる。しかし，労働者階級が（社会主義理念の中核にある）革命を先導しなかったことから，この考えはもはや過去のものではなかったかと議論されている。社会変革の有効性を測る近代的な基準は，「そうした運動を生み出している，影響力と白い肌をもった人びとの特権性への批判的

検証」(p. 21) にある。権力関係は，批判・検証される必要がある。カニンガムが例をとおして説明しているように，「平和は崇高な目標である。しかし戦争は，取り組まれねばならない国際的な権力関係の不均衡を生み出したのである」(p. 21)。

批判的調査とアクション・リサーチをためらいなく同じものだととらえたケミス (Kemmis, S., 1988) は，批判的教育調査が，「教育政策と実践における，文化と技術の周縁部分に位置している」と説明している。一方での自己覚醒 (self awareness) への要望と，他方での制度化への脅威とによって生み出される緊張状態が，批判的調査の立脚する弁証法を形づくっている。

批判的調査者は，認識論的・認知的・文化的・政治的という4つの異なった方向から，対立的なスタンスを想定している。認識論的な批判的調査の実践者は，経験主義と観念論，そして実証主義と解釈主義を拒絶する。これは，多くの社会的・教育的調査がその基盤としてきたほとんどのものの拒絶だともいえる。批判的方法の第二の軸である認知的な対立は，言語や文化や伝統をとおして解読され構成されている世界の解釈の認知とそれに対する闘争の形態をとる。このタイプの認知的対立は，調査者が人間の活動と社会的関係のなじみ深い理解の仕方を，いかに問題あるものとして扱うかによって示される。この方法は，人間的合理性，生産的活動に付随した価値観，社会的関係性の正当性といった現象に疑問を投げかける。

批判的調査の実践における第三の対立軸である文化的対立は，認知的対立と密接に関連している。それは，いかに文化が非合理性や不満足な生活スタイル，社会の不公正を維持しうるのかという可能性に焦点をあてようとしている。そして，社会の一部の構成員の利益を他の犠牲によって保持するために，ある文化内の特定の生活様式が，どれほど戦略的に体制化されているのかを明らかにするのである。

認知的・文化的批判が合わさって第四の軸，あるいは対立の意味合いから，政治的対立と呼ばれるものが形づくられる。批判的調査は，人間が，歴史の生産物であるとともに生産者でもあることを知ることによって，人びとが協働しうる条件を生み出す。ここでの人間は，「古きものへの批判をとおして新しい世界を発見する」ことを助け，新しい世界の実現に向けてともに行動する (Carr & Kemmis, 1986)。「このパターンの批判的調査の実施は，対立以上のも

のになる」とケミスは強調する。それは，人びとに可能態に向かう批判的感覚を目覚めさせ，かれらを行動に向けて組織化するような，ひとつの抵抗の形態となる。

次に掲げる，教育調査の代替的な視点の分類は，カーとケミス（Carr, W.& Kemmis, S., 1995）の研究にもとづくもので，批判的教育調査の方法論の要約的な説明とその他の調査形態との比較を示している（表7-1参照）。

カーとケミス（1995）によれば，批判的社会／教育科学を特徴づける5つの形式的要件がある。彼らは，教育調査や教育理論への適切なアプローチは，いずれも以下の要件を満たしていなければならないと強調している。

1. 実証主義的な意味での合理性と客観性と真理を拒否すること。
2. 教育のプロセスにおける，教師や他の参加者たちの解釈的カテゴリーを援用する必要性を受け入れること。このアプローチは，実践者の自己理解にもとづくべきものである。
3. イデオロギー的に偏った解釈とそうでない解釈とを区別する方法を提示し，そうした歪んだ自己理解を乗り越える方法の説明を示すこと。
4. 合理的な目標の追求を阻害する社会制度の諸側面を明確にして示すことに取り組み，またそうした阻害物を解消あるいは克服することに向けての意識を高揚させるために，実践者に対して理論的説明を示すこと。
5. 教育の理論と調査における実践的アプローチを行うこと。すなわち批判の実践は，つねに参加者が自分自身および自己の状況への見方の変革をめざさねばならないという意味である。そうすることで，かれらの目標達成の途上に立ちはだかる障害を確認したり克服したりできるようになる。

批判的調査法が用いられた研究の例としては，ウィルソン（1993）の成人教育分野におけるハンドブックの研究があげられる。この研究の目的は，この領域の専門領域化をめざす試みのなかで，大学の成人教育研究者（ハンドブックの執筆者）が，その知識の発展において，明らかに自然科学と結びついた分析にどれほど頼っているのかを明らかにすることであった。1930年代半ばからほぼ10年おきに刊行されたハンドブックの分析をとおして，ウィルソンは，その領域の研究者によって編纂されたハンドブックの内容が変化してきたという議

表7-1　教育調査の3つの形態

	実証主義 (経験主義的-分析的)	解釈的 (歴史的-解釈学的)	批判的
調査対象として想定されている，教育の特性	「現象」としての教育，知識分配システム（技術）としての学校教育	発展的プロセスとしての教育，「生きられた経験」としての学校教育	社会的プロジェクトとしての教育，社会的・文化的再生産と変革のための制度としての学校教育
調査方法	自然科学的，実験的，「定量的」	歴史—解釈的，「定性的」，エスノメソドロジー的，啓発的	批判的社会科学，解放的アクション・リサーチ
調査する知識の形態	客観的，法則志向的，因果関係の説明	主観的，意味論的，解釈的理解	弁証法的，批判的実践をめざした省察的理解
具体的な理論の形態の例	機能主義的心理学，構造-機能主義的社会学・人類学	心理学，社会学，人類学における構造主義	イデオロギー批判，協同する教師によるカリキュラムの批判的理論化
人間的関心	技術的	実践的	解放的
実践的目的および理性の形態	学校教育の「技術」の改善，道具的理性（方法，目的）	実践者の啓発，実践的な討議（判断力の涵養）	教育の合理的変革，批判的理性（たとえば，解放を志向する実践的理性）
人間性の理論	決定論的	人間主義的	歴史的-唯物論的
教育哲学	新古典的，職業的	リベラル・進歩主義的	社会批判的，民主主義的
教育的価値	「型にはめる」メタファー，一定の社会生活の形態への準備をする人間	「成長」のメタファー，社会生活の能力主義的形態内での，人間の自己実現	「エンパワメント」のメタファー，歴史のなかの活動をとおしての，社会生活の現存の形態を協同的に産出し変革する人間
教育改革への視点	調査，開発と普及活動，官僚制，企業経営	啓発された行動，リベラルな個人主義者，再構築主義者	論争的，共同社会主義的，協同的活動をとおしての再生産と変革

Kemmis, S. (1988, May 5-6). *Critical Theory*. Paper presented at the Critical Education Research Conference, Calgary, Canada.

論を展開した。彼の主張によると，1948年版から，アメリカの成人教育の制度的・プログラム的側面の参考資料を供給するという元々の趣旨から，その内容は離れていったのである。1948年版以降，科学的経験主義が，専門職領域の発展を統合そして統制する知識を産出するために，ツールとして活用されている。ウィルソンは，「専門領域化は，サービス経済において市場シェアを伸ばすという目的のために，実践家の専門的実践や訓練を標準化させるような，科学にもとづく知識の活用に依拠している」(p. 1) と述べている。

第4節　フェミニスト調査

　フェミニスト調査 (feminist research) もまた，人間的平等に焦点をあてた社会科学調査の一形態である。フェミニスト調査者は，アクション・リサーチ，参与的調査，批判的調査の方法論をしばしば援用する。だがラインハーツ (Reinharz, S., 1992) は，フェミニスト関連文献の包括的なレビューのなかで，フェミニスト調査は，「方法論のタイプによってではなく，調査が行われる目的，つまり女性の視点からみた現象の研究ということによって区別される必要がある」と指摘している。フェミニスト研究の背後にある目的は，男性によって展開されてきたのではない，新しい知的構成概念を発見し創造するところにある。

　歴史的にみて，フェミニスト調査は女性運動と緊密に結びついていた。平等をめざす女性の闘争のさまざまな段階において，フェミニスト調査は，社会的不平等に関する人びとの意識を高めるうえで重要な役割を果たしてきた。たとえば初期のフェミニスト調査は，学問の世界における性差別の発見から始まっている。このタイプの意識高揚は，フェミニスト調査の正統化とその目的の明確化に貢献した。

　さらに近年になってからは，フェミニスト調査者は，人種差別や同性愛者差別へのかかわりなど，人間の平等に関連するはば広い問題をも扱うようになってきた。フェミニスト調査は，本書の前章までで議論してきた調査アプローチの多くによって表すことができる。たとえば，実験法，エスノグラフィ，異文化理解，オーラル・ヒストリー，アクション・リサーチなどの方法は，フェミニスト調査者によって用いられている。

　フェミニスト調査者はまた，社会科学研究に対して独自の貢献を果たしてき

た。特定の女性集団に関する研究，たとえば上流階級の女性，農家の女性，ユニークな文化的背景を有する女性，女性研究者などの研究は，ほとんどの社会科学調査で先行研究のない，フェミニスト調査による独創的な貢献である (Glenn, 1986; Ostander, 1984; Simeone, 1987; Stall, 1985)。別の社会科学研究への独創的な貢献としては，たとえば女性がいかに家族の面倒を見，地域でいかに生活しているかなどの，女性が日常生活のなかで経験する特定の行動の研究があげられる。さらに，女性の個人的な省察から引き出された，「主体的自我 (subjective self)」に関する新しいタイプの情報の摘出は，オリジナルな社会科学調査の一例でもある。

　フェミニスト調査法がもつ他のユニークな特性としては，調査報告の仕方と，探求への学際的なアプローチがあげられる。たとえば，学術団体ではしばしば慣例的に，主要な調査者のみが調査研究の著者となるが，このタイプのある種の研究ではむしろ，調査の遂行に貢献した人びとの集団全体が著者となる。最終報告書をタイプした人を含め，調査にかかわったすべての人びとが，積極的な貢献者だとみなされる。複数著者による研究例としては，ボストン女性の健康本の会（1971, 1973, 1976)，コムビー川の会（1979)，そしてハル・ハウス (Hull-House) 居住者によって作成された『ハル・ハウスの概略と関連論文集』(Addams, 1981) があげられる。

　学際的アプローチと学術文献にはあまりみられない情報の組み込みもまた，社会科学調査への貢献である。フェミニスト調査者は，学術団体の境界線によって自分たちを囲い込んだりはしない。彼女らは，平等への闘争と関連する課題をよりうまく体現する記述語やメタファーの発明において創造的である。「herstory（女性の視点からみた歴史：history に対して）」「mother work（母親労働）」「animal queendom（動物の女王国）」そして「ミズ (Ms.)」は，フェミニスト研究者によって発明された用語である。調査のプロセスを「メカニズム」（男性的）というよりはむしろ「有機体 (organism)」（女性的）と記述し，調査プロセスを「レクリエーション」や「プレイ (play)」と再定義することは，いかに調査を行うフェミニストが研究領域を開拓してきたのかの比喩的な例である。

　成人向け高等教育の領域におけるフェミニスト理論の説明は，ティスデル (1995, 1998) によって示されている。彼女はまず，フェミニズムと成人学習と

の関連のくだりで、フェミニスト理論の2つのモデル（解放モデルとジェンダー・モデル）を提示する。フェミニズムの解放モデルは、ジェンダー、人種、階層、年齢などにもとづく権力関係と抑圧のシステムに焦点をあてる。一方、ジェンダー・モデルのフェミニスト調査者は、「養育者としての女性の社会化」の問題をより直接的に焦点化する (Tisdell, 1993a, pp. 96-97)。解放モデルは社会学的志向性をもつのに対し、ジェンダー・モデルは、フェミニズムの心理学的側面に焦点をあてる。そのうえで彼女は、第三のモデルを提示する。それは、彼女がポスト構造主義的フェミニスト教育学と呼ぶ、ジェンダー／心理学的モデルと解放／社会学的モデルとの合成物である (1995, 1998)。ポスト構造主義的あるいはポストモダンの視点では、確実性などは存在せず、真実は多元的 (contested) であり、多様性と差異が重要となる。ある人間の立場は、人種、ジェンダー、階層、性的指向などの多くの地位の交錯によって定義されるのである。

ティスデルは、高等教育の場における成人学習者にとって、このモデルが示すものを3点述べている。その第一は、女性には男性とは異なった学習ニーズがあるという、フェミニスト文献からの示唆である。第二は、社会文化的文脈と現存する権力関係の研究は、注目に値するという点である。そして第三は、「参加者・講師双方の、ジェンダー、人種、階層、性的指向などの多様な立場性が、学習環境にいかに影響や効果をもたらしているか」(1995, p. 75) を、ポスト構造主義教育学が考察しているという点である。ラザー (Lather, P., 1991) らによる、ポストモダン的フェミニストの視点からの文献では、立場性がいかにデータ収集、なかでも調査者と調査参加者との関係性に影響しているのかに大きな関心を寄せている。

成人高等教育のクラスにおける権力、特権、抑圧の連動システムに関するティスデル (1993b) 自身の調査研究は、解放モデルにもとづいている。2つの成人高等教育のクラスにおける集中的なケース・スタディで、彼女は、教授と学生とが社会の構造化された権力関係に対して、抵抗しつつ再生産をするさまざまなすじみちを明らかにした。

フェミニスト調査研究の文献のメタ帰納的分析において、ラインハーツ (1992) は、10個のテーマを明らかにした。現段階でのフェミニスト調査をテーマ別に記述するこの試みのなかで、次のような操作的なタイプの定義が示さ

れた。

1. フェミニズムは視点であって，調査方法ではない。
2. フェミニストは，多彩な調査方法を援用する。
3. フェミニスト調査は，非フェミニスト的学問への現在継続中の批判をも含む。
4. フェミニスト調査は，フェミニスト理論によって導かれる。
5. フェミニスト調査は，学際的だといえる。
6. フェミニスト調査は，社会変革をもたらすことをめざす。
7. フェミニスト調査は，人間の多様性を表現することをめざす。
8. フェミニスト調査はしばしば，一個の人間として調査者をみる。
9. フェミニスト調査はしばしば，研究対象の人びととの特別な関係性を発展させようと試みる。
10. フェミニスト調査はしばしば，読者との特別な関係を表明する (p. 240)。

第5節 要　約

　要約するならば，本章で議論してきた各調査デザインは，社会科学調査の従来型モードとは何らかの点で異なっている。それらは，成人の教育と訓練の概念や手法においてこれまで貢献してきた，従来的な探求のアプローチとはやや異なるものである。
　これらの従来型でない方法は，調査の妥当性がいかに理解されるかという点で，より伝統的なアプローチとは性格を異にするものである。人間的エンパワメントを企図した調査デザインでは，妥当性は，外的・内的な測定の規準のみによって判断されるのではなく，調査者と参加者が「知識探求」のプロセスに入り込むことによっても達成されるのである。アクション・リサーチ，参与的調査，批判的調査，そしてフェミニスト調査は，調査結果の直接的な影響によって特徴づけられる。ここで議論された方法の各々は，「実践的関心の知」の概念に貢献している。すなわち，調査参加者がかれら自身とかれらを取り巻く状況について，より深く理解することを手助けする知識である。

第7章参考文献

Addams, J. (1981). *Twenty Years at Hull-House (1910)*. New York: New American Library. (ジェーン・アダムス, 財団法人市川房枝記念会・縫田ゼミナール訳『ハル・ハウスの20年 = Twenty Years at Hull-House』市川房枝記念会, 1996年。)

Argyris, C. (1993). *Knowledge for Action : A Guide for Overcoming Barriers to Organizational Change*. San Francisco: Jossey-Bass.

Bogdan, R. C., & Biklen, S. K. (1997). *Qualitative Research for Education : An Introduction to Theory and Methods*. Boston: Allyn & Bacon.

Boston Women's Health Book Collective (1971, 1973, 1976). *Our Bodies, Ourselves : A Book by and for Women*. New York: Simon & Schuster. (ボストン女の健康の本集団, 「からだ・私たち自身」日本語版翻訳グループ訳『からだ・私たち自身』松香堂書店, 1988年。) (ボストン「女の健康の本」集団, 秋山洋子ほか訳編『女のからだ:性と愛の真実』合同出版, 1974年。)

Brooks, A., & Watkins, K. (Eds.) (1994). *The Emerging Power of Action Inquiry Technologies*. New Directions for Adult and Continuing Education, No. 63. San Francisco: Jossey-Bass.

Carr, W., & Kemmis, S. (1995). *Becoming Critical : Education, Knowledge and Action Research*. Taylor & Francis.

Cochran-Smith, M., & Lytle, S. L. (1993). *Inside/Outside : Teacher Research and Knowledge*. New York: Teachers College Press.

Combahee River Collective (1979). Why Did They Die? A Document of Black Feminism. *Radical America, 13* (6), 41-50.

Couto, R. A. (1986). Appalachian Explanations for America's New Poverty. *Forum for Applied Research and Public Policy, 2,* 101-110.

Couto, R. A. (1987). Participatory Research: Method and Critique. *Clinical Sociology Review, 5,* 83-90.

Cunningham, J. B. (1993). *Action Research and Organizational Development*. Westport, CT: Praeger.

Cunningham, P. M. (1998). The Social Dimension of Transformative Learning. *PAACE Journal of Lifelong Learning, 7,* 15-28.

Cunningham, P. M., Curry, R., & Hawkins, M. (1997). *Workplace Learning : A View from the Margins*. Adult Education Research Conference Proceedings. Stillwater, OK.

Freire, P. (1974). *Education for Critical Consciousness* (trans. Bigwood, L. &

Marshall, M.). New York: Seabury Press. (パウロ・フレイレ, 里見実訳『伝達か対話か:関係変革の教育学』亜紀書房, 1982年。)

Froiland, P. (1994). Action Learning: Taming Real Problems in Real Time. *Training 31*, (1), 27-34.

Garratt, B. (1991). The Power of Action Learning. In M. Pedler (Ed.), *Action Learning in Practice* (2nd ed.). Brookfield, VT: Gower.

Gaventa, J., & Horton, B. D. (1981). A Citizens' Research Project in Appalachia, USA. *Convergence, 14*, 30-42.

Glenn, E. (1986). *Issei, Nisei, War Bride : Three Generations of Japanese American Women in Domestic Service.* Philadelphia: Temple University Press.

Griffith, W. S., & Cristarella, M. C. (1979). Participatory Research: Should It Be a New Methodology for Adult Educators? In John Niemi (Ed.), *Viewpoints on Adult Education Research* (pp. 43-70). Columbus, OH: ERIC Clearinghouse on Adult, Career and Vocational Education.

Habermas, J. (1972). *Knowledge and Human Interests.* (trans. Shaporo, J. J.) Portsmouth, NH: Heinemann Educational Books. (ユルゲン・ハーバーマス, 奥山次良ほか訳『認識と関心』未来社, 1981年。)

Habermas, J. (1974). *Theory and Practice.* (trans. Veirtel, J.). London: Heineman. (ユルゲン・ハーバーマス, 細谷貞雄訳『理論と実践:社会哲学論集』未来社, 1991年。)

Hall, B. L. (1981). Participatory Research: An Approach for Change. *Convergence, 14* (3), 6-19.

Hall, B. L. (1984). Research, Commitment and Action: The Role of Participatory Research. *International Review of Education, 30*, 289-300.

Isaac, S., & Michael, W. B. (1981). *Handbook in Research and Evaluation* (2nd ed.) San Diego: EDITS Publishers.

Kassam, Y., & Mustafa, K. (1982). *Participatory Research : An Emerging Alternative Methodology in Social Science Research* (Series No. 2). Khanpur, New Delhi: Society for Participatory Research in Asia.

Kemmis, S., & Fitzclarence, L. (1986). *Curriculum Theorizing : Beyond Reproduction Theory.* Geelong, Victoria: Deakin University Press.

Kemmis, S. (1995). *The Action Research Planner.* State Mutual Book Periodical Service Limited.

Lather, P. (1991). *Getting Smart : Feminist Research and Pedagogy with/in the Postmodern.* New York: Routledge.

第7章 アクション・リサーチ,参与的調査,批判的調査,フェミニスト調査のデザイン　*161*

Lewin, K. (1947). Group Decision and Social Change. In T. M. Newcomb & E. L. Hartley (Eds.), *Reading in Social Psychology*. New York: Holt, Rinehart & Winston.

McTaggart, R. (1991). Principles for Participatory Research. *Adult Education Quarterly, 41* (3), 168-187.

Marx, K. (1967). *Writings of the Young Marx on Philosophy and Society*. (trans. eds., L. D. Easton & K. H. Guddat). New York: Anchor Books.

Mezirow, J. D. (1991). *Transformative Dimensions of Adult Learning*. San Francisco: Jossey-Bass.

Ostander, S. (1984). *Women of the Upper Class*. Philadelphia: Temple University Press.

Reason, P., & Rowan, J. (Eds.). (1981). Issues of Validity in New Paradigm Research. In P. Reason & J. Rowan (Eds.), *Human Inquiry : A Sourcebook of New Paradigm Research* (pp. 239-250). Chichester: John Wiley & Sons.

Reinharz, S. (1992). *Feminist Methods in Social Research*. New York: Oxford University Press.

Sanford, N. (1981). A Model for Action Research. In P. Reason & J. Rowan (Eds.), *Human Inquiry : A Sourcebook of New Paradigm Research* (pp. 173-182). Chichester: John Wiley & Sons.

Simeone, A. (1987). *Academic Women : Working towards Equality*. South Hadley, MA: Bergin & Garvey.

Stall, S. (1985, Spring). *What about the Non-Feminist ? The Possibilities for Women's Movement Coalition Building in Small-Town America*. Paper presented at the 35th Annual Meeting of the Society for the Study of Social Problems. Washington, DC.

Status Report on the Participatory Research Project International Meeting, (1977).

Tisdell, E. J. (1993a). Feminism and Adult Learning: Power, Pedagogy and Praxis. In S. B. Merriam (Ed.), *An Update on Adult Learning Theory* (pp. 91-103). New Directions for Adult and Continuing Education Series, No. 57. San Francisco: Jossey-Bass.

Tisdell, E. J. (1993b). Interlocking Systems of Power, Privilege, and Oppression in Adult Higher Education Classes. *Adult Education Quarterly, 43* (4), 203-226.

Tisdell, E. J. (1995). *Creating Inclusive Adult Learning Environments : Insights from Multicultural Education and Feminist Pedagogy.* Information Series No. 361. Columbus, Ohio: ERIC Clearinghouse on Adult, Career, and Vocational Education.

Tisdell, E. J. (1998). Poststructural Feminist Pedagogies: The Possibilities and Limitations of a Feminist Emancipatory Adult Learning Theory and Practice. *Adult Education Quarterly, 48* (3), 139-156.

Welton, M. R. (1993, Spring). The Contribution of Critical Theory to Our Understanding of Adult Learning. In S. B. Merriam (Ed.), *An Update on Adult Learning Theory* (pp. 81-90). New Directions for Adult and Continuing Education Series No. 57. San Francisco: Jossey-Bass.

Wilson, A. L. (1993). The Common Concern: Controlling the Professionalization of Adult Education. *Adult Education Quarterly, 44* (1), 1-16.

第8章
データ収集の手続きと技法

　データの収集は，調査者にとってときには興味深く刺激的ではあるが，同時に退屈でうんざりさせられることもある。したがって，調査を行うことの「報酬」がデータ収集それ自体であることはほとんどない。むしろ多くの場合，それは，収集の結果から得られるものである。調査を効果的に行うために求められる，ルーティーン化されときには単調な調査の諸段階は，新参の調査者やたまたまの調査結果利用者の関心をそぐものとなるかもしれない。しかし経験豊かな調査者は，退屈さを受け入れる。調査プロセスへの徹底した献身が，有意義な結果を生むためには必要だということを知っているからである。調査実施のプロセスとは，単純にいえば，調査上の問いに最もうまく答える手段を，意図的に選択して用いることである。調査を行うための技法（techniques）と手続き（procedures）とは，調査者にとっては，彫刻家にとっての鑿と槌，名演奏家にとってのすぐれた楽器のようなものである。それらを注意深く着実に用いることで，現実世界の新たな姿を見いだすのである。

　データ収集のために選択された技法や手続きは，特定の調査方法論から導かれる。その研究が重視すること（合理的／経験的，直観的，歴史的，哲学的など）に応じて，適切な手続きと技法とが調査の計画のなかで融合する。その研究が演繹的な仮説検証のために計画されているならば，たとえば，質問紙法や観察などの合理的で経験的な技法が用いられるだろう。あるいは，研究が歴史的な性格のものであるならば，内容分析を用いた文献の内的・外的な批評が最もふさわしいであろう。

　本章での議論との関連では，**手続き**という語が意味するのは，データを収集する一般的なやり方を記述するステップあるいは活動である。たとえば，調査参加者に対してある経験の前と後に質問をすることは，データ収集の一般的な手続きである。一方，**技法**が意味するのは，データを記録するための特定の仕掛けまたは方法であり，たとえばインタビュー，検査法，投影法などが含まれる。

第1節　調査データの性格

　調査者が収集したデータ（事実，印象，意見，感情）は，体系的に結論に到達するために，研究対象の現象と関係づけられる。調査データとは定義しづらいことばである。駆け出しの調査者にとっては，調査上の問いへの答えと同様のものだと思えるかもしれない。実際には，調査からの答えは，データの比較からもたらされる。こうした比較なしにはデータは意味をもたず，調査上の問いへの答えを単独で提供することもできないのである。

　研究対象の現象のサンプルとして収集されるデータは，その現象の一部である行動，認識，事象を正確に代表するように選ばれる。調査者の課題は，多くのデータのなかから現象を代表するものを抽出し，正確で意味のある結論を形づくるところにある。多くの調査研究において，調査者は，収集できるデータ総量の制約を受ける。この制約は，データ入手の困難さや単に絶対量の大きさによるものであり，それゆえ関連するデータすべてを収集することは非現実的である。したがって，調査のデザインと実施において調査者が下すべき判断のひとつは，「そのデータが現象をどのていど正確に代表しているのか？」という，妥当性についてである。さらに調査者が認識しておかねばならないのは，調査データのサンプルが，あくまで研究対象の現象の推定物にすぎず，ある意味で，完全に正確ではありえないということである。体系的に収集されたデータでさえ，全体像の部分的な姿を提供するだけなのだ。

　調査対象の全体像のより正確な推定のためには，ある種の測定手続きが必要となる。**データ収集のための技法と，そのデータを用いる一連のルール**である。どんな測定の手続きもその目的は，たずねられる調査上の問いに関連した信頼しうる証拠を提供するところにある。たとえば，大都市スラム街の若者の，地域で提供される訓練プログラムへの態度を知ろうとするならば，得点化できるある種の態度尺度を用いるだろう。この得点を用いることで，「反対」から「賛成」までの連続体上に個人の回答を位置づけて比較することができる。この技法は，データ収集のやり方だけでなく，その利用の手引きをも提供する。ある個人を，目盛り上の位置によって他者と比較することができるのである。また同種のデータを収集する別のやり方が，非構造化インタビュー（unstructured interview) である。訓練プログラムへの態度に関する一般的な質問を，その同じ若者にたずねることができるだろう。しかし，コード化のシステム，すなわちデータ活用のための一連のルールが，調査参加者の肯定的／否定的態度の程度を推定するために必要となる。

これら2つの技法のいずれを用いるかの選択は，調査される問題の内容，その若者たちの特徴，調査環境の条件をふまえる必要がある。そこでは，次のような計画上の問いが問われるだろう。その態度尺度をサンプル集団に対して用いることは妥当なのか？ それは，どれだけやすく活用できるのか？ その集団をもとにした基準（norms）は，比較可能なものなのか？ これらすべての問いが，その尺度を用いる／用いないを決定するうえで考慮されねばならない。調査参加者が用紙への記入に不安をいだいているならば，あるいは調査者が，すべてのデータが必要なのかどうかに自信をもてないのならば，非構造化インタビューがより有効であろう。

数値得点としてコード化され，代表値化されたデータは，ふつう**量的**（quantitative）または**統計的**（statistical）データと呼ばれる。統計的なかたちに変換しにくいデータは，**質的**（qualitative）データと呼ばれる。先の例では，態度尺度による得点は量的データであり，非構造化インタビューは質的データを生み出す。いずれのタイプのデータも，成人への教育と訓練に関する体系的な探求のプロセスで有用となる。

調査者がデータ収集を行う主要な方法には，次の3つがある。サーベイ（survey）によってたずねること，観察すること，検査（テスト）をすることである。それぞれの手法では，さまざまな調査技法の選択も必要となる。データ収集に用いる技法の選択は，すでに選択された調査法のタイプと，調査対象の現象を取り巻く状況に依拠している。データ収集の主要な技法については，以下のところで論じていく。

第2節 サーベイ調査の貢献

数多くの調査方法が，成人の教育と訓練の研究のために効果的に用いられている。なかでも記述的な調査は，この領域の初期の発展に大きく寄与してきた。成人教育領域の最初の主なサーベイ調査は，1851年にイングランドで実施され

た（Hudson, 1969）。それ以来，成人の学習参加を研究するために，いくつかの大規模な調査が実施されてきた（Boshier & Collins, 1985; Dimmock, 1985; Johnstone & Rivera, 1965; Tough, 1979, 1982など）。なぜ成人が教育に参加するのかという関心が，記述的サーベイ調査をたえず生み出す源となっているのであろう。

　ディッキンソンとブラント（Dickinson, G.& Blunt, A., 1980）は，20年の間（1950～1970年）に（雑誌）『成人教育』に掲載された調査報告の86％が，サーベイ法を研究の基礎として用いていたと指摘した。また，大学院生の調査研究についてのレビューは，サーベイ法のはば広い活用を明らかにした（Grabowski, 1980）。この領域の将来的な動向を占うなかで，ディッキンソンとブラント（1980）は，発展しつづける社会的実践の学問（＝成人教育）へのたえざるニーズのおかげで，サーベイ調査は，ひきつづき調査実施の主要な手段でありつづけるだろうとみている。

第3節　サーベイ調査

　あらゆるデータ収集の技法が調査者の前に開かれているとき，記述式であれ口述式であれ，サーベイ調査は最も広く用いられている。**サーベイ**という用語が意味するのは，情報を引き出す方策として質問法（questioning）を用いる技法の総称だということである。記述形式のサーベイは，質問紙（アンケート）調査と呼ばれる。口頭で行われるサーベイはインタビューである。これらは情報を得るうえで似たような目的をもつものの，調査者にとって，それぞれに独自の利点がある。

質問紙の構成と活用

　質問紙のデザインは，調査する問題が示す目的によって異なってくる。一般に，質問紙調査には2つのタイプがある。オープンな質問紙（open questionnaire）とクローズド（または選択強制的）な質問紙（closed questionnaire）である。オープンな質問紙には，回答の自由度が大きい項目が含まれる。一方クローズドな質問紙では，回答者は，示された選択肢のどれかひとつを選ぶことが求められる。クローズドな質問紙への回答は，分析がより容易である。というのは，データ集計に先立って，そのデータが基本的にカテゴリー分けされてい

るからである。クローズドな質問紙の項目が表すのは，研究の焦点となる調査現象を取り巻く要因である。調査者は予測される選択肢を作成し，調査参加者が，質問紙に示された情報や態度などのなかから単に選択すればよいようにする。したがって，データ収集後の分析と統計処理は，調査者にとってやりやすいものとなる。

以下に示すのは，クローズドな質問紙にて用いられるいくつかの項目例である。

【例1】　ベンクス社で提供される人的能力開発（HRD）訓練プログラムは，メトロシティ地区のメンバーにとって，次のどの点で役立っていますか？
　a．より多くの仕事を提供する。
　b．メンバーに，産業界における立場に気づかせる。
　c．特定の応用可能な仕事上の技能を教える。
　d．地区の教育レベルを高める。

【例2】　ポールソン・コミュニティ・カレッジにおいて，学生が大学入学資格検定（General Education Development＝GED）試験準備のプログラムで用いられている方法は？
　a．すべての参加者のニーズに効果的に応えている。
　b．多くの参加者のニーズに応えている。
　c．少しの参加者のニーズに応えている。
　d．参加者のニーズには応えていない。

より構造化されていないオープン・エンドの質問紙は，質問紙への回答後に，コード化とカテゴリー作成のための時間が必要となる。調査者が適切な回答を事前に想定していないため，多様な回答が，分析とカテゴリーの設定に，より多くの作業を必要とさせる。たとえば，次のような質問紙への回答などがそうである。

【例3】　あなたは，ベンクス社の人的能力開発プログラムの効果について，どのような意見をおもちですか？

【例4】 あなたは，ポールソン・コミュニティ・カレッジでの，GED試験準備プログラムの効果について，どのような意見をおもちですか？

　クローズドな形式のもうひとつの利点は，調査者が，その現象と関連する適切な思考の回路へと参加者を導くことができるという点である。他方，オープン・エンドの質問紙には，よりはば広い可能性のなかから参加者の回答を引き出せるという利点があり，結果として得られる情報が，調査者の予期しなかったものとなることもある。オープン・エンドの質問紙はまた，調査参加者のなかの特定の人びとに対して，不安や困惑を感じさせることが少ない。たとえば，低学歴の人や異文化の人，読み書きがあまりできない人などである。
　一般的には，調査する問題が許せば，質問紙は，クローズドな形式で設計するほうが望ましい。しかし，調査者がクローズドな質問紙への適切な項目を決められなければ，オープンな質問紙が役立つだろう。オープンな質問紙に対する回答は，調査者がのちに，より焦点をしぼったクローズドな質問紙を作成するさいの助けとなろう。どちらを作成する場合でも，経験と実践を重ねれば，よりたやすくなっていくだろう。カーリンガー（1986）は，以下のような，質問紙作成のガイドラインを示している。

1．質問は，調査上の問題や目的に関連しているか？
2．質問のタイプは適切か？
3．質問項目は，明確でわかりやすいか？
4．質問は，誘導的になっていないか？
5．回答者が持ち合わせていない知識や情報を求める質問になっていないか？
6．回答者が抵抗を示すような，個人的あるいはデリケートな内容の質問になっていないか？
7．質問は，社会的に望ましい内容であるか？　　　　　［pp. 444-445］

　質問紙を作成する基礎的な規準（焦点，明瞭さ，適切な選択肢の提供など）とともに，調査参加者の一般的な社会経済的・文化的背景を知っておくことは重要である。

ボーグら（Borg, W. R., et al., 1993）は，クローズドな質問紙の評価のために，以下のような問いかけをしている。

1. 質問紙のプリテストを行なったか？
2. 質問紙には，誘導質問が含まれていないか？
3. 質問紙には，回答者を心理的に不安がらせる質問は含まれていないか？
4. 質問紙の配布対象者は，必要な情報をもっていそうか？
5. 対象者の何％が質問紙に回答したのか？
6. 非回答者に接触するためには，どんなステップをふむのか？ そして，その場合の最終的な回答数はどのくらいになるのか？　　［pp. 112-113］

ここにあげたすべての質問は，質問紙の妥当性と，最終的にはそれを用いて収集されたデータの信頼性を反映している。質問紙のプリテストは，データ収集後に起こりうる問題にうまく対処する手助けとなる。また，誘導的または不安がらせる質問項目について事前に点検しておくことは，調査結果内のバイアスや信頼性の低さを抑えることにつながろう。

郵送法にて質問紙を配布する調査者は，また別の問題に直面する。大量の郵送は，ときには少ない回収数となることがある。回収率の低さは，調査者がサンプルの代表性を確信する度合いに影響する。回収率は60％以上であれば問題ないだろうが，75％以上あることが望ましい。上手に組み立てられ，プリテストを済ませた質問紙は，調査参加者からの十分な回収数を得ることにつながろう。

質問紙が自記式であるため，うまく組み立てられた質問紙にはいつも，正確でくわしい注意事項が記されてある。質問紙の外見やサイズは，読みやすさやわかりやすさに関係する。質問項目の順序も，調査者が考慮すべきまた別の要因である。質問紙の項目は，ふつう次の順序で構成される。冒頭の項目では，回答者を識別することに焦点があてられる。続く項目では，デモグラフィックな情報が，そしてそのあとで，調査内容にかかわる質問が焦点化される。図8-1（Hauser, 1980）は，よく練られた質問紙の部分例である。

職業能力開発に関する調査

　以下の設問は，継続的職業能力開発の指導者のニーズに関する情報を得るために組まれたものです。こうした情報は，職業プログラムをデザインするうえで役立ちます。

　以下の各々の質問にお答えください。そして同封の封筒に入れて，この調査票を返却してください。専門的な見地からのご協力に感謝いたします。

1. 年齢：__ 21～32歳　__ 33～44歳　__ 45～56歳　__ 57歳以上
2. 性別：__ 男性　__ 女性
3. 職業訓練にたずさわっている年数
   __ 4年以下　__ 5～10年　__ 11～24年　__ 25年以上
4. あなたの最終学歴をお答えください。
   __ 高等学校　　　　　__ 学士と修士課程在籍
   __ 準学士　　　　　　__ 修士またはそれと同等の学歴
   __ 大学，学位なし　　__ 修士と博士課程在籍
   __ 学士　　　　　　　__ 博士
5. これまでの学位における専攻領域をお書きください。
   準学士：＿＿＿＿＿＿＿＿＿＿＿＿＿＿＿＿＿＿＿＿＿＿＿
   学士　：＿＿＿＿＿＿＿＿＿＿＿＿＿＿＿＿＿＿＿＿＿＿＿
   修士　：＿＿＿＿＿＿＿＿＿＿＿＿＿＿＿＿＿＿＿＿＿＿＿
   博士　：＿＿＿＿＿＿＿＿＿＿＿＿＿＿＿＿＿＿＿＿＿＿＿
6. 職業能力開発のために，あなたは，週に何時間を割くと考えていますか（専門雑誌を読む，教室・セミナー・ワークショップ・学習グループへの参加など）？
   __ 0時間　__ 1～5時間　__ 6～10時間　__ 10時間をこえる
7. 過去2年間において，あなたが受けてこられた職業能力開発支援について，あてはまるものすべてにチェックを入れてください。
   __ 単科大学または総合大学　__ 職場内教育プログラム（内部職員による）
   __ コミュニティ・カレッジ　__ 職場内教育プログラム（外部コンサルタントによる）
   __ 専門織団体　　　　　　　その他＿＿＿＿＿＿＿＿＿＿＿＿＿＿＿＿
8. 以下の役割の各々に，あなたが割く時間の割合をお教えください。たとえば，20％，30％，50％などのように。
   __ 学習内容の専門家　__ 運営者　__ コンサルタント

図8-1　質問紙のサンプル

職業能力開発におけるニーズの診断

　あなたは，新たなもしくはさらなる職業能力開発へのニーズを感じているのではないでしょうか。おそらくある分野でのあなたのニーズは，他の分野のそれよりも高いでしょう。以下のリストに掲げた１つひとつの能力について，さらなる職業能力開発へのあなたのニーズのレベルをお答えください。あなたのニーズに最もあてはまる数字に，〇をつけてください。

		ニーズのレベル				
	高い ニーズ					ニーズなし
1．指導教材の開発―シナリオ，図版などの指導用教材	5	4	3	2	1	0
2．適切な訓練アプローチの決定―選択肢としての民間または職場内での訓練の評価	5	4	3	2	1	0
3．ニーズの分析と診断―ツールの開発と管理，データの分析と解釈	5	4	3	2	1	0
4．集団と組織の育成―ロールプレイ，シミュレーションなどのチーム形成の技法の適用	5	4	3	2	1	0
5．職務関連訓練―職務要件と職務遂行上の問題の分析，およびそのためのプログラム	5	4	3	2	1	0
6．教室における訓練の実施―講義，討議の運営，設備の活用，評価など	5	4	3	2	1	0
7．個人の能力開発の計画とカウンセリング―キャリア，能力開発へのニーズ，計画，プログラム	5	4	3	2	1	0
8．内部資源の運営―指導者層の確保，訓練，監督，評価	5	4	3	2	1	0

図8-1　質問紙のサンプル（つづき）

9. 職業的自己開発—セミナーや会議への出席，訓練の実践・概念・理論の現代的水準の維持	5	4	3	2	1	0
10. 訓練に関する調査—報告されたデータを解釈し，将来の動向に影響をあたえる研究のデザインと実施	5	4	3	2	1	0
11. 管理者との仕事上の関係の維持—良好な関係の確立と維持，すぐれた点の説明	5	4	3	2	1	0
12. プログラムのデザインと開発—内容のデザイン，方法の選択，教材の開発，評価など	5	4	3	2	1	0
13. 訓練と能力開発の職務の管理—予算，計画，組織化，職員，指導，統制	5	4	3	2	1	0
14. 外部資源の管理—外部指導者，教材，プログラム実施業務，コンサルタントなど	5	4	3	2	1	0

図8-1　質問紙のサンプル（つづき）

　それぞれの項目は，調査対象の現象に対応した要因と関連していなければならない。いかに興味を惹くことであっても，瑣末なあるいは無関係の質問は避けるべきである。ウィーアズマ（Wiersma, W., 1986）が示した，質問紙の妥当性を低める問題には，以下のものがある。

1．無記入の回答が非常に多い。
2．項目の構造化や組織化が不十分である。
3．回答者が誠実に回答していない。
4．質問が些細な情報ばかり扱っている。
5．異なった質問からのデータをまとめ上げることがむずかしい。[p. 186]

インタビューの利用

　インタビューは，サーベイ・データの収集において，質問紙調査によっては得られない，新たな次元を提供してくれる。すなわち，調査参加者との対面的

な出会いを可能にするのである。質問紙調査と同様インタビューにも，構造化された（structured）ものと構造化されていない（unstructured）ものの，2つの主要な形態がある。構造化された形態のインタビューを用いる調査者は，質問紙調査以上に，質問の計画の範囲を広げることができるという利点を有する。明確化・言い換え・説明のいずれもを，参加者から回答を引き出すさいに用いることができる。一方，非構造化インタビューを用いるとき，調査者は基本的には，調査の道具そのものとなる。非構造化インタビューは，調査者を，ただ調査すべき領域のなかに導くだけなのである。しかしながら，調査結果の妥当性は，インタビューの形態よりはむしろ，調査者のインタビュー技能に依るところが大きい。調査において適切な情報を引き出せるかどうかは，インタビューア自身にかかっているのである。

構造化の度合いが大きいほど，順次行われるインタビュー間の一貫性は高まる。たとえば，多数の人にインタビューする場合には，あとでデータを比較できるように，高度に構造化された形態や計画が必要となる。一方，非構造化インタビューのひとつの目的は，探求されうるすべての情報の可能性を探るところにある。このタイプのインタビューは，別のときに他の技法を用いて研究されうる重要な情報の領域を，明確化したりさし示したりする助けとなる。

インタビューはしばしば，探求すべきトピックが複雑で情緒的な内容を含む場合に役立つ。インタビューはまた，観察の機会が限られているときにも有用である。調査参加者個々人の特徴を観察しつつ，その意見や事実を収集することは，観察されたデータに新たな次元を提供してくれる。

記録化（documentation）の方法を選択することも，計画の重要な部分である。データの記録は，筆記またはテープレコーダーやビデオのような機器によって行うことができる。可能ならば，機器を用いたインタビュー記録のほうが望ましい。筆記による記録は情報を取り逃がすおそれがあり，それゆえ，インタビュー結果の妥当性も低下するからである。一方，調査参加者のなかには，記録装置に対して過敏になる者もおり，その人たちが，抵抗したり，誠実に答えなかったり，回答を拒否したりさえするかもしれない。

調査参加者との直接的交流は，インタビュー技法のひとつの特徴ではあるが，これには利点と問題点とがある。技法の順応性の広さは，インタビュー法の主な利点である。「よく訓練されたインタビューアは，相手の応答を十分に活用

しつつインタビュー状況を変えていくことができる。即時的な対応（フィードバック）ができない質問紙調査とは対照的に，インタビューでは，調査者がインタビュー中に現れた手がかりをさらに追跡することができ，それゆえ，より多くのデータを得ることや，よりいっそうの明確化が可能となる」(Borg et al., 1993, pp. 113-114)。インタビュー技法はまた，他の技法よりも深く調べることができる。相手をうまく励まし，良好な関係（rapport）を築くことで，調査者は，他の方法では調査参加者が提供しなかったような情報を得ることができる。

このインタビュー技法の活用の例として，フォーカス・グループ・インタビュー（focus group interview）がある（Lederman, 1990）。この技法は，特定の状況や現象を研究するために，深層的または質的なデータが必要なときに役に立つ。フォーカス・グループの参加者は，調査対象の特定領域における関心や専門的知識を理由に選ばれる。フォーカス・グループは，ある母集団全般の代表性というよりはむしろ，ある特定の話題を焦点化した有意サンプルとして選ばれる（Patton, 1990）。フォーカス・グループ・インタビューの概念は，次のようなセラピー的な考え方に基礎をおいている。すなわち人びとは，あるひとつの問題や現象を軸とした同質的な集団の安心感のもとでは，より伸び伸びと応答しあうだろうというものである。

インタビューアは，妥当性と信頼性のあるデータを収集するだけの，技能と知識を有していなければならない。そこでは，適切な量の訓練が必要となる。とくに，収集すべきデータの複雑さと感受性に関する訓練が必要となる。非構造化インタビューを行う者に対してはふつう，さらなる訓練が必要となる。フォーカス・グループ・インタビューを行う調査者は，対個人のインタビューを行う者が必要とするものとはやや異なる技能が求められるがゆえに，集団力学にふれているべきである。インタビューは，ロールプレイ，ピア・レビュー，ビデオテープの活用，熟練したインタビューアの観察などをとおして学ぶことができる。しかしながら，技能は，実践とその成果へのフィードバックによってのみもたらされる（Sommer & Sommer, 1986）。

インタビューは，インタビューの受け手を引きつけて良い応答を得るために，簡単で興味深い質問から始める。もしインタビューが下位トピックを含むならば，各々のテーマやトピックは，簡単なものからより複雑なものへと移行していくとよい。質問は論理的な流れのなかで提示され，十分にかつゆっくりとた

ずねられる。質問の意図は，インタビューの受け手に対して，十分に明らかにされねばならない。また，インタビューの受け手の思考の回路を妨げないよう注意せねばならない。インタビューアは，回答を理解してから次の質問に移らねばならない。このような回答になるだろうと決めてかかるのではなく，インタビューの受け手が主体的に回答するようにすること。質的インタビューの基本的原則は，パットン（1990）が強調するように，回答者が，自分自身の理解を自分のことばで表現できる枠組みを提供するところにある。

　これまでの技法に関する議論から，サーベイによって，すべての関連する調査データを収集できるわけではないことがわかるだろう。他の手続きと技法が，質問紙調査やインタビューの補完または代替として必要だといえる。次節では，データ収集のもうひとつの主な方法である観察（observation）についてみていく。

第4節　観　察

　事象や人びとの行動をながめることは，調査参加者がインタビューや質問紙調査への応答として提供する情報と同タイプのものを得るための，単なる代替法ではない。観察データは，典型的な行動の状況に直接かかわっている。つまり，活動中の人びとが観察されるのである。調査参加者は往々にして自身の行動に気づいていないため，過去のことを想起したり物語ったりしてもらうことは，その行動の直接的観察ほどには生産的ではない。たとえば，さまざまな文化集団を観察する社会科学者がしばしば記録する事実は，調査者にとって集団内で最良の情報提供者でも，けっして報告しないようなことなのである（Kidder & Judd, 1986）。

　観察にはいくつかの目的がある。観察は，構造化の程度が高いものから低いものまではばをもたせられるため，非常に柔軟な運用が可能となる。たとえば探索的な研究においては，観察の技法は構造化されていないものとなるだろう。ここでは調査者は，調査にかかわる集団の活動に参加しながら観察する。一方，調査のデザインが事象の比較を必要とする場合には，体系的な評定尺度がしばしば用いられる。評定尺度を用いることで調査者は，事象の観察を行うと同時に，たとえば協同的学習行動といったある特性を，個人または集団がどのてい

ど発揮したのかを診断することができる。これによって比較と分析が容易になるのである。

観察の技法は、調査への参加者が、記述や口頭では答えられない（あるいは答えようとしない）場合に有効である。回答者に身体的な障害があったり、言語運用に限界があったり、調査や検査に対して過度に敏感であったりする場合に、調査者は、必要なデータを収集するために観察を行うことになる。

観察法を用いる場合、2つの問題が考えられる。調査者がサンプルにしたい事象の予測不可能性と、観察の「現在」志向性である。調査者が観察すべき関連事象のすべてを予測することは困難であるため、調査者は観察を通じて、すべての必要なデータを収集できないかもしれない。たとえば、人びとの群れが実質的な集団になる時点を観察するために、数か月にわたってある集団の活動を追いつづけることは、現実的だとはいえないだろう。また、観察の技法は、現在のことだけしかサンプルにすることができない。たとえばある個人の人生の物語は、観察することができないのである。

観察の計画

観察の技法のタイプを調査上の問題にふさわしいように計画するとき、調査者は、以下のような問いを自問するだろう。

1. 何を観察すべきなのか？
2. 観察したものをどのように記録すべきか？
3. 観察の正確さを保証しようとするために、いかなる手続きを用いるべきか？
4. 観察者と被観察者との間には、どのような関係性が保たれるべきか？またそうした関係性は、いかにして確立されるのか？

正確さは、この技法を効果的に用いるためのキーとなる。偶発的な観察者が体系的な観察者になっていくためには、特別な訓練が必要である。偶発的な観察の気まぐれな性格が、観察者の目に止まったどんな刺激や衝動的な動機に対しても反応してしまうのであれば、この訓練はこのうえなく重要だといえる。訓練をとおして観察者は、他の観察者が同じ現象を正確に描こうとするのと同

様なほどに,均質性の向上に努めるのである。

　構造化された観察技法を用いる場合,観察者は通常,独立変数の従属変数に対する関係を探る。独立変数とは,成人の指導における教授方法,あるいは,学習プロジェクトにたずさわる学習者の行動といったものであろう。いずれの例においても,独立変数は観察が可能となるようなかたちで定義される。教授方法を観察する場合であれば,その具体的な行動を表すことばで方法が描写される必要がある。観察されるべき事象が正確に描写されたあとではじめて,観察の技法は,データ収集の有用な手段となるのである。カーリンガー(1986)によると,構造化された観察では,「観察者の根本的な課題は,行動をカテゴリーに割り振ることである」(p. 489)。

　構造化された観察を計画する調査者は,「分子的アプローチ (molecular approach)」と「全体的アプローチ (molar approach)」のバランスに,主に関心を向ける (Kerlinger, 1986, p. 490)。つまり,「観察の信頼性が十分保証されるくらいに行動の単位を小さくとる方法(分子的)」と,「行動の単位を小さくしすぎずにし,人間活動の文脈での類似性が損なわれないようにする方法(全体的)」のいずれを選択するのかということである。たとえば,観察の分子的アプローチでは,ことばのやりとりは単語や語句に分解される。これに対して全体的アプローチを採る観察者は,まず最初に変数を大まかに定義し,それから,そのひとつのカテゴリーに収まるいくつかの行動を明らかにする作業へと進んでいく。全体的アプローチの観察者は,「自身の経験,知識,観察している活動の意味の解釈が頼りとなる。分子的アプローチを採る観察者は,……自身の経験や解釈を,観察の描写の外へ追い出すように努める。彼が記録するのは見たことだけであり,それ以上ではない」(p. 490)。観察ではさまざまな評定尺度が用いられる。たとえばチェックリスト,強制選択尺度,カテゴリーや数値やグラフによる評定尺度などである。各々は,形態がいくぶん異なっている。たとえばチェックリストは,観察のさいの指針として用いられるものであり,その事象のなかで観察される可能性のある行動をリスト化しただけのものである。観察者は,実際に見ることができた項目にチェックを入れるのである。

　以下に示すのは,成人学習グループ内での相互作用を観察するために用いられる,ランダムに配列されたチェックリストの例である。

___ 協同的
___ 共感的
___ 無関心な
___ 目標志向的
___ 気の合った
___ 敵対的

　観察者は，観察期間中にグループにあてはまる項目があれば，それらすべてにチェックを入れる。
　一方，強制選択尺度では，限られた数の選択肢（通常 4 個から 6 個）が示され，観察者は，そのどれか 1 つのみを選択することになる。学習グループ内の相互作用を観察するという，上記と同じ目的で同じ項目を用いた強制選択尺度は，以下のように配列されるだろう。

___ 協同的
___ 目標志向的
___ 共感的
___ 気の合った
___ 無関心な
___ 敵対的

　この場合，観察者は，その集団を最も的確に表す 1 つの選択肢のみを選ぶことになる。この尺度における項目は，下から上にかけて，集団のポジティブな相互作用の度合いが増加するように並べ替えを行なっている（「協同的」が最もポジティブであり，「敵対的」が最もネガティブである）。
　カテゴリー尺度，数値尺度，グラフ尺度は，連続体（continuum）上または序列化されたカテゴリー群として配列される。そこでは，以下のように，各々の項目が数値で価値づけされている。

敵対的	無関心な	気の合った	共感的	目標志向的	協同的
1	2	3	4	5	6

観察者は、観察したことに最もふさわしい直線上の箇所にチェックを入れることで、集団を評定する。尺度上の選択肢は、個人または集団がある特性を有する程度を表している。この成人学習グループの場合では、観察される特性は集団の凝集性（cohesiveness）である。利用可能な観察尺度のなかで、グラフ尺度は、最も簡単に利用できるので、それゆえ頻繁に用いられている。

妥当性の問題は、評定尺度の利用においても存在する。評定者が犯しやすいのが「ハロー（後光）効果（halo effect）」による過誤である。これは、評定される個人が醸す全般的な好印象のために、特定の特徴が見過ごされることをさす。アリィ、ヤコブズとラザヴィッチ（Ary, D., Jacobs, L. C.& Razavich, A., 1995）によると、評定判断におけるその他の誤差としては、寛大化誤差（generosity errors）（評定者がその情報にくわしくない場合、被評定者に有利に評定すること）、厳格化誤差（severity errors）（すべてのカテゴリーで非常に低く評定すること）、中心化傾向による誤差（errors of central tendency）（極端な評定を避け、すべての個人を尺度の中央部で評定すること）がある。くり返しになるが、評定者の訓練は誤差を減らし、最終的には信頼性を高めるために重要である。信頼性を高めるためのもうひとつのやり方が、複数の評定者を活用することである。評定者の数が増えるほど、信頼性も高まる。

次のところでは、構造化された観察の特定のタイプである、内容または文献分析に注目していく。

内容分析

内容分析（content analysis）は、コミュニケーションの体系的な分析法である。視聴覚あるいは文書形態のいずれをも含む。ホルスティ（Holsti, O., 1968）の定義によると、それは、「客観的かつ体系的にメッセージのある種の特徴を識別することによって、推論を行なっていく技法の総称」（p. 14）をさす。これらのメッセージの形態については、「教科書、論文、新聞、小説、雑誌記事、料理本、歌、政治演説、広告、写真―じっさい、ほとんどあらゆるタイプのコミュニケーションの内容が分析できる」（Fraenkel & Wallen, 1996, p. 405）。

量的と質的の両方のアプローチが内容分析において用いられる。量的な技法が用いられるのは、資料のなかで何が強調されているかを判定し定量化するためであり、たとえば、プロパガンダ、性差別、人種差別の出現率をみるという

ものなどである。定量的な内容分析では，まず最初に関心対象の概念と分析の単位を設定する。つまり，何について知ることに関心があり，そのためにどの部分を見ようとするのかということである。新聞記事？　写真？　教科書？次に，「そのコミュニケーションにおいて，それぞれのカテゴリーにあてはまる単位の数を慎重に数えるのである」（Fraenkel & Wallen, 1996, p. 407）。

　この技法は，質的な目的のために用いることもできる。質的なアプローチにおいては，概念のカテゴリーを事前に確定させない。むしろ，コミュニケーションの出所のほうがデータベースとして用いられ，そこからカテゴリーが帰納的に生成されるのである。質的な内容分析の一例としては，ハイエスとスミス（Hayes, E. R., & Smith, L., 1994）による研究がある。これは，成人教育における主要な学術雑誌のなかで，女性がどのように描写されてきたかを判定するものである。彼女らは，5つの主要な観点（perspectives）を帰納的に引き出している。それらは，学習者としての女性，不完全な存在としての女性，新しい社会的役割に応じる女性，周縁化された存在としての女性，協同的学習者としての女性の5つである。

　内容分析は，コミュニケーション言語の研究にも用いることができる。言語パターンの内容を研究する場合，その技法は，**会話分析**（discourse analysis）と呼ばれるだろう（Renkema, 1993）。会話分析においては，分析の単位は，ある単語のような特定の何かに焦点をあてることもできれば，スピーチのスタイルや，会話の場などの文脈的要因をはば広く包括していくこともできる。どんな言語的相互作用を収集し，その資料をどのように分析するかは，研究の目的や理論枠組みに応じてさまざまである。ガンパーズ（Gumperz, J. J., 1982）とタンネン（Tannen, D., 1993）は，実際に会話分析を行うためのある種の手引き書を著している。

　ベレルソン（Berelson, B., 1954）は，内容分析について，内容の単位の観点から論じている。この内容の単位には，単語，テーマ，人物像，項目，時空間の測定物の5つがある。単純にひとつの単語が使われた回数を数えることで，その資料の作成者の選好や価値観を推測することが可能となる。テーマや語句や文は，しばしば分析のための内容の単位となる。たとえば，「教育」よりも「訓練」への言及を含む文の数を探すことで，その学習のタイプのもつ先有傾向を指摘できるだろう。会話分析の第三のタイプは，人物像分析（character analysis）である。これは物語，映画，脚本といったコミュニケーションのなかで，どのように人びとが描写されるのかを研究するものである。映画のなかでのエレノア・ルーズベルト（Roosevelt, E.）の描かれ方の研究は，人物像分析の一例である。分析の第四の単位である項目内容分析（item content analysis）は，書籍，脚本，自伝といった作品全体の研究である。たとえばマルコム X（Malcolm X）の自伝に関して，彼の教育への動機づけを分析した研究は内容分析である。時空間分析（space-and-time analysis）とは，内容が含む実際の物理的な特性の分析であり，視聴覚メディアにおける，単語や段落の数，文書資料の段幅，時間の長さ，構図，場面などの分析がある。内容分析における最終的な目標は，比較という目的のために内容を定量化するところにある。

　ダンカン（Duncan, D. F., 1989）は，健康教育調査における内容分析の重要性を強調している。ポスターやバンパー・ステッカーの汚損の度合いの観察といった非干渉的な技法は，論争中の健康問題への態度を研究するために用いることができる。成人の健康問題の調査に内容分析が用いられる他の例としては，一般雑誌の分析，タバコの広告の分析，障害者関連のテキストにおける人間の性に関する言及の頻度の分析などがあげられよう。

　はば広い適用が可能であることが，調査データ収集の技法としての内容分析の利点のひとつである。さらにまた，効率的・経済的であるとともに，かなりの客観性と信頼性をもともなっているといえる。

質的な観察

　観察は，とりわけ質的データの収集に適している。質的データとは，状況，事象，人びと，相互作用，観察された行動の詳細な記述である。人びとの経験や態度，信条，考えの直接的な引用であったり，文書，書簡，記録，事例史（case histories）からの抜粋または一節全体であったりする（Patton, 1990）。量的な測定は，客観的で標準化されたツールを用いて，収集されたデータを事前に設定した回答のカテゴリーへと組み込む。これに対して，質的データはオープンエンドであるが，それは，人びとの生活や経験や相互作用が，かれら自身のことばとそのしぜんな環境のなかで，かれらにとってどんな意味をもつのかを調べるためである。質的な測定は，記述的なサーベイ調査や客観的検査などの，客観的な技法によって収集されたデータに，深さとくわしさを付与する。

ボグダンとテイラー（Bogdan, R.& Taylor, S. J., 1975）は質的方法について，次のように描写している。「それらによってわれわれは，人びとを個人的に知り，そしてかれらが自分なりに世界の定義を構築しているのだということを知るようになる」(p. 4)。

参与観察法（participant observation）は，質的データ収集のためにしばしば用いられる効果的な技法である（Merriam, 1998）。この技法は，「体系的で非干渉的なデータ収集」を可能にする（Taylor & Bogdan, 1984, p. 15）この技法を用いる場合，観察者には，少なくとも部分的には，調査参加者の役割を引き受けることが求められる。しかし調査者である参加者は，全面的に活動に没頭するのではない。なぜなら調査者は，同時に観察と分析を行うのに十分なだけ，離れた位置にいる必要があるからである。さらに，調査者が認識しておかねばならないのは，観察という行為が，いかに観察されているものごとを変化させてしまうかという点である。また，何を観察するかについての観察者の視点も，調査が進むにつれて変わっていくものだという点にも留意しておくべきである。

非干渉的観察（unobtrusive observation）による測定は，調査参加者の回答や応答を誘導しない観察の技法である（Webb, 1981）。非干渉的観察の技法は，観察される人びとの知識や気づきに関係なく，その行動や行動パターンを診断する（Guba & Lincoln, 1981）。博物館における人の動きのパターンや，図書館での利用による書籍の摩耗具合などが，この例としてあげられよう。たとえばエイズのようなトピックにふれた出版物の内容の検討などは，非干渉的観察の一例である。このほか，会議時間の長さや出生と死亡の記録といった人間的事象を記録した，進行中の資料からの標本データという例もある。

インタビュー技法利用の場合と同様に，調査結果の信頼性のかなりの部分は，観察者にかかっている。ツールと尺度のデザインにおいて，信頼性が高まるよう留意をすること。また，コード化と記録化の訓練と実践の経験を有し，自分が調査の場に持ち込むバイアスの可能性を自覚している調査者は，調査結果の信頼性に大きく貢献するだろう。

第5節　検　査　法

データ収集技法の第三のカテゴリーは，客観的検査／テスト（objective test）

である。基本的に検査は，ある個人から一連の応答を得るための体系的な手続きであり，その応答は，数値得点に変換されることが多い。検査得点が表すのは，測定された特性をその人が有する程度である。検査と尺度の主要なちがいは，検査という語から想起される競争の概念にある。つまり，検査において被験者は，進展や成功の指標として何らかの評点を獲得するのである。検査の考え方に不可欠なのは，客観性あるいは検査の得点間で得られる一致の程度である。検査法の構成の特徴と方法に関する知識は，調査データ収集の手段として検査を用いようとする調査者にとって重要である。

検査の妥当性

量的データを収集する調査者が主に考慮すべきことは，内容と構成概念の妥当性の問題である。ある検査または他の尺度をデータ収集の道具として用いる場合，次のような問いが生じる。その道具は，測定しようとする態度や特性を測定するのだろうか？ 調査ツールの内容的妥当性（content validity）は，調査者が測定しようとする行動や技能や効果に，検査や尺度の項目が一致する程度で示される。内容的妥当性の判断は，標本項目にどれだけ代表性があるかを調査者が判定するという，検査の批判的診断をとおして行われる。

内容的妥当性には2つの形態がある。併存的妥当性（concurrent validity）と予測的妥当性（predictive validity）である。これらが調査者の関心事となるのは，調査参加者の調査結果の比較が，データ分析で重要となる場合においてである。併存的妥当性と予測的妥当性は，規準関連妥当性（criterion validity）と呼ばれることもある。両者が，検査結果を検査に外在的な規準と比較しつつ診断するからである。併存的妥当性は，評価尺度や評定が達成物と一致する程度を診断する。このひとつの例は，大学入学資格検定（＝GED）の予備試験の得点であり，これは，実際のGED検定で個人が獲得するであろう得点とほぼ一致する。予測的妥当性は，学業成績や仕事上の成功などをテストの成績が予測する程度を診断する。たとえば，「GED検定の予備試験に合格することは，実際のGED検定で将来成功することをどれだけ予測するだろうか？」といった予測である。

構成概念妥当性（construct validity）は，論理的および経験的手法の双方によって構築される。構成概念とは，研究者が研究の目的のために創り出した，属

性や特徴についての理論的説明である。構成概念は，抽象的で直接観察されたものではなく，また実際の行動や事象とみなされるものでもない。したがって構成概念妥当性は，まず，さまざまな属性や特徴や行動が特定の構成概念をいかにうまく表しているかという点から，論理的に診断される。たとえば，精神的機敏さ（mental agility）と身体的敏捷性（physical dexterity）とが実際の知能をどのていど表しているかは，構成概念妥当性の問題である。つづいて，経験的な分析が行われる。知能という構成概念を表すその検査の結果を，同じ構成概念を測定する他の検査と比較するのである。こうして構成概念妥当性は，論理的にそして経験的に診断される。なお，検査法に関するさらなる解説については，ブロス（Buros, O. K., 1992）の『心理測定年報（第11版）』などの，測定と評価に関する権威ある文献を参照されたい。

客観的検査法のタイプ

調査者が利用できる客観的検査は数多くあるが，さまざまなタイプのあらゆる検査は，次の5つの一般的カテゴリーのなかに収められよう。すなわち，「知能検査と適性検査」「学力検査」「パーソナリティ（＝人格）測定」「態度尺度と価値尺度」，そして「その他の客観的測定」（Kerlinger, 1986, p. 451）の5つである。

【知能検査，適性検査，学力検査】

知能（intelligence）検査と適性（aptitude）検査のカテゴリーに属する検査が測定するのは，達成の可能性である。一方，第二のカテゴリーである学力検査（achievement tests）が示すのは，特定の内容領域における現在の熟達度や知識である。検査のなかには，専門的に開発され，実地検証を通じて作成されたノルム（集団標準）にもとづく得点を用いるものがある。集団のノルムと関連づけられた得点は，調査目的にもとづく比較を容易にする。このタイプの検査は，一般には標準検査（standardized tests）と呼ばれる。

ときには，指導者作成検査や調査者作成検査が，特定の内容領域における適性や達成度を測るために作成される。しかし，これには非常に多くの時間を要するため，専門的に作成されたものが使えないときにのみ行われるべきであろう。専門的な検査の妥当性と信頼性は，綿密な構成と実地での検証にもとづく

ものであるため，可能なかぎりこちらを用いるべきである。調査者は，よりわずかの時間でより確かな結果が得られよう。成人教育調査や人的能力開発調査にて用いられている適性検査や知能検査には，大学院進学適性試験（Graduate Record Examination）（適性検査）やウェクスラー成人知能検査などがある。

【パーソナリティ測定】
　客観的検査の第三のタイプであるパーソナリティ測定は，心理検査のなかでも最も複雑なもののひとつである。これらの検査は，パーソナリティ特性を測定する。ここでは**特性**（trait）という語は，パーソナリティのパターンを表す行動を体制化したものを示すことばとして用いられる。パーソナリティ測定にともなう困難さは，測定法が実際にどれだけ妥当であるかとの確信をもてるかにある。多様な特性や相互作用やある特性の他の特性への影響のあるパーソナリティは，あまりにとらえどころがないため，その正確な測定はむずかしい。そこでパーソナリティは，態度尺度，評定尺度，投影法（projective techniques）をとおして測定される。

　パーソナリティ目録法（personality inventory）では，調査参加者には，さまざまな行動パターンを描写した記述が多数提示される。行動リストの各々の記述に対して，「はい」「いいえ」「わからない」のいずれかを答えることで，参加者は，どの記述が自己を表すものかを示すのである。得点は，測定される特性に関連のある回答の合計で算出される。パーソナリティ目録法は簡単で作成にあまり費用がかからないが，ほとんどのパーソナリティ測定と同様に，妥当性に欠けるという問題を有している。

　パーソナリティを測定するうえではば広く用いられているまた別の技法が，評定尺度である。評定者が，評定の対象となる個人を，その人が示す行動に特徴的なカテゴリーまたは連続体上のどこかに位置づけるものである。グラフを用いた尺度は，パーソナリティ測定のために最もよく用いられる尺度である。

【態度尺度と価値尺度】
　知能検査と適性検査，学力検査，パーソナリティ検査につづく，客観的検査の第四の技法は，態度尺度と価値尺度である。このタイプの検査が試みるのは，あるトピックや状況に関する，調査参加者の態度や価値観を反映する意見を引

き出すことである。態度の測定において調査者が測っているのは,「言及または認知の対象に対する,思考や感覚,知覚,行動への先有傾向である」(Ker-linger, p. 453)。態度とは,信条の集合体であり,エスニック集団,人種,制度,宗派,政治的課題,個人や共同体の権利といったことがらに対して,個人の選択的な行動を引き起こすものである。一方価値観とは,これらすべてのことがらに対する個人の選好であり,文化の影響を受けている。

　いくつかの態度尺度と価値尺度の技法が,調査者には利用可能である。最もよく用いられるのは,リッカート法 (Likert technique) である。図8-2の例は,リッカート法を用いて,学校に再入学した女性の態度を調べるものである。ここでは人びとは,「非常にそう思う (Strongly Agree)」から「まったくそう思わない (Strongly Disagree)」までの5段階のなかから1つを選ぶようたずねられる。その尺度は,それぞれの回答の下部にある,対応する数値の重みづけをして得点化されるのである。このほかのタイプの尺度としては,等現間隔法にもとづくサーストン尺度 (Thurstone scales),評定において累積的技法を用いるガットマン尺度 (Guttman scales),外延的意味と内包的意味をめぐって構成されるセマンティック・ディファレンシャル尺度 (semantic differential scale)があるが,これらはただ1つの変数を測定するものである。クーダー(職業)関心尺度 (Kuder Preference Inventory) やストロング(職業)関心尺度 (Strong Inventory) といった態度の測定に用いられる尺度は標準検査の例であり,リッカート法が用いられている。(尺度構成法に関するくわしい記述については,たとえばカーリンガー(1986)などの,検査の構成と評価手続きに関する権威ある文献を参照されたい。)

【投影法とソシオメトリー】
　客観的検査の五番目のものは,投影法検査 (projective tests) とソシオメトリック・テスト (sociometric tests) である。これらの技法は,心理学,社会心理学,精神医学,社会学の領域で,クライエントの感情を間接的に引き出すために,最もよく用いられている。投影法がパーソナリティ研究に用いられる場合,インクのしみ(ロールシャッハ・テスト)や絵画(TATテスト)といった,構造化されていない刺激が採り入れられる。個々の回答者は,しみや絵画を解釈する物語を語るように求められる。この技法の目的は,パーソナリティ

	非常に そう思う	そう思う	どちらとも いえない	そう 思わない	まったく そう思わない
成人として学校に再入学することは，子どものときに学校教育を受け始めたのとちがいはなかった。	（-2）	（-1）	（0）	（1）	（2）
家族からの支援が欠けていたため，学校への再入学がきわめてむずかしかった。	（2）	（1）	（0）	（-1）	（-2）

図8-2　リッカート法による尺度の項目

や感情，欲求，内的葛藤，自己像にかかわる影響が引き出せるような，行動のサンプルを得るところにある。

　成人の教育と訓練における調査に最も応用しやすい投影法は，(1)連想テスト（word association），(2)文章完成法（sentence completion），(3)オープン・エンドな質問（open-ended question）であろう。これらを通じて調査参加者は，感情や態度や考えを共有するのであるが，それらは，質問紙やインタビューのような直接的な手段をとおしては共有されなかったものであろう。また投影法は，成人の学習ニーズの診断にも有用である。

　投影法が人びとの特性の研究に用いられるのに対し，ソシオメトリー法（sociometric techniques）は，社会集団の組織化の研究に用いられる。ソシオメトリー法で人びとがたずねられるのは，労働者のチームや学習集団といった社会的場のなかで，仲間を選ぶときの第一，第二，第三候補である。各人の選択の結果は，ソシオグラムと呼ばれる，1つの図として構造化される。ソシオグラムは，対人関係のパターンを視覚的に表現し，調査での活用のために定量化されることもある。

第6節　要　約

　要約するならば，調査プロセスにおけるデータ収集は，入手可能な最良の情

報を得ることをめざして，一連の複雑な手続きと技法を用いることである（表8-1参照）。手続きと技法は，選ばれた調査方法論の特性にもとづいて選択される。たとえば，実験法，グラウンデッド・セオリー，歴史研究，アクション・リサーチなどである。同様に，方法・手続き・技法の3つすべての選択は，調査者の世界観に起因するものである。同時にそれは，その世界観のなかで，調査上の問題や関心に取り組む最良の手段は何かという判断の結果なのでもある。

　たとえば，合理的または経験的な日常世界の認識はふつう，調査者にとって外在的なものごとの記述や立証につながる。それゆえデータの信頼性は，調査データの収集に用いる道具の妥当性と信頼性に依拠するものとなる。一方，現象学的な観点が示唆するのは，直観的な方法論である。ゆえに調査者は，よりいっそうデータ収集の道具となり，妥当性は，調査者にとっての内在的な課題となる。

　調査プロセスを導くのがどのような観点であったとしても，手続きと技法の計画は，良質の調査を行ううえでは不可欠である。調査の初期の段階においては，調査の直観的・帰納的な性格のために，ときには計画が完全には具体化できないこともある。しかし，体系的な探求が求めるのは，データから何が結論づけられたのかとともに，データがいかにして収集されたのかの記録化である。計画が，調査プロジェクトの開始前からよく考えて作成され，またデータのサンプリングや，調査者による介入のタイプや，調査者が結論を引き出すさいのデータ分析方法を考慮したものであるならば，その計画は，多くの時間を割くに値するものとなろう。

第8章参考文献

Ary, D., Jacobs, L. C., & Razavich, A. (1995). *Introduction to Research in Education*. (4th ed.). New York: Holt, Rinehart and Winston.

Berelson, B. (1954). Content Analysis. In G. Lindzey (Ed.) *Handbook of Social Psychology,* Reading, MA: Addison-Wesley.

Bogdan, R., & Taylor, S. J. (1975). *Introduction to Qualitative Research Methods: Phenomenological Approach.* New York: John Wiley & Sons.

Borg, W. R. (1981). *Applying Educational Research: A Practical Guide.* (2nd ed.). New York: Longman.

第8章 データ収集の手続きと技法 189

表8-1 調査データ収集技法の要約

技法のタイプ	利用の目的	利　点	問題点
サーベイ：クローズド/強制選択式質問紙調査	調査参加者の有する事実、態度、意見の診断。調査者が、回答の範囲とタイプを大体予想できるときに用いる。	実施とデータの解読が容易。大規模な調査参加者集団に対して、一度に調査ができる。郵送による実施が可能で、地理的に広い範囲の参加者に届けられる。	調査参加者からの多様な回答や深い情報をほとんどくみとれない。研究の実施に先立つ、質問紙の作成と妥当性の確認に多くの準備が求められる。
オープンな形式の質問紙調査	調査参加者の有する事実、態度、意見の診断。調査者が、回答の範囲とタイプを予測できないときや、回答を予測したくないときに用いる。	調査参加者は、本筋からそれた回答や省察をすることができ、構造化された形式（強制選択式の質問紙やインタビュー構成）にくらべて、自分なりのやり方で回答できる。	研究目的との関係において、回答の焦点が見失われることがある。記録、コード化、分析がむずかしい。
構造化されたインタビュー	調査参加者の有する事実、態度、意見の診断。参加者が記述式のサーベイ道具（質問紙）では回答できない、または回答しようとしないときに用いる。	調査者が調査参加者と直接やりとりをすることで、非言語的コミュニケーションの診断を可能とし、対象者の参加をうながす。データのコード化と分析が容易。	調査参加者の多様な回答をほとんどみとれない。調査者と参加者にとって、より多くの時間を要し、また利便性も低い。
非構造化インタビュー	調査参加者の有する事実、態度、意見の診断。自らも語り始めることや直観的な内容を通じて引き出すべきデータが必要な調査において、用いられる。	調査参加者によって語り始められた回答は、多くの場合、つよい真実性を有する。調査者は、回答の十全の意味を探ることができ、より深みのある回答と「より豊かなデータ」を結果として得られる。	調査者は、インタビューをほとんど統制できない。データの記録、コード化、分析がむずかしい。構造化されたインタビューとくらべて、より多くの時間を要する。訓練が必要である。参加者にとって脅迫的なものになる可能性もある。

表8-1 (つづき)

観　察：		
(構造化されたもの)		
チェックリスト	事象、行動、条件の記録と項目化。	データは、容易にコード化され分析される。	調査者の訓練が必要である。事前に定められた記述または用語のリストに、観察が限定される。
評定尺度	ある特定の特性、条件、行動が、観察においてうかがわれる程度の記録と評定。	等間隔尺度の利用は、調査者の測定能力にちからをあたえる。観察された価値の程度を示すので、より識別しやすい。	集中的で正確な観察が求められる。この尺度を使うにあたっては、訓練が必要となる。
内容分析	印刷物、視聴覚メディアの内容の記録と(主に)定量的分析。	観察が時間的に制約されることはほとんどない。調査者は、自分の速度で仕事を進めることができる。	調査の対象は、印刷・記録・撮影されるものに限られる。分析対象をこえる解釈を行うことはできない。
(非構造化形式のもの)		
非干渉的測定	しぜんな場面における、行動や事象のパターンの体系的な観察。調査対象からの回答や反応を誘発しない。	調査のプロセスによる影響を受けない。調査者は、人びとの相互作用の観察進行中に生じる外在的要因の影響を受けない。	調査対象は、調査者と交流しない。そのため、収集されたデータのなかのかなり深い意味を感知することはできにくい。
参与観察	しぜんな場面における、事象や行動の包括的な調査。	質的データを生み出すために、非構造化インタビューの利点を観察に取り込むことができる。調査参加者と、より興味深くかつよりしぜんなかたちで回答してしやすい。	調査者が参加者として存在することの影響が、限定的もしくは非本来的な回答につながりうる。時間がかかる。効果的な活用には、訓練と経験が必要である。

表8-1（つづき）

検査			
（客観的）			
知能検査と適性検査	調査参加者の、教育などの分野における達成の可能性の量的な診断。	実施と得点化が比較的容易。個々の能力を比較するうえで、調査者の助けとなる量的データを提供する。	人の知能や適性の実際の構成要素に関する知識の欠如による限界がある。調査できる範囲が狭く、達成の可能性の限られた側面しか表せない傾向がある。
学力検査	ある内容領域における、調査参加者の熟達度や知識の評価（たとえば、数学や製作技能など）。	実施と得点化が容易。比較のための進展度合いの推定値を提供する。	検査による、成果の達成度の測定には限界がある。
パーソナリティ検査	個人が有する、体制化された行動を反映した特性の診断。	研究のために、さまざまな人間行動を定量的に分類する。	妥当性を欠く検査もある。
態度尺度と価値尺度	ある対象や状況に向けての、個人がもつ先有傾向の診断。	比較のために、人間の経験の情意的な次元を定量的に分類する。	妥当性を欠く検査もある。
投影法とソシオメトリー法	非構造的な刺激による、行動のサンプリング。そこから欲求、感度、自己概念などを推測することができる。	構造化されていない刺激は、よりしぜんな反応とより豊かなデータを引き出しやすい。	妥当性を欠く。主観的な判断に大きく依拠する。
（インフォーマルな）			
調査者作成検査	研究上必要なデータを得るために作成された、知識・態度・技能の診断のためのツール。標準検査が利用できないときに用いられる。	他のやり方では収集しにくい特別なデータが必要なときに利用できる。	時間がかかる。十分な現場での検証をしにくい。妥当性を欠きやすい。ノルム（集団標準）ないしは、比較のためには活用しにくい。

第8章　データ収集の手続きと技法　191

Borg, W. R., Gall, J. P., & Gall, M. D. (1993). *Applying Educational Research*: A Practical Guide. (3rd ed.). New York: Longman.

Boshier, R., & Collins, J. B. (1985). The Houle Typology after Twenty-Two Years: A Large-Scale Empirical Test. *Adult Education Quarterly, 35*, 113-130.

Buros, O. K. (1992). *The Eleventh Mental Measurements Yearbook*. J. J. Kramer & J. C. Conoley (Eds.). Lincoln, NE: The Buros Institute of Mental Measurements of the University of Nebraska-Lincoln.

Dickinson, G., & Blunt, A. (Eds.) (1980). Survey Research. In H. B. Long, R. Hiemstra & Associates (Eds.), *Changing Approaches to Studying of Adult Education* (pp. 50-62). San Francisco: Jossey-Bass.

Dimmock, K. H. (1985). Models of Adult Participation in Informal Science Education. Unpublished Doctoral Dissertation. Northern Illinois University.

Duncan, D. F. (1989, December). Content Analysis in Health Education Research: An Introduction to Purpose and Methods. *Health Education, 20* (7) 27-31.

Fraenkel, J. R., & Wallen, N. E. (1996). *How to Design and Evaluate Research in Education* (3rd ed.). New York: McGraw-Hill, Inc.

Grabowski, S. M. (1980). Trends in Graduate Research. In H. B. Long, R. Hiemstra & Associates, (Eds.), *Changing Approaches to Studying of Adult Education* (pp. 119-128). San Francisco: Jossey-Bass.

Guba, E. G., & Lincoln, Y. S. (1981). *Effective Evaluation : Improving the Usefulness of Evaluation Results through Responsive and Naturalistic Approaches*. San Francisco: Jossey-Bass.

Gumperz, J. J. (1982). *Discourse Strategies*. New York: Cambridge University Press.

Hauser, J. G. (1980). A Study of Professional Development and Self Perceived Needs for Continuing Professional Education among Selected Training Specialists (pp. 143-144). Unpublished Doctoral Dissertation, Northern Illinois University.

Hayes, E. R., & Smith, L. (1994). Women in Adult Education: An Analysis of Perspectives in Major Journals. *Adult Education Quarterly, 44* (4), 201-220.

Holsti, O. (1968). Content Analysis. In G. Lindzey & E. Aronson (Eds.), *Handbook of Social Psychology*. Reading, MA: Addison-Wesley.

Hudson, J. (1969). *The History of Adult Education*. London: Woburn Press.

Johnstone, J. W. C., & Rivera, R. J. (1965). *Volunteers for Learning : A Study of*

Educational Pursuits of American Adults. Chicago: Aldine Company Publishing.

Kidder, L. H., & Judd, C. M. (1986). *Research Methods in Social Relations*. New York: Holt, Rinehart & Winston.

Kerlinger, F. N. (1986). *Foundations of Behavior Research* (3rd ed.). New York: Holt, Rinehart & Winston. (F・N・カーリンジャー, 馬場昌雄・馬場房子・福田周司訳『行動科学の基礎手法（上）』鹿島研究所出版会, 1972年。)

Lederman, L. C. (1990, April). Assessing Educational Effectiveness: The Focus Group Interview as a Technique for Data Collection, *Communication Education, 38*, 117-127.

Merriam, S. (1998). *Qualitative Research and Case Study Applications in Education* (2nd ed.), San Francisco: Jossey-Bass. (S・メリアム, 堀薫夫・久保真人・成島美弥訳『質的調査法入門：教育における調査法とケース・スタディ』ミネルヴァ書房, 2004年。)

Patton, M. Q. (1990). *Qualitative Evaluation Methods*. Beverly Hills: Sage Publications.

Renkema, J. (1993). *Discourse Studies : An Introductory Textbook*. Philadelphia: John Benjamins Pub. Co.

Sommer, R., & Sommer, B. (1986). *A Practical Guide to Behavioral Research* (2nd ed.). New York: Oxford University Press.

Tannen, D. (1993). *Framing in Discourse*. New York: Oxford University Press.

Taylor, S. J., & Bogdan, R. (1984). *Introduction to Qualitative Research Methods : The Search for Meaning* (2nd ed.). New York: John Wiley & Sons.

Tough, A. (1979). *The Adult's Learning Projects*. (2nd ed.) Toronto: Ontario Institute for Studies in Education.

Tough, A. (1982). *Intentional Changes*. Chicago: Follett Publishers.

Webb, E. T. (1981). *Nonreactive Measures in the Social Sciences*. Boston: Houghton-Mifflin.

Wiersma, W. (1986). *Research Methods in Education* (4th ed.). Boston: Allyn & Bacon.

第9章
調査結果を書き上げること

　多くの人びとは，調査のプロセスとは，研究をデザインし，データを収集・分析し，その結果を解釈することだと考えている。しかしそのプロセスは，調査結果の**報告**という非常に重要な最終段階がなければ不完全だ。不幸にも，多くの調査者がその調査結果を執筆するための時間と訓練を過小評価しているがゆえに，多くのすぐれた調査は，気づかれないままとなる。ほとんどの者が好むのは，ワープロの前に座って執筆する以外のことなのだ！　ノート，テープ，コンピュータ出力物などから丹念に集められた情報と洞察を，他の人が理解できる書式に変換することは，しばしば乗り越えがたい作業となる。しかしながら，もしその調査が何らかのかたちで，ある領域の知識基盤に貢献したり，実践を向上させたりするものであるならば，この重要な段階は避けがたいものとなる。調査結果を執筆する苦痛を和らげる方策はいくつかある。まず第一に，調査報告の標準的な形態（standard format）に精通することである。次に，執筆にかける時間を最大化する方法をよく考えることである。

第1節　標準的な調査報告の形態

　調査報告のための標準的な形態は，実際の調査における段階の論理的な進行順序から導き出される。この形態に内在する論理は，それが何度も使われるという結果を招いた。それはさらに，ある種の専門雑誌やその他の出版物に**要求されるもの**になっていった。一方で，その形態による拘束を感じている調査者もいることや，すべてのタイプの調査にあてはまるのではないのは疑いもないことだが，そこにはいくつかの利点がある。第一に，標準的な形態は執筆者に対して，調査結果を執筆するためのアウトラインの型を提供する。各調査ごとにアウトラインを考案することで，時間を浪費する必要はないのだ。第二に，同じタイプの情報がどの報告書においてもほぼ同じ箇所で見つかるがゆえに，

読者は多くの研究成果から，必要な情報を容易に引き出すことができる。第三に，定型的な形態は，大規模な調査の結果の執筆を補助する者に対して，作業の配分と監督をより容易かつ迅速にする。がいして標準的な形態は，執筆者が不要な箇所を削除したり，報告書をより明確にするために項目の追加や変更をしたりするのに，十分融通が効く。歴史的，哲学的，質的，解放的／批判的な調査法でさえも，一般にこの標準形態を踏襲しうるということも述べておきたい。用いられている調査デザインがどのようなものであれ，ほぼすべての調査報告が，課題の設定，適切な文献の参照，データの出所と分析方法の議論，調査結果の提示と解釈という流れをふむのである（Becker, 1986; Van Maanen, 1988; Wolcott, 1990参照）。

標準的な調査報告の基礎となる構造は，2つに分けられる。そしてそれぞれは，さらにいくつかの区分に分割できる（Fox, 1969）。最初の半分は，「データが収集される時点以前の思考と行動」(p. 711) を表す。フォックス（Fox, D. J.）は，この基本的な二分法について，次のようにややくわしく説明している。

> 検証された仮説や研究された問いに関連した**いかなる**データを報告するまえに，「研究を組み立てた問題」「先行研究・参照文献」「実際の研究方法」「サンプルに含まれる人びとに関する記述的データ」という，考察のためのすべての情報を提示しなければならない。データそのものを報告する箇所で，これらのデータ収集以前の情報を書かなくてもよいように，これらすべては，データ報告のまえに完了させておかねばならないのである。　　　　　　　　　　　　[p. 711]

前半分もしくは「調査結果以前」の部分は，調査上の問題の紹介，先行文献のレビュー，データ収集の方法に細分化できる。報告の後半分は，調査研究の結果，結果の解釈，結論と今後の課題を取り上げる3つの区分に分割できる。調査報告の構成は，図9-1のように視覚化できよう。この細分化は，調査報告の本体を形成する6つの区分を示している。また一般的に調査報告は，何らかの標準的な導入と結びの部分の記述をも含む。以下のところでは，調査報告の各部分について簡単に述べていこう。

導入部分

調査報告の対象となる読者層と報告の長さにもよるが，導入段階の内容とし

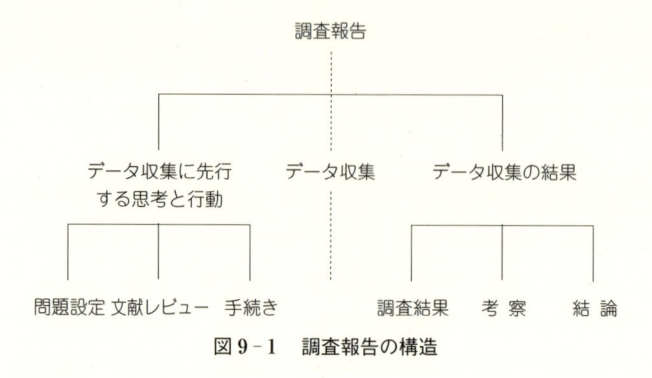

```
                    調査報告
         ┌─────────────┼─────────────┐
    データ収集に先行    データ収集    データ収集の結果
    する思考と行動
    ┌────┬────┐                  ┌────┬────┬────┐
  問題設定 文献レビュー 手続き        調査結果 考 察 結 論
```

図9-1 調査報告の構造

ては，タイトル・ページ，序文と謝辞，目次，図表一覧などが含まれる。多くの場合，研究のアブストラクトが，本文よりまえのページにて記載される。アブストラクトは，問題提起，その問題の研究のために援用される方法，研究の結果を，簡潔にまとめたものである。アブストラクトの目的は，読者がその調査報告を読むかどうかを決定する手助けをしたり，他の調査者が自身の研究にふさわしい情報のために，膨大な量の文献をざっと見る助けとなったり，また，調査報告の全文を読もうとする人への枠組みや先行オーガナイザー（advance organizer）を提供したりすることにある。専門雑誌のアブストラクトは，まず200語をこえることはない。モノグラフや部内者向けの報告書のような，より長くて自己完結的な出版物の場合は，アブストラクトは，1〜2ページの長さになることもある。

調査上の問題の提示

調査報告のこの部分では，読者に対して，調査の目的，研究対象の問題の特性と範囲，そして研究の必要性が示される。問題が導き出されたり，生成したりしてきた理論的枠組みを議論することもまた重要である。この議論は，より大きな文脈にその研究を位置づけることを助け，多くの場合，研究対象のある特定の側面の重要性を明らかにする。さらに，研究のためにどんな変数が設定されたのか，またそれらの変数が，すでに特定されている概念や問題領域といかに論理的かつ合理的に関連するのかもまた，導入部分において明らかにされるべきだ。要は，読者にその問題の，明確に述べられた理論的根拠を提供する

ということである。つまり，この部分を読んだあとなら，いったいなぜその研究が行われ，なぜ調査者が選んだやり方で実施されたのかがわかるだろう。読者はまた，その問題が，調査されるだけの価値が十分あり，かつ綿密な分析に耐えうるくらい十分に限定されていることに，納得させられる必要がある。導入部分を読み終えれば，読者は，以下のことがわかるであろう。(1)問題領域が何か，(2)（一般に）この研究では，その問題はいかにアプローチされるのか，(3)（すでにわかっているならば，）その研究の主要な変数は何か，(4)いったいなぜその研究がなされるのか。

文献レビュー

　文献レビューのいくつかの機能は，第3章でくわしく論じている。手短にいえば，文献レビューは，読者に研究対象の問題の沿革を示し，既存の調査結果がその問題に関連した問いに答えていないという事実を示し，当面の研究のための概念的枠組みを確立させる助けとなるのである。文献レビューはたいてい問題の紹介のあとにくるが，ある種のきわめて理論的または哲学的な研究においては，その2つの部分を逆におくことで，よりその意味を強調しているものもある。この場合，文献レビューは，すでに定式化された問題を裏づけることよりもむしろ，問題の概念化を導くのである。グラウンデッド・セオリー研究においては，文献は，それ自体が強調されるよりはむしろ，生成された理論のなかに統合されるであろう（Glaser, 1978）。

調査の手続きと方法論

　この箇所での目的は，その研究がいかにして行われたのかを読者に伝えることにある。第4章から第7章にかけて論じられたように，各々の方法論は，それが実験的デザインであれ，歴史的探求やケース・スタディであれ，データの収集と処理のための体系的な手続きを有している。ここでくわしく述べられるのは，こうした手続きおよび，それが調査上の問題を解決するうえでいかに用いられてきたかという点である。たとえば，成人非識字者が社会生活にいかに取り組んでいるかに関する調査上の問いは，グラウンデッド・セオリーやケース・スタディなどの現場に根ざした方法論からの説明が必要となろう。

　一般的に，調査報告のこの箇所では，別の調査者がその研究を再調査できる

ように，調査上の問題を扱うために用いられる技法や道具のくわしい説明が示される。方法論のいかんにかかわらず，次のような情報を示すことは重要である。用いられたデータのタイプとそれを用いた理由。データの抽出方法。収集後のデータ分析方法。データとその分析からの推論の正当化を保証するために，調査者が用いた方策。

研究のタイプにもよるが，方法論には次のような項目が含まれる。

1. 用語の定義　用語に関する概念的な議論は，ときには導入部分で提示されることもあるが，機能的な定義（調査者が，その特定の研究で用語をどのように定義しているのか）はたいてい，文献レビューから導き出されるものであり，それゆえ調査報告のこの部分にて示される。
2. 調査デザイン　一般に，用いられる調査デザインのタイプとそれを選択する理論的根拠は，ここに収められる。調査を導くために用いられる仮説や調査上の問いは，必要ならば，調査デザインの議論の次に続く。
3. サンプルの抽出　サンプルの特性に関するくわしい記述と，それらがどのように抽出されたのかが述べられる。この「サンプル」には，人びとや無生物のモノや事象などが含まれる。
4. データ収集の手続き　データがいかにして得られたのかの議論には，予備調査に関する議論も含まれる。歴史的・哲学的な研究を含めた，あらゆるタイプの研究は，データを参照する。したがって，それらが分析のためにどのように集められたのかという議論は，方法論のいかんにかかわらず，重要な部分である。
5. データ分析　この部分では，研究で立てられた問いに答えるために，データがどのように処理されたのかが議論される。
6. 仮説と限界　執筆者は，どんな仮説が考えられているのか，また用いられた方法論固有の限界や弱点を明らかにすべきである。同時に，調査している問題に対して，その方法論がいかに適用されているのかをも，くわしく言及されるべきであろう。

調査結果

この箇所では，調査の結果として調査者が何を発見したのかを記述する。調

査結果は，ナラティヴ（物語）形式や表，グラフ，図，写真，数値，公式などによって示されるかもしれない。一般に，事実に関するデータは，推論や解釈とは切り離されている。推論や解釈は（いつもではないが）ふつう，実際の調査結果の提示のあとに続く。歴史的・哲学的調査，ケース・スタディ，エスノグラフィ，グラウンデッド・セオリー研究などにおいては，解釈は，事実的な調査結果のなかに織り込まれるだろう。このような場合，何が調査結果で，何が結果の解釈なのかを，読者に対して明確にすべきである。たとえば，「インタビューを受けた人のうち，17％が結婚していた」という記述は，調査結果である。「インタビューを受けた人のうち，わずかに17％が結婚していた」という記述は，調査者の側の驚きを示している。「わずかに」という表現は本来価値判断なのであり，「インタビューを受けた人のうち，わずかに17％が結婚していた。このことは，以下のような理由から説明されよう……」といった解釈が続くことになろう。

調査結果の考察と解釈

結果の考察や解釈がまだ報告された調査結果に組み込まれていないのであれば，考察と解釈の部分にて，調査者は，なぜその研究がそのような結果を生み出したのかを説明することになる。

> 考察は，調査結果の部分よりも，より自由度の大きい部分である。調査結果がデータに**縛られている**（data-bound）ものだとすれば，考察は，ただデータに**もとづく**（data-based）ものでしかない。これが意味するのは，考察においては，調査者は，データから離れる自由を有し，データが何を意味すると思うのか，それがいかにして生じたと思うのかを論じるのである。しかしながら，調査者が考察部分においてかなり自由であるとはいえ，にもかかわらずデータにもとづいているという点には留意すべきである。　　　　　　［Fox, 1969, p. 742］

考察の部分において，調査結果は，調査報告の最初の部分で示された，研究のための理論や理論的根拠と再び結びつけられる。文献レビューから引き出された洞察もまた，研究結果を解釈するさいに参照されるであろう。

要約，結論，提言

　研究の全体像は，この部分の最初で簡潔に要約されるべきである。研究によって滞りなく裏づけられた一般化や結論もまた，ここで初めて提示されるか，もしくは考察部分以降において簡潔に要約されるだろう。最後に，調査者は，調査結果を活用するための提言やさらなる研究のための示唆を書いておきたいと思うかもしれない。さらなる調査への提言は，当該研究を行なっている調査者がその問題について多くを学んだという意味において，他の調査者にとくに有用であろう。たとえば，どのような手続きや技法が有効なのか，または問題となるのか，その問い自身は再焦点化される必要があるのかどうか，どのような関連する問いが追究されるべきなのかといった点である。

参考文献と付録

　文献レビューと調査報告のその他の部分で用いられた参考文献リストは，調査報告本体のあとに続く。参考文献の部分のスタイルと配列については，調査報告の対象となる読者層を考慮すべきである。一般大衆向けの調査報告には，参考文献はあまりないであろう。しかし，学術雑誌の論文の場合，すべての参考文献の完全で正確な文献情報が必要となろう。付録の資料についても同様である。読者層にもよるが，こうした資料には，検査やサーベイ調査の質問紙，個人的な交信記録，調査結果の箇所で示されたもの以外の図やグラフ，転記されたインタビュー内容などの原データ，歴史的資料などが含まれる。

　調査結果の報告は，標準的形態に慣れ親しむことによってより容易となる。調査報告の執筆者にとって重要となる他の問題は，エディトリアル・スタイル（執筆要領）とドキュメンテーション（典拠表示），執筆とレビューのガイドライン，表と図，統計の活用法などである。

第2節　エディトリアル・スタイルとドキュメンテーション

　エディトリアル・スタイル（執筆要領）は，調査報告をまとめるためのメカニカルな要項を意味する。調査報告のメカニカルな側面をどう扱うかは，脚注，参考文献，行やパラグラフの間のスペース，表題，図表の配置といった，用いられるスタイルに依拠する。多くのエディトリアル・スタイルがあるが，それ

第9章　調査結果を書き上げること　201

ぞれが提供するのは，「ほぼ同じような情報である。それらは読者が，論文内で用いられている引用や意見や事実の元となる出所を確認するのを可能にする。すなわち，著者の名前，出版物のタイトル，出版物に関する事実（出版地，出版社，日付，ページ）などである」(Maimon et al., 1981, p. 110)。より一般的に用いられているエディトリアル・スタイルは，次の4つである。

1．『アメリカ心理学会執筆要領』（第4版）(*Publication Manual of the American Psychological Association* (4th ed.). Washington, DC: American Psychological Association, 1994)。このスタイルは，社会科学と教育学分野の200以上の学術雑誌にて用いられている。
2．『調査論文執筆者のためのMLAハンドブック』（第5版）(*MLA Handbook for Writers of Research Papers* (5th ed.). New York: Modern Language Association of America, 1999)。
3．『学期末レポート・卒業論文・学位論文執筆マニュアル』（第6版改訂版）(*A Manual for Writers of Term Papers, Theses, and Dissertations* (6th ed., rev.). Chicago: University of Chicago Press, 1996)。
4．『シカゴ・スタイル・マニュアル』（第14版）(*Chicago Manual of Style* (14th ed.). Chicago: University of Chicago Press, 1993)。

何をいつ脚注としてつけるかは，とくに著作権法をめぐる近年の混乱にともなって，執筆者にとって問題となることがある。作品が刊行されたかそうでないかに関係なく，著作権法は，著作者自身の作品に対する権利を保護する。著作権保有者のみが，著作権で保護された作品の販売，頒布，改訂，出版に関する権限や権利を有している。しかしながら，出版された作品の著者は，たいていは権利を出版社に委譲し，出版社が他のさらなる権利や販売，再販許可についての著者の代理人となっている。著作権のある作品から長文を引用する場合，もしくは図，表，詩，短編小説のような完全なひとまとまりを引用する場合には，著作権保有者からの許可を得なければならない。著作権を有する資料の「公正な使用（fair use）」とは，他者が著作権を有する作品の短い，不完全な部分を，自分の書いている部分を補うために，（承認のもとに）用いることを意味する。「短い」とは，150語以内の引用を意味するようになってきている。

学術分野における執筆法に関して書かれた本のなかで、マイモンら（Maimon, E. P. et al., 1981, pp. 107-109）が、典拠を示す必要のある4タイプの資料について概説している。

1．直接引用　だれかが何かを改良の余地がない言い方で述べているとき、またはその人物の権威が重要で、その人物からの引用が主張に重みを増すようなときに用いられる。
2．「他の人による判断、アイディア、意見、推論（たとえ表現を言い換えたとしても）」　他の人のアイディアがあなた自身の思考にインパクトをあたえている場合、あるいは、あなたがだれかのアイディアを自分のアイディアと関連づけたり裏づけしたりしているが、しかしそのままのことばでは使っていない場合でも、その出所を示す必要がある。
3．「他の人が発見し、一般的な読者層にはふつう知られていない事実」　多くの資料のなかで何度も出てくるような、一般常識化したトピックに関する事実は、典拠を明記しなくてもよい。しかしながら、もしあなたが新しい情報としての側面を示す場合には、その情報の著者は言及されるべきだ。たとえば、ほとんどの成人がかなりの高齢になっても学びつづけるということは、周知の事実となっている。しかし、成人の90％が、1年に少なくとも1つの独立した学習プロジェクトを実践しているという事実は、タフ（Tough, A., 1979）によって明らかにされたものだが、それは周知の事実ではないので、適切に典拠が示されるべきである。
4．他者によって実施された調査研究　あなた自身の調査報告にて参照されている先行調査研究は、希望すれば他の人も参照できるように、典拠を示すべきである。

第3節　表と図

視覚的な提示は、読者に対して、重要な情報の説明を印象的かつ明示的なものにする。しかし、それらが調査結果報告の質を高め混乱を回避するものであるならば、表（tables）と図（figures）の作成には留意が必要となる。

表は、量的なデータを何らかの論理的なパターンのもとに提示するさいに使

われる。構成のパターンは，年代順，アルファベット順，数字の順，または質的な特徴という具合に，読者にわかりやすいものでなければならない。表は，本文に頼らなくても，それ自体で理解されるものでなければならない。このことは，表が説明文に取って代わるというのではない。むしろ表は，文章にすると冗長になりがちな情報を提示するのである。表は，けっして本文から完全には独立していない。フォックス（1969）は，表に関する読者と執筆者の責任について，次のように述べている。

> 補足的（supplementary）だが独立したもの（independent）だという，表に対する認識が意味するのは，調査報告を準備するさいに，調査者は，データを十分に理解する責任の一端を読者に負わせることができるということである。しかし，すべての責任を負わせることができるというのではない。つまり，導入となる文章以上のコメントのない表を提示するといった，極端な表現に走ることはできないのである。……もしその表に関して言うことが何もなければ，調査報告にその表を載せる意味はないということが，かなりの確率でいえる。……それゆえ，調査者の側の問題は明らかである。つまり，表におけるデータの強調点を本文中で報告するという，適切な中間的方法を見つけることである。　　　　　　[p. 739]

いくつかの一般的なガイドラインは，表の作成に興味を示す人たちにとっての助けとなるだろう。まず第一に，「非常にうまく作成された表は，よく描かれている段落のように，**1つの主たるアイディア**を示すように統合されている，いくつかの関連する事実から成っている（Van Dalen, 1966, p. 428）。説明に数ページを要するほど多くの関連性や相互関連を示すような複雑な表は，自滅的である。表の主な焦点は，読者が容易に把握できるものでなければならない。ある表が明確かどうかを試すには，その研究にくわしくないだれかに，その表から何らかの項目や数字を拾い出し，その意味を説明してもらうとよい（Fox, 1969）。この方法はまた，表中の縦軸・横軸がわかりやすく命名されていたかどうかをもチェックするだろう。

項目の命名法は重要である。タイトルそれ自身のなかには，次の4種類の情報が含まれるべきである。「(1)示されているデータの変数または変数群，(2)データが収集された集団，(3)表に含まれている下位グループ，(4)表に含まれている統計の特性」(Fox, 1969, p. 720)。たとえば，「郡のコミュニティ・カレッジ

における，6つの異なった学位プログラムに入学した成人男性と女性の比率」という仮の表のタイトルにおいては，「入学」は示されたデータの変数であり，「成人」はデータが収集された集団であり，「男性と女性」は下位グループであり，「比率」は統計量である。正確なタイトルにくわえ，行や列の見出しは，正確でかつ可能なかぎり簡潔であるべきだ。

　文の構造面からみて，調査報告に表を含めるさいには，いくつかの決まりごとがある。より一般的なものとしては，以下のような点があげられる。

- 表は，本文中でその内容が最初に言及される直後，もしくはその次のページに配置される。
- 表は，本文のページのサイズに合わせるべきである。より大がかりな表は減らすか，付録の部分に配置する。
- 大文字化と句読点は，首尾一貫した様式にしたがうべきである。
- 罫線や線はあまり使わず，読みやすさを強調するさいにのみ使うべきである。

　データを表で提示することの代替として，多くのタイプの図を用いることができる。図には，チャートやグラフ，ダイアグラム，青写真，地図，写真などが含まれる。これらの各カテゴリーは，さらに細分化される。たとえば，円グラフ，フローチャート，組織図，折れ線グラフ，ヒストグラム，棒グラフという具合にである。データを示すのに最適な図を選ぶことは，データのタイプに左右される。たとえばエスノグラフィの調査ならば，文化に根ざした現状を伝えるために，しばしば写真が用いられる。ケース・スタディにおいては，組織図がよく使われる。

　図は視覚的な表示法であり，ふつうは最小限の数字とことばを含む。図は，読者に対して「重要なアイディアや意味のある関連性を，他の提示法よりもより迅速に，鋭い焦点に向けて切り取るときにのみ使われる」(Van Dalen, 1966, p. 431)。図9-2は，1900年からの平均寿命の伸びを印象的に示す棒グラフの例である。

　グラフで示されているポイント，すなわち平均寿命が1900年から大いに伸びてきていることは，この視覚的提示によって，ことばで同じ説明をするよりも

図9-2 棒グラフの一例

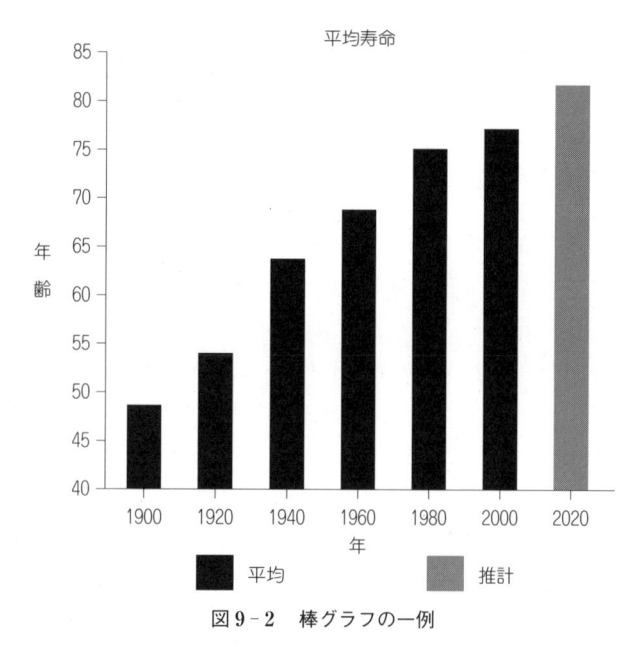

より容易に把握される。また，このデータの出所となっている人口動態統計の表よりも，より明確でもある。

　図の適切な使用によって，調査報告をより興味深いものにすることができる。図の利用に関するいくつかの留意点は，言及に値するものであろう。

・図は簡潔にし，提示内容を理解するのに必要な情報のみを含むようにすること。情報が多すぎると，図は乱雑なものになる。複雑な図は，2つの簡単な図に分けるとよいだろう。
・重要なアイディアをより少ない図で示すことは，それらのアイディアに対する注意をひくことになろう。図の数は，最低限に抑えること。
・図を本文でのその言及箇所と結びつけること。図を，それに関する考察のできるだけ近くに配置すること。

　要約するならば，読みやすく解釈しやすい表と図を作成することで，読者は，ただ本文だけを読むよりも，研究結果をより容易にかつ効果的に理解できるだ

ろう.簡潔な説明が付記された表と図は,執筆者が読者に伝えようとする情報の内容を理解する,2倍の機会を提供するのである.

第4節　統計の報告

統計は,データを簡潔に要約・説明するために,表や図のなかでよく用いられる.統計は,データを同じ基準で比較できるように,数的な単位へと変換されたひとまとまりのデータ(事実,事象,特徴)である.統計には,記述的なものと推測的なものの2つのタイプがある.**記述統計**(descriptive statistics)は,調査者が情報の要約やデータの単純な比較をするのを可能にする.記述統計は,一連のデータの分布を要約したり,特定の値の平均からの偏りの程度を示したり,ある事象や特徴と他の事象や特徴との関連の程度を記述したりする.**推測統計**(inferential statistics)は,研究では,仮説の検証や母集団の特性値の推測に用いられる.推測統計は,記述統計よりも強力な統計である.調査者は,統計が示す母集団の特徴を語るだけでなく,統計が得られた個々のデータの特性以上のことを語ることができるからだ.推測統計を用いた研究は,研究対象のデータから,その研究に含まれていなかった対象の場面や集団に対する示唆を引き出す.

調査結果の報告で記述統計や推測統計を用いるさいに,調査者は,統計的表現が読者を混乱させるよりも光を当てるものになるように留意すべきだ.ほとんどの人は,調査報告における表やグラフや統計的手続きが解釈できないという苦い経験を何度かしてきているだろう.そしてまたほとんどの人は,それらの数字の意味がやっとわかったときの満足感や効力感を想起することもできよう.こうした相反する感情は,原データを,調査結果のなかに埋め込まれた有意味な概念へと変形するために統計を用いるさいの,短所と長所を,少なくとも部分的に示している.われわれは一方で,数字の外国語のような記号によって,混乱し,勘ちがいし,場合によっては興味をくじかれてしまう.その一方で,調査報告のたった1ページを一瞥するだけで,いくつかの変数間の関連性を理解できるという魅力も抗しがたい.それはわれわれに,統御の感覚,すなわちデータの「達人」としての感覚をあたえてくれる.

読者を混乱させるのでなくむしろ光を当てるために統計を用いることは,統

計の報告をするさいに，いくつかの共通する問題を避けることを意味する．以下に示すのは，避けるべき４つの過誤である．

1. **記述統計を用いて，現在の研究をこえた推測を行うこと**　記述統計の誤用は，推測統計と記述統計の手続きの考え方を理解していない結果生じる．たとえば，２つの集団の平均がかなり異なるようであれば，２つの集団は有意に差があると考えたくなる誘惑にかられる．その差が有意かどうかを調べるために推測統計による検定をしなければ，実際の差と**みえる**ものが，偶然生じたものではないとはいいにくい．統計的な有意差は，記述的な分析をもとにして単純に決められるものではない．

2. **統計的データの提示方法の選択における一貫性の欠如**　調査報告の読者に対して，一貫性のあるパターンに則った統計的な表や図を示すことは，大事なことである．そしてまた，研究を遂行するなかで生成されたあらゆる統計的データが，最終的な報告で示されねばならないと考えるべきでもない．統計によって報告を明瞭かつ簡潔にすることを意図するのであれば，選択された必要不可欠なデータのみが含まれるべきだ．大部分のデータは，慎重に選ばれ，一貫性をもって示された一連のいくつかの統計から推定されるだろう．

3. **統計の不適切な配置**　調査結果の考察部分では，統計的手続きは，調査結果そのものに従属するものであり，文末のカッコ内に何らかの統計を示しておくなどに留めるべきだ．たとえば，「訓練を受けた監督者の回答は，訓練を受けていない監督者の回答よりも，正答率が有意に高かった（$p. < .05$）」と述べることは，「サンプル間の差のカイ２乗検定は，訓練を受けた監督者の回答と訓練を受けていない監督者の回答との間には，５％有意水準の有意差を検出した」と述べるよりも明瞭である．統計を従属させることで，成果を強調するのである．

4. **統計の濫用**　統計が調査者によって算出され，かつ利用可能だということは，それらが報告されねばならないという意味ではない．統計の重要な貢献は，調査者が原データからの意味をより把握しやすくするところにある．その意味は，統計値の記述ではなく，統計から推測されるものである．したがって，意味を伝えるさいには，単に数字を羅列するよりも，考察を

示すほうがより効果的であろう。調査報告の読者は，発見されたもののエッセンスを理解するうえでの助けを必要としている。この点は，とくに探索的研究においてそうである。たとえば，ある研究が「能力（competency）」概念に関する理論構築を企図したものであるならば，実践家によってうまく整理された「能力」概念のリストは，収集して取り込むのに有用なデータであろう。しかし調査結果への考察は，その概念を理解しようとしている読者にとっては，定量的な要約以上の，より有用なものとなるだろう。

要約するならば，精選され適切に処理された統計は，調査研究の結果に対して，明瞭さと理解をもたらすだろう。それらは，研究結果の言語的考察に取って代わられるべきではない。むしろ，調査結果を裏づけるものとして用いられるべきである。

第5節　執筆と修正のためのガイドライン

　発見したものがたしかに他者にとって有益であり，また実践に対してポジティブな効果すら示すようなときに，調査研究の結果を執筆することは，どうしてこんなにもむずかしいのだろうか？　何らかのすぐれた調査を行なっている大学院生が語るところによると，何かを書き上げるために調査結果に再び戻りたいと思うには，研究することに「燃え尽きて」いるとか，うんざりしているということである。また仕事に直結する問題の解決のための調査を終えた多忙な実践家は，いったんある問題を解決すると，次の局面に向かうことを余儀なくされ，しばしば，調査研究を記録する時間も気力もほとんどもてなくなるとのことである。

　自身の仕事内容を公表して他者と共有しようとする人びとには，また別の障壁がある。ベッカー（Becker, H. S.）は，ユーモアに富んだ内容の著書『（社会科学における）論文の技法（*Writing for Social Scientists*）』（1986）において，2つの強力な障害物を指摘している。そのひとつは，「唯一の正しいやり方」（One Right Way）があるという考えである。「もしわれわれが調査を執筆する正しい方法を知らなければ，執筆はできない」というものである。ベッカーは，

次のように述べている。

> 　記述における非常に一般的で具体的な困難さ，つまり書き始めるという問題と「どのように構成するのか」という問題は，こうした態度に起因する。どちらの問題についても，それなりの解決法は見つかっていない。あなたがすることは何でも，対立している可能性の間での妥協となるだろう。これは，あなたが実行可能な解決法にたどり着けないという意味ではなく，あなたがあてにできないのは，最初からずっと発見されるのを待っているような，完全な解決方法を見つけることだということである。　　　　　　　　　　　　　　　　　　　　　　　　[pp. 48-49]

　ベッカーが示した2つ目の障害物は，おそらく最も強力な阻害要因であろうが，他者が目にするものを執筆することにともなうリスクである。論文却下に対する恐れ，批判に対する恐れ，学術的ではないとみなされる恐れ，探し出されることへの恐れは，多くの執筆者を無気力にさせる。
　あなたの研究領域の知識基盤に貢献し，実践を向上させることに関与することが，自分がリスクを冒すだけのつよい価値があると考えるならば，調査報告を執筆する作業を進めるために援用しうる，いくつかの方策を示すことができよう。
　まず第一に，その報告の対象となる読者層を決めることである。一般大衆なのか？　調査結果を適用する立場の実践家なのか？　方針策定者か？　資金提供者か？　他の調査者や研究者か？　報告の内容，執筆スタイル，そして調査報告の長さすら，想定された読者層によって決定されるだろう。対象となる読者層に対しては，次のような問いかけができる。「(1)これらの読者は，その研究に関して**何を**知りたがっている／知る必要があるのか？　(2)こうした情報は，**どうすれば**最もうまく提供できるのか？」(Selltiz et al., 1976, p. 501)。たとえば実践家や一般大衆は，なぜある統計的分析が選択されたのかについては知る必要はあまりないが，しかし他の研究者にとっては，こうした情報は，研究成果を評価したり再調査したりするうえきわめて肝要なものとなる。
　第二に，書き始めることである。調査報告の導入部分からでなくてもよいだろう。導入部分から書き始めねばならないという原則は存在しない。じっさい，多くの執筆者は，導入部分から書くのが最もむずかしいことのひとつだと認識している。研究方法に関する部分から始めるほうが容易であろう。あなたが何

を行なったのか，そしてどのように行なったのかという具体的な箇所は，あなたを書き進めやすくしてくれる。いったん書き始めたら，調査報告の次に容易な箇所に進むことである。ムリンズ（Mullins, C. J., 1980）は，こうしたアプローチを「ブロック」方式と呼んでいる。「始まりから終わりまで（beginning to end）」方式と「寄せ集め（bits and pieces）」方式の間の妥協の産物である。「初まりから終わりまで」方式では，ふつうアウトラインがこのあとにつくられる。調査報告においては，問題の設定から始まり，文献レビューが続くことになろう。「寄せ集め」アプローチは，逆に，「あらゆる形式的に体系化された手続きを嫌う」（Mullins, 1980, p. 142）人びとのためにある。あなたがそのとき書きたいと感じた箇所から書き始め，小さな断片同士をつなげていくのである。このやり方は他の方法よりも時間を要するが，アウトラインのところで行き詰まったり，あるいはまったく書かないよりははるかに良い。

　以下に掲げるのは，あなた自身の執筆パターンを確立させたり，どうしても書けない時期を突破したりするさいに，助けになると思われる上記以外の提案である。

- 最も生産的になれる環境のタイプを決める。
- 1日のうち，あなたが最も執筆しやすい時間帯を決める。早朝？　深夜？　日中？
- コンディションは完璧なのに，書けないときがあるだろうことを想定しておく。何か別のことをして，あとで再び取り組んでみるとよいだろう。
- あなたのやり方を「話してみる」。あなたが書こうとしているものを，自分自身または他の人に説明してみる。こうすると，ほとんどの場合，あなたが次に書こうとすることが明確になってくるだろう。また執筆のために，もっと読んだり考えたりするべきだと気づかされるようにもなるだろう。
- その日の作業を終えるまえに，次の執筆のさいに，あなたが行おうとすることをリスト化しておく。このことは，執筆再開のときに必要な時間を短縮してくれるだろう。
- しばらくたってから再読するために，執筆したものを保管しておく。
- 綴りや文法のような，執筆の技巧面での泥沼にはまらないようにすること。これらは，あとで修正が可能である。

調査報告の草稿を完成させたならば，あなたは，修正する（revise）ための準備が整っていることになる。「修正することは，文字通り『もう一度見る』ことである。修正プロセスにおいてキーとなる課題は，他人がそれを見るように，あなたの文章を見ることである」(Maimon et al., 1981, p. 14)。多くの執筆者は，意識的もしくは無意識的に，読者の役割を過大に想定しすぎる。読者は多くの場合，その話題にはあまりくわしくはないし，その著者ほどには膨大な資料を読んでもいない。したがって読者は，執筆者と同じように，詳細に読み進んだり，論点がどのように関連しあっているのかを理解したりはできない。読者は，「あなたが話している内容について，頻繁に思い起こさせられる必要がある。もしあなたが読者に２つの考えを結びつけさせたいならば，あなたは，その結びつきを具体化するという作業をしなければならない」(p. 15)。執筆者はまた，不必要な細部にはまり込んでしまってはいけない。読者は，「あなたの執筆の要点を知りたがっているし，またしかも，できるだけ効率的に知りたがっている。読者は，あなたの調査プロセスの年月順の説明を，苦労して読み通したいとは思っていないのである」(p. 15)。

　あなたの調査報告を明瞭で読みやすくするための最善のやり方は，何人かの人びとにそれを読んでもらうことだ。このことは，

> 書き手側の文体と読み手向けの文体の間にあるちがいを，かなり明確にわかる手助けとなるだろう。執筆者と読者の間で，それぞれができるだけ労力を費やさないようにしつつ，しばしば微妙な対立がくり広げられていることに気づくだろう。あなたが自分の情報や考えを伝えさせる立場にあるとき，あなたは，買い手市場に飛び込むことになる。そこではあなたは，自分の買い手，あるいは読者のニーズを調整するために，できるかぎりのことを学ぶべきなのである。
>
> 　　　　　　　　　　　　　　　　　　　　　　　　［Maimon et al., 1981, p. 14］

　あなたが書いたものを理解するために労力を費やさねばならなかった読者は，あなたの調査結果を活用するための気力を残していないか，あるいは，あなたの調査報告を読むこと自体を完全にあきらめてしまうかもしれない。修正の作業は，執筆者から読者に向けての情報の伝達を妨げるあらゆる障害物が取り除かれたかどうかを点検することである。修正プロセスには，以下のステップが含まれる。(1)下書きからアウトラインを作成することによって，あなたの調査

報告の全体構成を点検する。(2)「この節の要点は何か？」を問いかけることによって、各節と「面談する」(Maimon, et al., 1981, p. 15)。(3)くり返しの箇所と不要な語を削除する。(4)粗雑な文の構成をなめらかにする。(5)綴り、文法、誤字・脱字をチェックする。

　ときには専門雑誌の要件を満たすために調査報告を短縮したり、広報や部内刊行物のために調査報告を縮約版にしたりする必要がある。何もない状態から縮約版を創り出すよりも、より長い下書きの縮約版をまとめ上げるほうが容易である。いったん調査報告の下書きを書いたならば、その下書きを数か所に区分けすることができる。文献レビューは削除できるかもしれないし、大事な要点は参考文献の参照によって要約できるかもしれない。理論的枠組みの骨子は保持される必要があるが、詳細な考察は省略が可能である。データ収集に用いた設問のサンプルは、質問紙全体を組み込むかわりに提示できる。最後に、調査結果は表や図の補助なしに述べることができるし、ある調査結果のみを強調し、他の結果は別の論文に分けて報告することもできる (Selltiz, et al., 1976)。

　要約するならば、調査報告を執筆したり修正したりするための魔法の公式は存在しないが、いくつかのやり方で作業を容易にすることはできる。たとえば、調査報告のための標準形態を用いることによって、読者層を定めその層に向けて執筆することによって、自分が書きやすいところから書き始めることによって、快適な執筆や修正のパターンを確立することによってなどである。不幸にも、調査報告を書き上げることができる立場にあるにもかかわらず、さまざまな理由から、調査報告を本棚にしまいこんだり、信頼できるわずかな仲間内のみで共有したりしてしまう者もいる。それは、リスクの要因にひるんでしまうからかもしれない。あるいは、その原稿が世に送り出すには「十分良い」とはけっしてみなさないからかもしれない。ベッカー (1986) は、「それをドアから外に出すこと (Getting It Out the Door)」と名づけられた章において、すべての執筆者が「改善することと完了すること」の間で感じる緊張について述べている (p. 122)。原稿は無限に修正され、更新され、改善されうる。いずれかの時点で、公表が必要なのである。以下のところでは、調査結果の公表が重要である理由と、それに取り組む方法について議論していく。

第6節　調査結果の公表

　調査者が調査報告を執筆するさいに行う決定にさいしては，次の点が勘案されよう。(1)その調査報告が念頭においている読者層，(2)調査結果を公表する目的。多くの調査者がある領域における知識の蓄積を増やすことに満足する一方で，調査結果を実践に適用させることに関心を示す人びともいる。本書が成人の教育と訓練に関する応用分野にいる人びとを念頭においているため，調査結果を実践に適用させる機会を最大限に拡げるうえで，調査結果をどのように公開するかが，ひとつの課題となる。この問いへの回答には，それが現実のものであれ想像されたものであれ，研究の応用分野における調査と実践の間のギャップの問題を考慮することが必要となる。

　実践家は研究者に対して，だれも答えを必要としないような問題を調査する，象牙の塔の住人だという固定概念を有しているかもしれない。他方で研究者は，実践家は，調査を単純なものと考え，より大きな問いを理解するには日常的なことがらにとらわれすぎだとみなしているかもしれない。こうした態度は，応用領域における調査者と実践家の親密な協力関係をとおしてこそ効果的となりうる，進歩を妨げる。だが幸い，多くの領域で，研究者と実践家が協力して，共通の課題に取り組もうとする努力が示されてきている。このひとつの方法は，問題の概念化からデータの収集と分析，調査結果の公表にいたるまでの，調査の全側面において，（実践者を）調査参加者として関与させることである。この独特の調査アプローチは，第7章のアクション・リサーチと参与的調査に関する箇所で，詳細に議論されている。

　実践家と研究者を親密に結びつけるための第二の方法は，両者が調査を実施して，評価しあうことで，より高められていくような大学院プログラムをとおして行われてきた。修士の学位プログラムの一環として活動をしている実践家はふつう，自分の研究の一部として，調査の一連の流れをこなす。そして調査者や研究者になろうと志す人たちは，実践の世界での複雑な問題を調査するなかで，より高度な訓練を受けるのである。

　研究者と実践家がお互いをより知るようになる第三のメカニズムは，会議などの，構造化された活動をとおして進められる。そこでは研究者は，自分の研

究の実践的な意味合いを強調するのである。いくつかの大規模な組織では、適切な聴衆向けに、調査結果が集約され解釈される場として、連絡部門や事務局を創設したりする。こうした人や事務局は、大企業の研究開発部門や政府機関、民間の財団、大学でみられる傾向にある。

　たしかに、社会科学研究者と実践家とが社会で遭遇する、われわれの場合と同様に複雑な問題に取り組むために、協働する他のやり方もある。新しい実践への取り組みに時間がかかることは、研究と実践の間のいわゆる「ギャップ」にはあまり関係がないが、新しい発見への慎重な評価や変化に対する人間本来のしぜんな抵抗とはかなり関係がある。

> 　いかなる新しい調査結果に対しても、本来的な嫌悪感のようなものがつきまとう。いかなる新しいアイディアや実践も、ほぼ自明のごとく、古い考え方はまちがっていて、実践家の現在の方法は効果的ではない、あるいは少なくとも不適切だということをほのめかす。……実践のために新たな結果やその意味を受け入れる人は、自分がまちがっていると告げられることにくわえて、古い反応様式を捨て（unlearn）、新しく体制化された行動のレパートリーを獲得するという困難な仕事に直面するのである。　　　　　　　　　[Helmstadter, 1970, p. 402]

　要するに、研究の応用分野において調査結果を公表する「理由」は、実践を改善するためなのである。このことは、「ある領域の知識基盤に貢献するだけでは価値ある目標にはならない」ということを意味するのではない。しかし、知識が蓄積され、実践が改善される機会を得ることは、公表をとおしてのみ可能なのである。

第7節　調査結果の公表の方法

　調査結果を適切な読者層に伝える方法はたくさんある。より一般的な方法は、専門雑誌論文（journal articles）や著書、助成金による出版、そして学会・会議（conference）の3つである。

　ほとんどの調査者は、査読制度のある（refereed）雑誌にて、自分たちの調査結果を公表しようと努力する。雑誌の種類によっては、これが最も名誉あることであるとともに、最も困難な方法でもある。**査読がある**とは、論文を批評

し，それが公刊に値するかどうかを決定する編集委員会に，調査結果が送られることを意味する。論評はたいてい名前を伏せて行われる。つまり，執筆者も査読者もお互いがだれかはわからないのである。多くの人びとは，ある領域で権威者だとみなされた人だけが，主要な学術雑誌で公表できる，とまちがって思い込んでいる。ときおり重要な人物に寄稿が求められることもあるが，多くの雑誌では，執筆者がだれかに関係なく，あらゆる投稿を歓迎する。その場合，内容の妥当性や問題の重要性，説明の明確さといった，他の規準によって論稿の評価が決まるのである。

論文を刊行物に投稿するまえに，調査者は，どの専門雑誌が論文の内容領域に最も適合しているかを慎重に決めるべきである。そして雑誌の原稿について，そのスタイルや様式，投稿手続き（たいてい表紙の内側にある）をよく調べておくべきである。ほとんどの専門雑誌は，調査結果を報告するための標準形態に準じている。もしどの雑誌が適当かを決めにくいならば，こうした情報を詳述したガイドブックもある。たとえば，『カベル出版社の公表機会目録：教育学分野』（*Cabell's Directory of Publishing Opportunities in Education* (1998)）は，人文科学と社会科学分野の3,900のジャーナルを掲載している。記載されている情報は，以下のものである。編集者の氏名と住所，最初の刊行年，刊行回数，年間購読料，発行部数，雑誌のねらいと対象とする読者層を列挙した編集規程，そして原稿提出に関する完全な情報である。包括的な目録（directory）にくわえ，学問分野ごとに定期刊行物の独自の目録がある。『教育および教育学分野の定期刊行物ガイド』（Camp & Schwark, 1975）は，上記と同様の情報とともに，合衆国における600以上の教育関連の定期刊行物を掲載している。成人教育・継続教育に限定したものとしては，北イリノイ大学の成人・継続教育調査・評価部局によって編纂された情報源がある。『成人・継続教育研究のための雑誌目録』（*RE/ACE Journal Index for Adult and Continuing Education Research*）は，成人教育者の公表の場だと考えられる，数百の雑誌に関する適切な情報を提供してくれる。

ふつう，その調査がはば広い読者層の興味をひく，重要な結果をともなった大規模なものでないかぎり，調査結果は書籍としては公刊されない。こうした書籍はしばしば，研究が行われた大学や機関と提携している出版社から刊行される。ときには，商業的出版社が，つよいアピール性のある調査結果を出版す

ることもある（たとえば，シーヒィ（Sheehy, G.）の『ニュー・パッセージ』(*New Passages*, 1996) やターケル（Terkel, S.）の『アメリカン・ドリーム』(*American Dreams*, 1999) などである）。研究が雑誌論文としては大規模すぎるが，本にするには小規模すぎるならば，そうした調査者は，モノグラフ（monograph）として調査結果を刊行するのを検討するとよいだろう。モノグラフは本と似ているが，より小規模で焦点がしぼられている。いくつかの学術出版社，民間機関，財団は，モノグラフを出版する。学術雑誌論文と同様に，原稿提出の方法に関する必要情報を示した出版社の目録もある。

　調査結果を公表する第二の主な方法は，その調査上の問題に関心を示している機関からの支援によって出版物を出すことである。こうした団体には，専門職団体，財団，社会サービス機関，地域組織などがある。おそらくこうした団体は，プロジェクトの基金に貢献したり，専門家派遣やコンピュータ指導といった支援形態の提供によって連携したりしている。これらの機関は研究成果を，ニューズレター，モノグラフ，部内報，視聴覚テープ，あるいは口頭発表をとおして，公表したいと思うだろう。こうした調査は，支援母体や機関にとって，高度な実践的適用性がともなう，実践志向的なものになりがちだ。（すでに論じてきた）専門雑誌と学会や会議は，連携・関連団体をこえて，調査結果を公表したいと願う調査者に対して道を開くのである。

　学会や会議は，専門家の団体・組織・機関によって後援されている。それらは，そのトピックに関心のある人びとや，看護師やトレーナーのようなある特定の専門職集団，特定の機関の雇用者などに向けて開かれる。あらゆる学会・会議は，基本的には研究結果を公表するための場である。しかし，調査結果の発表を唯一の目的とする学会や会議もある。学会・会議と研究発表の申請手続きに関する情報は，その領域における最新の雑誌やニューズレターを調べればわかる。もし申請した演題発表が受理されたならば，そこで配布される資料の準備に取り組むことになる。こうした資料はたいてい，調査結果の報告のためのそこでの慣例的な形態をとる。口頭発表それ自体は，雑誌論文よりはフォーマルではないし，調査完了後の報告というよりはむしろ，進行中の調査報告となることもある。学会・会議での発表はしばしば，同じ問題領域に関心をもつ人びととのネットワーク形成につながる。そのようなネットワークは，ある領域における知識の蓄積をうながし，最新の調査結果のさらなる普及につながって

いく。

第8節 要　約

　学会・会議，出版助成による刊行，査読制度のある雑誌論文は，調査結果を公表する3つの一般的な手段である。方法の選択は，調査者が結果を届けようとする読者層に左右され，またあるていどは，実施してきた調査のタイプにも拠る。いずれにせよ，結果報告と公表は調査プロセスの不可欠な部分であり，プロジェクトの当初から調査者の側の関与が求められる。こうした努力の欠如は，その領域に貢献する可能性を奪い，またまず何よりも，その調査の重要性に疑念をもたらしてしまう。

第9章参考文献

Becker, H. S. (1986). *Writing for Social Scientists*. Chicago: University of Chicago Press.（ハワード・S・ベッカー／パメラ・リチャーズ，佐野敏行訳『論文の技法』講談社，1996年。）

Cabell, D. W. E. (Ed.). (1998). *Cabell's Directory of Publishing Opportunities in Journals and Periodicals* (5th ed.). Beaumont, TX: Cabell Publishing.

Camp, W., & Schwark, B. L. (1975). *Guide to Periodicals in Education and Its Academic Disciplines* (2nd ed). Metuchen, NJ: Scarecrow Press.

Fox, D. J. (1969). *The Research Process in Education*. New York: Holt, Rinehart & Winston.

Glaser, B. G. (1978). *Theoretical Sensitivity*. Mill Valley, CA: The Sociology Press.

Helmstadter, G. C. (1970). *Research Concepts in Human Behavior*. New York: Appleton-Century-Crofts.

Maimon, E. P., Belcher, G. L., Hearn, G. W., Nodine, B. F., & O'Connor, F. W. (1981). *Writing in the Arts and Sciences*. Cambridge, MA: Winthrop.

Marquis Academic Media (1981). *Directory of Publishing Opportunities in Journals and Periodicals* (5th ed.). Chicago: Marquis Academic Media.

Mullins, C. J. (1980). *The Complete Writing Guide*. Englewood Cliffs, NJ: Prentice-Hall.

Office of Research and Evaluation in Adult and Continuing Education. (1997). *RE/ACE Journal Index for Adult and Continuing Education Research*. DeKalb, IL: Northern Illinois University, Office of Research and Evaluation in Adult and Continuing Education.

Selltiz, C., Wrightsman, L. S., & Cook, S. W. (1976). *Research Methods in Social Relations*. New York: Holt, Rinehart & Winston.

Sheehy, G. (1996). *New Passages*. New York: Ballantine Books. (ゲイル・シーヒィ, 田口佐紀子訳『ニュー・パッセージ：新たなる航路（上）（下）』徳間書店, 1997年。)

Terkel, S. (1999). *American Dreams : Lost and Found*. New York: New Press. (スタッズ・ターケル, 中山容訳『アメリカン・ドリーム』白水社, 1990年。)

Tough, A. (1979). *The Adult's Learning Projects*. (2nd ed.) Toronto: Ontario Institute for Studies in Education.

van Dalen, D. B. (1966). *Understanding Educational Research*. New York: McGraw-Hill.

van Maanen, J. (1988). *Tales of the Field : On Writing Ethnography*. Chicago: University of Chicago Press. (ジョン・ヴァン＝マーネン, 森川渉訳『フィールドワークの物語：エスノグラフィーの文章作法』現代書館, 1999年。)

Wolcott, H. F. (1990). *Writing Up Qualitative Research* (Qualitative Research Methods Monographs, Vol. 20). Newbury Park: Sage.

第10章
調査における倫理的ジレンマ

　問題を形づくることから調査結果の公表にいたる，調査プロセスの各段階は，倫理的なジレンマの可能性をはらんでいる。たとえば，あなたはもし，次のようなことに出会ったならばどうするのかを考えてみてほしい。

- 著しく高い学生在籍率を誇る成人識字プログラムのケース・スタディで，何人かの学生を追跡調査するなかで，出席と卒業の記録に，不正に手が加えられていたことを知ったとしたら。
- 実験群と統制群を設けてその効果を検証している，ある特定の訓練プログラムにおいて，何人かに対しては新しい手続きを学ぶのに必要な時間を半分にしていたが，実際には，それがその他の人びとの学習を妨げていたことに気づいたとしたら。
- あなたが患者教育の研究をちょうど終えたばかりのときに，その病院の院長が，結果公表の許可を取り消したとしたら。
- ボランティアの心肺蘇生法訓練のセッションを観察するなかで，指導者と何人かの参加者との間に，不適切な身体的接触があることを目撃したとしたら。

　上記のジレンマの例は，実際の状況にもとづくものである。いくつかの問題は，事前にそれを察知して説明することもできる。しかしほとんどのジレンマは，調査データの収集・分析・結果公表のプロセスの思いがけないところで生じる。いくつかは，その研究デザインに固有のものでもある。本章で論じていくのは，テーマ設定から調査結果の公表までの調査プロセスの，さまざまな箇所に埋め込まれた倫理的な問題である。

第1節 研究テーマの設定

　第2章で述べたように，何を研究するかの決定は，単に成人教育・訓練の知識基盤への貢献の欲求以上のものとして形づくられる。このほかに研究テーマ設定に影響するのは，個人の関心や時間・資金・アクセスなどの実務上の問題，社会的・政治的状況，調査者の個人的価値観などである。ロビンソンとムールトン（Robinson, G. M.& Moulton, J., 1985, p. 52）が観たように，「研究される問いや問題は，興味深く，価値があり，重要だとみなされたものである。何が興味深く，価値があり，重要かを決定する規準は，しばしば倫理的価値観にもとづいている」。「中立的な」知識を生む，価値自由の（value-free）調査など，「自然」科学においてさえ，もはや存在しないのである。教育・訓練のような応用社会科学では，実践は社会的世界とそのなかの人びとを巻き込んでおり，そこでの調査は，とくに価値関与的である。それゆえ，潜在的に倫理的な葛藤をはらんでいるのである。

　この一例として，調査と年々に流行した話題との関連をみてみよう。1960年代には職業訓練が社会的優先課題であった。1970年代およびとりわけ1980年代には，識字が最先端の課題であった。1990年代には，多文化主義と民族的多様性が差し迫った課題であった。これらの関心のいずれにおいても，調査に対する政府と民間の支援が存在した。調査テーマの選定はどのていどまで，社会的関心や政治的イデオロギーや財政状況によって左右されるのだろうか？　また，その程度はどれくらいであるべきなのか？

　調査は，社会的介入と直接かかわっている。成人の教育と訓練についての調査の多くは，介入問題と関連しており，その意味でとくに問題性をはらんでいる。成人に読むことを教えることは介入である。コンピュータ化されたラインで働く労働者の再訓練も介入である。自身の糖尿病をモニターすることを患者に教えることも介入である。学際的なチームを形成し，そのなかでうまく働けるよう専門家を訓練することも介入である。キメル（Kimmel, A. J., 1988）は，介入の研究に固有の倫理的問題を，次のように指摘する。

調査はしばしば，科学者が，潜在的に特定の個人を傷つけたり，一般社会に脅威的であったりすると信じるパターンを変えようとする試みを示す。……価値は，介入研究の調査プロセスのあらゆる段階において，内在的に混入されている。それは，そこに社会問題が存在し，介入の必要があると決定した時点から始まるのである。……結果として生じる倫理的な問いの中心となるのは，科学者が彼または彼女の価値観を押しつける権利を有するかどうかにある。それは，人びとの生活に影響をあたえる試みのなかで，目標を定め方法を選択することをさす。しかし，対象となる人びとは，自分の行動や生活経験を変えたいとはおそらく思っていない，あるいはそのプロセスにおいて自分に何が起こるのかに気づいていないのである。　　　　　　　　　　　　　　　　　　　　　　　　[p. 125]

　キメルの指摘を例証する，調査テーマの選択に内在する倫理的ジレンマの一例が，識字調査である。政策立案者，資金提供者，教育者，一般市民は，ふつう識字が良いことだとみなし，成人が文字を学ぶのを支援する試みを支持する。フィンガレット（Fingeret, A., 1983）による革新的な研究が明らかにしたのは，成人非識字者はすでに確立された社会的交換ネットワークのなかにおり，文字の読み書きへのニーズは，返礼として提供するサービスとの**交換のなかで**，他者によって満たされるということである。文字の読み書きを覚えることは，このネットワークを途切れさせ，非識字者を重要なサポートから孤立させ，新しいネットワークに自らを適応させるか，それを新たに形成させるかを要するようになるのである。こうした場合，教育者には介入のためのどのような権利があるのだろうか？　非識字の問題に関する調査研究をデザインすることには，どのような意味があるのだろうか？

　ロビンソンとムールトン（1985）は，調査における優先順位の確立を，学問の自由の問題と結びつけている。調査者は，それが何であれ，どんな問題についても調査する権利を有するべきなのだろうか？「評判の悪い真実であっても，真実は真実なのだ」と，彼らは述べる。「神が存在しないとしても，性の乱れが続くとしても，精神的能力が遺伝的にいくつかの民族・性別・人種のグループと関連していたとしても，われわれは，それらを知るべきだと論じることはできる」(p. 58)。しかし，われわれはそうすべきなのだろうか？　彼らは，「良いこと以上に害をもたらしうる真実も存在するだろう」と譲歩している。彼らがいう最大の問題は，次のようなものである。「とりわけ危険に思えるこ

とは，いかなる知を探求すべきかを決定する権力を，一部の人びとが握る可能性である」(p. 58)。

したがって，単に調査対象となる問題を選ぶだけのことにおいても，倫理的に配慮すべきことがらは非常に多い。問題設定において，われわれの立場は，価値からの自由ではありえないのだ。調査されるべき重要な問題としてみなされることがらは，社会文化的，政治的，実践的な現実世界との関係において，調査者の有する価値体系によって定義される。最終的には，「調査テーマの選択では，実践的な問題，理論的課題，調査参加者の関心，および調査者の好奇心の間のバランスをとることが求められるのである」(Kimmel & Moody, 1990, p. 492)。

第2節　調査参加者の選定と保護

調査研究における調査参加者の保護に関する問題は，ナチの強制収容所においてなされた残忍な医療実験の露呈にまでさかのぼる。399人の黒人男性が梅毒を注入され，治療されなかったタスキーギ梅毒研究 (Tuskegee syphilis study)，ミルグラム (Milgram, S.) の服従心理の研究，ハンフリー (Humphray, J.) のゲイの男性についての研究 (Kimmel, 1988) などのいくつかの研究に関連したスキャンダルは，人間を対象とする調査を実施するうえでの綱領やガイドラインの必要性を訴えた。社会科学調査はふつう，生物医学研究ほどには調査参加者を危険にさらす程度が高くないとはいえ，研究される人びとには，つねにリスクがともなう。キメル (1988) は，5つのリスクをあげている。

(1)身体的健康状態，態度，パーソナリティ，自己概念などの，自分自身の特徴の実際の変化。(2)緊張や不安を生み出す経験。(3)それが公にされると調査参加者が恥ずかしい思いをしたり，何らかの法的措置に向かいかねない「私的な」情報の収集。(4)ほかのところでは出会わなかったであろう，自分に対する不愉快な情報を受け取ること。(5)人を傷つけるような，ある種の情報の収集を通じてのプライバシーの侵害。　　　　　　　　　　　　　　　　　　　　　　　　　　[p. 37]

問題の核心には，社会の知る権利および調査者の探求する権利と，個人の「安全とプライバシー」の権利の**対立**がある。この競合する価値観を取り扱う

ガイドラインでは，もっぱら次のことがらが中心となる。調査参加者を危害から守ること，かれらのプライバシーの保護，説明を受けたうえでの調査への同意が確約されていること，欺き（deception）をなくすか最小限にすることである。なかでも次の点が重要となる。

1. 回答者は，調査の目的と，提供を求められたデータがどのように用いられるのかを教えられるべきである。
2. 回答者は，データ収集のまえに，調査の性格について説明され，どの段階においても参加を取りやめることが認められるべきである。
3. 調査参加者とその生活環境および参加者の身近な者への，不愉快な，もしくは危害をあたえるような影響は，調査の最中も終了後もなくすべきである。
4. 調査者は回答者のプライバシーを尊重し，可能なかぎりつねに，匿名性または機密性の確保に努めるべきである。
5. 参加者に，職業倫理にもとる行動を要求するべきではない。
6. 参加者は，調査から学ぶ機会をあたえられるべきである。

[Fox, 1969, pp. 384-386]

　上記の6項目はそれぞれ，そのガイドラインを施行するにあたって，いくぶん問題をはらんでいる。たとえばインフォームド・コンセント（informed consent）は，研究の目的と手続きを十全に説明することであるが，それは同時に，リスクと効果についても概説することを意味する。しかし，研究の目的を調査参加者に伝えることは，ある種の研究では，研究目的を混乱させてしまうだろう。従業員の性別が昇進を決定する度合いを研究目的としていたことを経営者が聞かされていれば，その人の行動は，研究目的を知らなかった場合とは大きく異なってくるだろう。また，調査参加者が潜在的なリスクの可能性を理解しかねるようなとき，いかにして同意が得られるのだろうか？　さらには，学校や企業といった組織において調査を行う場合，組織内の全メンバーから同意を得ることは，どのていど必要もしくは現実的なことなのだろうか？

　調査参加者への不愉快な影響や損害をなくすという，3つ目のガイドラインを履行することでさえ，問題となりうる。不愉快な影響があるかどうかやそれ

らの影響の程度を，事前に決めることがいつもできるわけではない。たとえばある実験研究が，成人に読むことを教える新しい方法を調べるために組まれている場合，実験対象となる人びとの読む能力が後退するか促進されるかを，事前に述べるのは明らかにむずかしいことであろう。たとえその方法が大きな成功を収めたとしても，統制グループからその方法による利益を奪うことが倫理的に問題はなかったかどうかは，問われることになろう。

　同様に，匿名性や機密性の確保も，約束することはたやすいが，実施はそういかないこともある。たとえば，個性的なプログラムのケース・スタディの現場と参加者に仮称がつけられていたとしても，その地域の人やそのプログラムを知っている人には，現場の本当の名前がわかるだろうし，おそらく参加者についても同様であろう。別の種類の例としては，集中的な牧会カウンセリング (pastoral counseling) が参加者の結婚にいかに影響したかに関する研究では，別々にインタビューを受け，仮名をつけられた配偶者同士が，相手がデータのなかのどの人物かを認識することができたという機密性の問題を提起した (Carse-McLocklin, 1992)。

　ディエナーとクランドール (Diener, E.& Crandall, R., 1978, p. 43) は，調査者は，「『理性的または分別のある人物』が知りたいと思う」ことを明らかにすべきだと述べている。「この法律用語は，その問題に対する常識的アプローチの本質をとらえている」。くわえて調査参加者は，「研究の間の，いかなる潜在的な危険や権利の喪失についても，知ることへの**無条件的な権利**を有する」。調査参加者の倫理的処遇の問題に対する，常識的な立場からのアプローチは，少なくとも次のことを提起する。すなわち，参加者の安全を確保するために合理的な措置がとられること，調査者が自分自身もまた調査参加者であるようにふるまうこと，回答者が調査への同意を示すこと，あらゆる情報の機密が保持されることである。

第3節　データ収集

　成人教育や人的能力開発のような応用領域における調査は，ほとんどいつも，人びとからデータを収集することにかかわっている。ゆえに，インフォームド・コンセント，プライバシー，欺き，保護の問題は，研究デザインのいかん

にかかわらず重要な課題となる。これらの問題の現れ方は，データ収集の方法が実験なのか，観察またはインタビューなのか，サーベイなのかによっていくぶん異なってくる。ここでポイントとなるのは，調査者が調査参加者に対して行使する統制の大きさである。

　実験は，フィールドにおいても実験室においても，調査者と調査参加者の間に大きな権力の差をもたらす。実験デザイン（第4章参照）のまさに本質は，統制と操作にある。原因と結果を診断するために，実験における調査者は，変数を操作し，事象のしぜんなプロセスに介入するのである。レイノルズ（Reynolds, P. D., 1982）が指摘するように，「変数間の因果関係が成立するような多大な信頼性をもたらす調査技法は，同時に，調査参加者への影響に対する調査者の責任も最大化する」（p. 156）。倫理的ジレンマは，次のようなことを決定するさいに立ち現れる。すなわち，調査参加者はどれほど「知らされる」必要があるのか，研究されている行動に悪影響をおよぼさないためにはどれだけの欺きが必要となるのか，潜在的リスクが潜在的効果にまさる程度はどれくらいかなどである。実験デザインにおけるネガティブな影響としては，「欺かれること，身体的不快感，心理的ストレス，不愉快な自己認知があげられよう」（p. 30）。

　観察を主要なデータの情報源とする研究は，それ自身に特有の倫理的問題をはらむ。観察は，全面的に非干渉的なもの（たとえば公共の場において，あるいはマジックミラーをとおしての観察など）から，調査者が観察対象のなかで積極的な参加者となり，かつその役割が他の参加者に知られている場合にまでおよぶ。ゆえに，参加者が被る統制の範囲も，観察行為が知られていない場合のように，まったく統制のないものから，大きく統制されるものまでさまざまである。個人のプライバシーの侵害は，最もわかりやすい問題である。しかし，このようにして得られた情報を公にすることも，たとえ直接的な害がなくても，関与者を当惑させるものとなりうる。観察を主要なデータ収集の技法とする場合において，ディエナーとクランドール（1978）は，以下の予防策（safeguard）を推奨している。

1．欺きを可能なかぎり少なくすること。
2．私的領域への参入には，調査目的をふまえた最大限のインフォームド・

コンセントをともなうこと。可能なときにはいつでも，事後インフォームド・コンセントを行うことも考慮すること。
3. 対象者の匿名性を無条件的に保証する手立てを組むこと。とりわけ，刊行される報告とデリケートな部分の情報が報告される場合においてそうである。
4. 観察者がその集団におよぼす潜在的な影響を再検討し，何らかのネガティブな結果が予想される場合には研究を再調整すること。
5. リサーチ・アシスタントに対しては，調査について十全に説明し，参加の可否を自由に選択できるようにすること。
6. 社会科学に対する憤りの感情を生み，その結果他の調査活動への妨害につながるような研究になっていないか配慮すること。
7. 倫理的問題を最小限にするために，同僚に相談し示唆を請うこと。できれば，調査対象となる集団の代表者にも意見を聞くこと。［pp. 125-126］

　おそらく他のデータ収集の形態以上に，観察は，調査者が予期できない倫理的ジレンマを引き起こしうる。つまり，毎回のデータ収集のなかで，問題のある行動が観察されるかもしれないということである。精神科病棟の研究においては，テイラーとボグダン (Taylor, S. J.& Bogdan, R., 1984) は，患者への身体的虐待を目撃している。無法者の暴走族の女性の研究 (Hopper & Moore, 1990) においては，調査者は，男性による女性への虐待だけでなく，犯罪的な行為をも目撃している。成人の教育と訓練の領域におけるこの問題を考えるならば，たとえば企業内での観察において，監督者による労働者への露骨なセクシャル・ハラスメントが目撃されたらどうだろうか？　もしくは，成人のクラスでの相互作用パターンの研究において，不適格なもしくは品位をおとしめるような教員のふるまいが観察されたとしたら？　こうした状況のいずれにおいても，調査者は，介入するか否か，介入するならいつどのようにするのかを決めねばならない。そしてテイラーとボグダン (1984, p. 71) が指摘するように，行動をとらないこと自体も，「倫理的で政治的な選択」なのであり，調査者はそのことと折り合わねばならない。
　インタビューをとおしたデータ収集は，それが高度に構造化されたものであっても，オープンエンドのものであっても，調査参加者は面倒な質問への回答

を拒否することで，調査プロセスをより統制できる。倫理的な問題が現れるのは，回答者が自分のプライバシーを侵害されたと感じるときや，当惑するような質問を受けたとき，あるいは，ある情報の開示がネガティブな影響をおよぼすときである。さらに，質的調査でよく用いられる深層インタビューは，予想外の長期的な影響をもたらすこともある。たとえば，前述の集中的訓練プログラムの結婚への影響に焦点をあてた研究において，あるパートナーが，結婚に対する不満がつのっていると述べたとしたら？ もし，若いころの学校での記憶が成人生活におよぼす影響に関する研究において，つらくて当人を衰弱させるような思い出が，呼び起こされたとしたら？ もちろん，すべての長期的な影響が必ずしもネガティブなものだとはかぎらない。多くの人びとは，探索されることで，自分の経験や意見，専門的知識を共有することを楽しむだろう。調査を通じて自分がある特定領域の知識基盤に貢献したのだと思うことは，しばしば満足感につながるものなのだ。応用領域においては，貢献した知識が実践の改善につながると考えることが，満足感を生むのだろう。貴重な自己認識を得る人もいれば，深層インタビューによって治療的効果を受ける人もいるのである。

　調査参加者による統制が最も大きいデータ収集の技法は，紙と鉛筆によるサーベイまたは質問紙調査である。郵送法であれ電話利用であれ，回答者は，単に回答しなければよいのである。このタイプのデータ収集にともなう倫理的問題は，次のようなことがらと関連する。つまり，「調査の目的が正しく伝えられないこと，間接的な手段あるいは何らかの強制的なやり方で，人びとに回答への重圧をかけること，個人または下位集団の回答を保護するうえで，真の機密性を保持しないこと」(Payne, 1987, p. 51)。調査参加者が最も不愉快なのは，サーベイや質問紙調査への回答に対するプレッシャーが，しばしばそれほど軽くはないということである。プレッシャーの源となるのは，尊敬すべき同僚からの添え状，監督者からの「奨励」，重ねての照会と督促などである。とはいえ，この形態によるデータ収集は，おそらく上記の方法のなかでは最も強制力の弱いものであろう。

第4節　データ分析

　社会科学調査においては，調査結果の正確さを確かめるために，報告された研究のオリジナルの原データをだれかが再確認することはあまりない。それゆえ，意図せざる結果として，故意によるデータの歪曲の可能性がかなり高いが，それが見破られるリスクはゼロに近い。公表のプレッシャー（＝注目すべき調査結果を示している研究のほうが公表しやすい），特定の理論への情熱的な傾倒，調査デザインと分析における能力や経験の不足は，結果として，データ分析における非倫理的な行いにつながりうる。じっさい，「ピルトダウン人（Piltdown man）」のような，露骨なデータねつ造で有名なケースもいくつかある。これは，「人類の『ミッシング・リンク』の存在を示すために，新しい骨を古い頭蓋骨に継ぎ足したものだった」(Robinson & Moulton, 1985, p. 63)。他の例としては，知能が環境よりも遺伝によって決定されることを示すためにデータをねつ造したシリル・バート（Burt, C.）の双子の研究，ヒトラー（Hitler, A.）の日記の偽造物，ヘイリー（Haley, A. P.）の『ルーツ』における盗作などがある。

　データ分析における倫理に関する論文のなかで，クロムレイ（Kromrey, J. D., 1993）は，量的データ分析において，調査結果の歪曲につながりかねない7つの疑わしい行為について論じている。その第一は，**データの選択性**（selectivity of data）である。これは，調査者の「仮説を支持しない調査結果を握りつぶす傾向」(p. 25) をさす。第二の，**データ駆動型仮説の援用**（use of data-driven hypotheses）は，調査者が仮説を理論から導くのではなく，得られたデータのなかからパターンを探し，それによって検証すべき仮説を定めるというものである。第三の疑わしい行いは，**事後分析の利用**（use of post-mortem analyses）である。これは，ことわざでいう魚釣りの旅のようなもので，調査者がデータのなかの有意な関係性を徹底的に探しまわるというものである。四番目の項目である**蓋然性のピラミッドと選択的報告**（probability pyramiding and selective reporting）が意味するのは，「異なった統計量がたくさん計算されるならば，そのなかのどれかがデータの構造を示すこともある。しかしそれは，単に探索の熱心さによる人為的な結果にすぎないのである」(p. 25)。五番目は，

統計学を学ぶ学生には有名なことだが，計算の再確認を怠ることによる**第Ⅰ種の過誤と第Ⅱ種の過誤**（Type Ⅰ and Type Ⅱ errors）の問題である。同様に，より技術的な問題が六番目の，**有意水準と関連性のつよさの混同**（confusion of probability level and the strength of relationships）である。これは，不適切な統計的検定をデータに対して用いることである。最後にクロムレイは，**分析における探索的アプローチと仮説検証的アプローチの混同**（confusion between exploratory and confirmatory approaches to analysis）を，非倫理的行為の潜在的な源としてあげている。これは，第二番目の項目の，データを見渡してから仮説を提示することに類似している。

　量的データ分析における倫理的行為の改善のためのいくつかの方策を，クロムレイは推奨している。彼が提起するのは次のことである。大学院教育にいっそうの倫理的トレーニングを組み込むこと。帰無仮説が棄却**されようがされまいが**，調査研究の結果を知識基盤への貢献としての評価すること。複数の作業仮説を用いること。「行なった分析を明快に記述すること」（p. 26）。

　これらの方策のうちの２つ，つまりいっそうの倫理的トレーニングと分析の明快なる記述は，質的データ分析にかかわる者にとっても，ひとしく適切な忠告である。統計的手法が質的データ分析（あるいは歴史的調査の多く）にて用いられることがあまりないため，非倫理的行動の可能性は大きくなる。質的データ分析においては，調査者は，インタビュー記録，フィールドノート，文献資料から，ひとつのデータ解釈を打ち立てようとする。その解釈は，データから生成されたものであると同時に，データによって裏づけられたものでもある（Merriam, 1998; Miles & Huberman, 1994）。生成された調査結果の裏づけにならない，またはそれと矛盾するかもしれないデータを無視することは，何とたやすいことなのか。量的調査の場合と同様に，結果の妥当性と信頼性を保証するために，調査者が用いることのできる方策がある。それらは，第６章で論じられている。この最も一般的なものは，メンバー・チェック，トライアンギュレーション，監査証跡である。監査証跡とは，データ収集と分析の明快な詳述である（ゆえに，クロムレイの先の提起とも似ている）。

　データ分析自体にくわえて，調査報告の考察部分においても，調査結果の歪曲や誤記が生じる。「これは，調査者が研究の限界を明記することを怠るさいに起こる。とりわけ，そうした限界が結果の解釈に重大な影響をおよぼす場合

や，その限界が読者にとって自明のことではないような場合に起こりやすい (Campbell, 1987, p. 72)。

　要約するならば，データ分析は調査プロセスのなかでも，意図的であれそうでない場合であれ，非倫理的な行為がとくに生起しやすい部分である。上記に掲げた方策は，誤りや誤解を最小限に抑えるために援用されるが，結局のところは，ジャクソン (Jackson, C.) (Campbell, 1987, p. 73からの引用) がいうように，調査者には，「データとデータから引き出された結論の妥当性を何度も確認することによって，誤りの可能性を最小限にする道徳的義務がある」ということである。

第5節　調査結果の公表

　調査結果の公表は，調査プロセスのひとつの重要な部分である。それが刊行の場合であれ，その他の形態での公表の場合であれ，プロセスの他の部分と同様に，研究結果の公開においても倫理的な問題が存在する。それゆえ，調査結果を知らしめることの**結果**もまた，考慮される必要がある。調査によって生み出された知識の誤解や誤用の可能性とは，どのようなものなのだろうか？　この問題は，刊行された医学研究報告にわかりやすい実例をみることができる。心臓発作を予防するためにアスピリンを服用すべきだろうか？　コーヒーは健康を害するのか，もしそうならば，どのくらいの量が問題なのか？　もっと赤ワインを飲むべきなのか？　耳たぶのしわと心臓病との関係の報告についてはどうか？

　この点は社会科学においても同様である。1960年代のいくつかの調査は，黒人が白人よりも知的に劣っていることを「証明する」報告を行なった。その後の研究がこれらの結果をくつがえすまでに，どれほどのダメージがあったろうか？　同様に，どのていどまで，またはどの時点で，成人教育・訓練の実践者は，その分野における新しい調査結果に応じてその実践を変更すべきだろうか？　残念ながら，いついかにして調査結果を適用するかの診断に関するガイドラインは存在しない。シーゲル (Sigel, I., 1990) が指摘するように，「調査結果の消費者とは，調査の結果を望むままに扱う自由な行為主体である。調査結果の適用における制約は，かれら自身の専門的基準だけなのである」(p. 134)。

調査を利用する公共政策が作用するとき，利害も大きくなる。たとえばタフ(1979)の調査結果を考えてみよう。90％の成人が自分なりの学習プロジェクトに取り組んでいるという結果は，よりフォーマルな成人教育のための資金を，議員が削減または撤廃するために利用された。逆に，非識字者の数と地位についての調査は，この問題への国家的な注目と財政支援の喚起につながった。キメル(1988)は，社会レベルでの倫理的ジレンマの「微妙な」影響について論じている。「社会のメンバーは，ある現象への知識が増えるにつれて，個人の自律性が小さくなるという感覚を経験するだろう。そして，新しい知識の適用に責任のある人びととの信頼性に対して，疑問が立ち現れてくるだろう」(p. 38)。

自身の調査がもたらす帰結に対する調査者の責任の範囲は，研究上の論争的問題である。たしかに，調査結果が特定の利益をうながすために用いられたり，誤って解釈されたり，実践に誤って適用されたりする可能性はつねにある。調査者は，自身の調査結果が不適切に（あるいは適切に）用いられる，あらゆる可能性を予見することはできない。調査者ができることは，そして多くの著者がすすめることは，次のようなことである。(a)「調査を実施するのは，それがもたらすと思われる帰結について慎重に考慮したあとでなければならない」。(b)結果の提示は，「歪曲の可能性を最小にし，社会の利益に資する機会を最大にすることが約束されるような方法で」行われるべきである。(c)特別の配慮をはらうべきは，「調査結果を公表するさいに，その適用が有用となるような条件を述べることである」(Kimmel, 1988, pp. 117-118)。

第6節　倫理性をふまえた調査のためのガイドライン

先に述べたように，倫理綱領は，1940年代半ばのニュルンベルク軍事裁判にまでさかのぼることができる。1947年のニュルンベルク綱領（Nuremberg Code）は，実験の制限を示す10項目から成るものだった。その主要な貢献は，インフォームド・コンセントの概念の明確化にあるが，これは，あとに続くすべての綱領やガイドラインの中核的な概念となった。生物医学調査における虐待が注目された1960年代および1970年代において，政府機関は，政府が資金提供するいかなる調査に対しても厳格な審査を確立することで対応した。

連邦政府の指導を受けて，ほとんどの団体や機関が，官民を問わず，倫理審

査委員会 (institutional review board = IRB) を設置し，その機関内で，あるいはその機関の支援のもとに実施される，調査の計画を審査するようになった。たとえば，調査を実施する高等教育機関には IRB が設置され，教職員と学生は，調査研究を始めるまえにそこからの承認を得ることが必要となった。こうした審査は，インフォームド・コンセント，調査参加者のリスクの最小化，機密性保持などを保証することで，調査者と機関の双方を保護するよう組まれている。

専門職団体は，倫理的行動のためのガイドラインの，もうひとつの主要な源泉である。卒後訓練や専門家とみなされる人からのモニタリング，および構成員の調査実施の権限を剥奪することのできる審査委員会を通じて，専門職団体自身もまた，構成員の倫理的行動に対して何らかの統制を行使することができる。いくつかの団体では，とくに調査の問題を特定的に扱う倫理綱領がある。人類学の綱領が扱うのは，研究対象者との関係，一般市民に対する責任，その学問分野に対する責任，学生や財源支援者に対する責任，そして調査者の属する国の政府と現地の政府に対する責任である。心理学と社会学の綱領の項目が扱うのは，調査のコストに対する効果の検討，調査参加者の権利を護るための保護措置，調査結果の発表における倫理的問題である (Diener & Crandall, 1978; Kimmel, 1988)。これまでのところ，成人教育と人的能力開発の領域には，倫理についての一般的綱領が検討されてはいるものの，調査をカバーする倫理綱領はない (Brockett, 1988; Karp & Abramms, 1992; McDonald & Wood, 1993)。これらの領域における実践家や調査者は，上述の学問分野か他の関連分野，たとえば健康，ソーシャル・ワーク，カウンセリングなどの領域の綱領を，ガイドラインとして参照する必要があるだろう。

倫理をふまえた調査の実施にすでにかかわっている調査者は，当然のことながら最終的には，政府の規則と専門職団体のガイドラインに向かうことになろう。というのは，いかなる規則やガイドラインも，非倫理的な調査者による濫用を防止できないからである。ガイドラインは，調査者が研究デザインそのものを考え，リスクと欺きを減らすための方法を考えるうえでの手助けとなろう。しかし，調査研究実施のなかで立ち現れる倫理的ジレンマに作用するのは，各調査者の価値体系なのである。たとえば，本章の冒頭でふれた4つのジレンマのいずれか1つを取り上げてみよう。それらがジレンマたるゆえんは，そこに

単純なあるいは正しい解答がないということである。むしろ、「倫理的に行動すること、または倫理的な決定をすることとは、調査者が正しい、正当な、最良の行動の仕方だと考えることを実践することなのである」(Merriam, 1988, p. 146)。正しい、正当な、最良の行動の仕方を決めるさいには、調査者は最終的には、彼女または彼自身の価値観に頼らねばならないのである。

最後に、キメル (1988) は、いかなる調査者にも可能な最善策として、調査の実施が可能なかぎり倫理的に行われたことを保証するための5つの提言を示している。第一にキメルが提起するのは、「調査者と調査参加者との間の、よりバランスのとれた関係」(p. 139) の構築である。つまり、調査参加者の視点を調査のデザインに組み込むこと、および参加者をもうひとつの「支援機関」だととらえることである。「われわれが価値ある科学的知識を創出する見返りに、かれらが貴重な時間を提供してくれるのである」(p. 139)。第二の提言は、調査を行うことのコストと効果の診断において、同時に、調査を**しない**ことのコストと効果、あるいは「**他のやり方で調査を行う可能性**」(p. 140) をも診断することである。第三の提言は、すべての公表された研究において、研究で用いた倫理的手続きの詳細な説明を、調査者に求めることである。第四にキメルが提言するのは、社会科学が、「科学的な問いと問題を共有するうえでの緊密なコミュニケーションをとる一方で、お互いを活発に批判しあうような、相互にモニターしあう学術的コミュニティ (p. 144)」の構築をめざすというものである。キメルの最後の提言は、調査者が社会の倫理的な文脈とその変化、その強調点と最近の関心事を自覚するべきだということである。というのは、倫理的行動が明確となるのは、ある特定の文脈のなかにおいてだからである。

第7節 要　約

要約するならば、本章では、調査の実施と不可分の、いくつかの倫理的な問題を概説してきた。最初の問題設定の部分では、調査プロセスのこの部分でさえ価値を含み、倫理的な配慮が求められることが指摘された。調査参加者の選定と保護については、インフォームド・コンセントの実施、リスクと欺きの最小化、人びとのプライバシーの保護の問題を中心に論じた。しかし調査参加者に関する議論にみられたように、通常の条件のもとでさえ、この問題を扱うに

あたってはかなりのあいまいさが存在する。本章の次の節では，実験，観察，インタビュー，サーベイといった，さまざまなデータ収集の方法に特徴的な倫理的ジレンマを扱った。量的データであれ質的データであれ，データ分析は，多くの非倫理的な行為の機会をもたらす。ここでは，倫理的とはいえない軽率な実践を扱ういくつかの方策とともに，この点を論じた。そして調査プロセスの最終段階として，調査結果の公表における倫理的問題を検討した。最後に，調査の倫理的な実施のためのガイドラインの情報について論じた。

第10章参考文献

Brockett, R. G. (Ed.). (1988). *Ethical Issues in Adult Education*. New York: Teachers College.

Campbell, D. J. (1987). Ethical Issues in the Research Publication Process. In S. L. Payne & B. H. Charnov (Eds.), *Ethical Dilemmas for Academic Professionals* (pp. 69-94). Springfield, IL: Charles C. Thomas.

Carse-McLocklin, S. (1992). The Effects of a Clinical Pastoral Education upon the Marital Relationships of Its Students. (Doctoral Dissertation, The University of Georgia, 1992). *Dissertation Abstracts International, 53*, 1021A.

Diener, E., & Crandall, R. (1978). *Ethics in Social and Behavioral Research*. Chicago: University of Chicago Press.

Fingeret, A. (1983). Social Network: A New Perspective on Independence and Illiterate Adults. *Adult Education Quarterly, 33*, 133-146.

Fox, D. J. (1969). *The Research Process in Education*. New York: Holt, Rinehart & Winston.

Hopper, C. B., & Moore, J. (1990). Women in Outlaw Motorcycle Gangs. *Journal of Contemporary Ethnography, 18* (4), 363-387.

Karp, H. B., & Abramms, B. (1992). Doing the Right Thing. *Training & Development, 46* (8), 36-41.

Kimmel, A. J. (1988). *Ethics and Values in Applied Social Research*. Applied Social Research Methods Series, *Vol. 12,* Newbury Park: Sage.

Kimmel, D. C., & Moody, H. R. (1990). Ethical Issues in Gerontological Research and Services. In J. E. Birren & K. W. Schaie (Eds.), *Handbook of the Psychology of Aging* (3rd ed.) (pp. 490-502). San Diego: Academic Press.

Kromrey, J. D. (1993). Ethics and Data Analysis. *Educational Researcher, 22* (4), 24-27.

McDonald, S. K., & Wood, G. S., Jr. (1993). Surveying Adult Education Practitioners about Ethical Issues. *Adult Education Quarterly, 43* (4), 243-257.

Merriam, S. B. (1988). Ethics in Adult Education Research. In R. G. Brockett (Ed.), *Ethical Issues in Adult Education* (pp. 146-161). New York: Teachers College.

Merriam, S. (1998). *Qualitative Research and Case Study Applications in Education* (2nd ed.), San Francisco: Jossey-Bass. (S・メリアム，堀薫夫・久保真人・成島美弥訳『質的調査法入門：教育における調査法とケース・スタディ』ミネルヴァ書房，2004年。)

Miles, M. B., & Huberman, A. M. (1994). *Qualitative Data Analysis : An Expanded Sourcebook* (2nd ed.), Newbury Park, CA: Sage.

Payne, S. L. (1987). Concern for Academic Research Participants. In S. L. Payne & B. H. Charnov, (Eds.), *Ethical Dilemmas for Academic Professionals* (pp. 47-68). Springfield, IL: Charles C. Thomas.

Reynolds, P. D. (1982). *Ethics and Social Science Research*. Englewood Cliffs, NJ: Prentice-Hall.

Robinson, G. M., & Moulton, J. (1985). *Ethical Problems in Higher Education*. Englewood Cliffs, NJ: Prentice-Hall.

Sigel, I. (1990). Ethical Concerns for the Use of Research Findings in Applied Settings. In C. B. Fisher & W. W. Tryon, (Eds.), *Ethics in Applied Developmental Psychology* (pp. 133-144). Norwood, NJ: Ablex.

Taylor, S. J., & Bogdan, R. (1984). *Introduction to Qualitative Research Methods* (2nd ed.). New York: Wiley.

Tough, A. (1979). *The Adult's Learning Projects*. (2nd ed.) Toronto, Ontario, Canada: Ontario Institute for Studies in Education.

第11章
大学院生の調査研究

　応用領域の専門家たちは，調査を行うよりはむしろ，管理運営，計画，教育やカウンセリングといった日常業務によりいっそうたずさわっている。何人かの実践家や大学教授などが調査にかかわっているものの，その多くは，学位取得をめざす大学院学生によって行われている。たとえ大学院での調査研究が主要には学生たちの学習経験であったとしても，それは，ある領域の理論と実践に対して大きな貢献をする，ひとつのやり方なのである。つまるところ学生，とりわけ研究補助や補助金にささえられている学生たちは，自分たちの調査研究に専念する時間を有している。また，専門的職業の実践にたずさわっている学生や有給休暇中の学生は，調査されるべき重要な問題を感知したり，こうした問題に取り組むためにデータの出所に接近したりするうえで，好位置にいる。さらにまた，大学院生は真空のなかで仕事をしているのではない。かれらは，うまく概念化され，計画された研究を指導するのを職務とする，経験豊かな調査者によって導かれているのである。しかしいったんフォーマルな学位準備期間が終了すれば，調査を続けたい専門家がこうしたサポートを受けることはまれになる。

　学部レベルのプログラムでは，学生たちは，その領域の基本的知識を紹介され，それらを習得する。大学院レベルでは，ある特定の領域についてより深く学ぶ。学生たちは，その知識が検証される方法を指導される。工学，教育学，経営学および看護学といった領域の大学院プログラムは，学生にその特定の職業実践にインパクトをあたえる準備という，さらなる目標がある。多くの機関での大学院プログラムの標準的な要件は，この応用面の強調に見合うように調整されてきている。大学院でのコースワークにはふつう，インターンシップ（＝現場での仕事の経験）が含まれる。コンピュータや統計学のコースは，従来からの外国語習得の要件に取って代わろうとしている。また調査プロジェクトは，実践から導き出される傾向にある。

すべての博士課程プログラムといくつかの修士課程プログラムは，調査実施を修了要件の一部として学生に課している。修士レベルの調査研究と博士レベルの調査研究のちがいは，段階の差にある。理屈のうえでは，博士課程での調査研究は，重要度が大きい問題を内包しており，その意義と波及効果が，その領域により大きな影響をおよぼす可能性があるということになる。

> その問題がより複雑であるがゆえ，学位取得候補者（the candidate）は，それの解決のために，その領域におけるより広い理解が求められることになる。彼は，独立した調査研究を遂行できることを示さねばならないので，彼は自分自身で率先して，修士論文計画書で求められるよりさらに広い専門的知見を示さねばならないのである。　　　　　　　　　　　　　　　　　　　　　[Davis, 1980, p. vi]

しかしながら実際には，修士課程のある種の調査研究は，博士課程レベルで行われるものと同等に厳格なものである。両者を区分するものは，しばしば修士レベルの調査研究にて用いられている**学位論文**（thesis）なる語が，ときには博士論文の調査研究をさすのに用いられるという事実によって，ますますあいまいにさせられている。**博士学位論文**（dissertation）なる語は，後者をさすのによりふさわしい語である。ここで示される情報の多くが，修士レベルの調査研究にも同等に適用可能だという認識のもとに，本章では，博士課程レベルの調査研究に焦点をあてる。具体的には，本章では，研究テーマの設定，審査委員会（committee）の設置，研究計画書（proposal）の執筆，調査研究の遂行，調査研究に対する口頭試問（defending）といった実際的な側面を扱っていく。

第1節　研究テーマの設定

研究テーマの設定は，学位論文作成の最初のステップである（Long et al., 1986）。あまりに多くのことが含まれているため，多くの学生は，これがむずかしい課題だということがわかってくる。まず第一に，まったく同じ問題や関心事をまだだれも調査していないことに，あるていど確信をもつ必要がある。あなたはまたそのテーマに対して，精神的，情緒的，そしておそらく財政的な投資をする心づもりをもせねばならない。その投資は，少なくとも1年間は続くであろう。さらに，あなたの審査委員会の全メンバーが，そのテーマは，調

査するだけの価値があるという点に同意していなければならない。
　しばしば学生は実践に従事しているが，そのことは，テーマ設定をスピードアップさせるようにみえる。しかし実際には，調査のプロセスへの妨げとなる。何人かの学生は，心のなかで関心の領域をもっており，そのテーマは，そのままで開花するとか，あるいはだれか他人が提供してくれるだろうとか期待している。しかしながら，最初にその問題領域の文献を広く渉猟し，あらゆる先行調査研究をレビューすることなしには，だれも，そのテーマを焦点化することは期待すべきではない。別の学生は，まず最初に特定の調査ツールや方法論，母集団あるいはデータ・セットを用いることを決定し，それから問題を見つけようとするため，テーマ設定が妨げられてしまう。問題がまず最初に設定されて，それからそれに見合った最良の方法を選ぶのである。他の障壁は，学生がテーマを設定したが，概念的／理論的な枠組みのなかにそれを収めることに失敗したときに生じる。そしてその結果，研究を行うことの意義を述べることが困難になってしまう。
　学生がテーマ設定を促進するやり方はいくつかある。まず第一に，コースワークの少なくとも半ば以前から，適切な学位論文のテーマを生み出す可能性という観点から，あなたは，問題や関心の領域について考え始めていくのである。コースワークでのレポートや発表は，テーマを探究したり，これまでに何がなされて何がなされていないのかを学んだり，そしておそらくあるアイディアを小規模に検証したりするために用いることもできる。第二に，あなたは，アイディアが芽生える多彩な情報源に敏感でなければならない。たとえば，最新の雑誌記事や授業での課題，博士論文，新聞，会話，マスコミによる情報，研究課題（research agendas）などである。多くの情報源から暫定的なテーマのリストをたえず作成しつづけることで，ひとつのテーマに決めるときが来たという出発点がわかるようになろう。
　基本的には，調査上の問題とは，あなたが疑問に思ったり，当惑したり困惑したりするものである。あなたが何によって悩み，好奇心をそそられ，困惑させられているのかをより正確に察知することは，その研究をより焦点化するうえでの助けとなろう。たとえば，何かが作用しているのではと考えることは，実験的あるいは評価的な研究につながるだろう。プロセスの理解が必要だと考えれば，ケース・スタディなどの探索的調査につながろう。ある現象の変化に

関心があれば，記述的アプローチが必要となろう。

　マーチン（Martin, R., 1980）は，調査上の問題が4つの条件から芽生えると述べている。

1. ある特定のトピックに関して，これまでほとんどあるいはまったく研究がなされていないこと。応用領域における入門レベルの人びとが，いかにして「専門家」になるのかという問題は，ほとんどデータにもとづく研究がないテーマの一例である。
2. 「何らかの研究はあるが，しかし，それはまだ，信頼できる現象だとみなされるには，十分なサンプル数や十分な事例数にまで適用されていない。……その現象を一般化できるだけの限界点は，まだわかっていない」（p. 39）。成人の発達に関する調査の多くは，男性の中産階級に対するものであった。こうした調査結果が，女性や低階層の男性といった他のグループにいかに適用できるかは，まだ知られていない。
3. 膨大な量の研究があるものの，ある研究の結果が，他の研究結果とは相反するものであることもある。たとえば，集団学習の場合と自己決定的学習の場合の，調査結果の特徴のちがいなどである。
4. 同じ現象を説明するうえで，ある一般的な行為に対して，異なった結果を提言したり予測したりする，2つの理論がある。かつては，たとえば離脱理論が，高齢者は，退職後に社会的な相互作用から撤退すると予測した。しかし別の理論は，相互作用のパターンは変化するものの，撤退はしないと予測していた。　　　　　　　　　　　　　　　　　　[pp. 39-40]

　調査研究上のテーマの源泉が何であれ，最終的な決定においては，少なくとも3つの規準の適用が必要となろう。それらは，学生のその問題に対する関心，研究を実際に遂行するうえでの実行可能性（feasibility），そして問題それ自体の意義である。調査研究活動に1年あるいはそれ以上かけようとしている人は，そのトピックに心からの関心を示すべきであろう。長い目でみれば，真なる関心や興味のほうが，修了や学位取得への願望よりも，よりつよい動機づけとなるのである。さらにまた，この関心は，フォーマルな研究生活修了後の専門家としての生活にまで波及していくだろうし，またおそらくその領域での仕事の

発展にもつながっていくだろう。実行可能性もまた重要である。そこではたとえば、以下の点が問われる。調査対象者には接近可能か？　郵送調査のための資金はあるのか？　このプロジェクトには、広範囲の旅行がともなうのか？　どのていど、他人に頼らねばならないのか？　図書館は必要な文献を所蔵しているか？　そのトピックへの個人的な関心だけでは不十分なのである。研究はまた、統御可能なものでなければならない。

　第三の規準である研究の意義は、他の2つよりもより込み入っている。というのは、何が意義のある調査研究のトピックを構成しているのかについては、議論があるからである。意義は、知識基盤への貢献という当初の調査目的と関係している。このことは、何が知識基盤への貢献となるのかという疑問につながる。アレン（Allen, G. R., 1973）は、次のように述べる。

> 貢献は、学問の到達水準を進展させることを意味する。たとえば、ある理論の飛躍的進展、新しい理論の形成、既存の理論への反証、既存の理論の補強、人間科学や自然科学への新しい洞察、新しい関係性の構築、そして創造的な偉業などである。　　　　　　　　　　　　　　　　　　　　　　　　　　　　[p. 2]

　アレンの主張のはるか以前に、アルマック（Almack, J. C., 1930）は、同様の疑問にふれていた。彼にとっては、意義のある調査研究とは、（新しい原理、法則、歴史的な情報を付加することによって、）知識の基盤に貢献するようなものであった。あるいは、知識と技法の双方に貢献することや、（たとえば本の翻訳など、）かつては少数の者のみが利用していたものを多くの者の利用に供するようにさせたことなども同様である（p. 281）。

　応用領域においては、研究の意義は、一般的に次の質問に答えることと関連する。「この問題に対する答えを得ることは、世界をいかに変えることにつながるのか？」意義ある研究の結果は、実践への何らかの提言を示すものであるはずだ。これらの線にそって考えるならば、学生には、以下の問いに答えることが求められることになろう。調査結果から益を得るのはだれなのか？　いかなるやり方で、その人たちは益を得るのか？　この問題に対する答えを知ることは、かれらにとっていかなる価値があるのか？

　学位論文のテーマを選ぶプロセスにおいて、学生に有用な手立ては、図11-1に示した、学位論文作成手順（thesis/dissertation generator）である。学生は

学位論文作成手順

1. 2つの文あるいは50語ていどで，次の点を述べること。あなたの好奇心をそそる，あるいは怒らせる，熱中させるような，疑問や問題，活動，状況など（たとえば，「キャリアを変更する人びとは，いかなるプロセスをたどるのか？」「なぜ多くの成人が，成人基礎教育プログラムをやめていくのか？」など）。

2. あなたはいま，問題設定の文を書いたところである。それを次の文のかたちに変形してみよう。「本研究の目的は…するところにある」。

3. あなたはいま，研究目的の文を書いたところである。では，50語以内で，なぜこの問題は取り組む価値があるのかを説明してみよう。

4. テクニカルな部分に過度にこだわることなく，あなたが，その問題をいかにして解決しようとしているのかを述べてみよう。

5. あなたはいま，その問題にアプローチする方策を考案したところである。どの調査研究の方法が，あなたのアプローチを最も適切に反映させられるのだろうか？

図11-1　学位論文作成手順

このワークシートを用いて，自身のテーマを焦点化することができるだろう。

　要約するならば，学位論文のテーマの選定で，過度に心配したり時間を浪費したりする必要はない。強調されるべきは，興味深くて実行可能で，かつその領域の知識や実践に対して貢献するようなテーマを描き出すことである。近道のようにみえること（方法論を選択してから問題を探すことなど）を避けることもまた，適切なテーマを選ぶのを容易にしてくれるだろう。

第2節　審査委員会を組織する

　多くの場合，あなたが探究している問題領域に対して，何らかの専門的知識と関心をもっている大学教員が，あなたの博士論文の指導教員や審査委員会の委員長になることになる。指導教員は，あなたの学位論文審査委員会において，最も重要な人物となるだろう（Long et al., 1986）。博士論文の準備にかかわる特定の問題へのアドバイスにくわえて，この人物はすでに，あなたのテーマ設

定の焦点化の手助けをしてくれていたかもしれないが，今度は審査委員会に対して，あなたの研究計画を作成し公表することに導いてくれるだろう。

学位論文の審査委員会を構成するための手続きと規準は，大学によって異なっている。ふつう学生は，その委員会のメンバーを選定するさいに，指導教員（major advisor）と緊密に連絡を取り合って進めていく。委員会にだれを呼ぶかを決めるうえで，あなたが用いることのできるいくつかの規準がある。まず何よりも，非常に適任の人を探すことである。

> その領域で活躍している適任の人びとは，他人をやりこめることで満たされるような「不安定な自我」を有していることはまずない。あなたの委員会メンバーが「よりしっかりした」人たちである（つまり，より適任である）ほど，「よりたやすい」ものとなるだろう。第一にかれらは，「きわめてすぐれた」計画書を見きわめる力を有している。逆に，貧しい水準の計画書に対しては，ほとんどがまんができなくなるだろう。良い委員会であるならば，メンバーは，自分自身の調査経験にもとづいた提言をするので，あなたにとっての大きな手助けとなるだろう。　　　　　　　　　　　　　　　　[Gardner & Beatty, 1980, p. 81]

しかしながら，活躍する人びとはふつう忙しい人であるため，予測される委員会のメンバーが近くにいること（availability）を考慮することが重要となる。全国的に認められている研究者は，実際上の支援のさいには，あまり近くにいないかもしれない。

適任で近くにいることにくわえて，将来の委員会の構成員は，あなたのテーマに関心を示しているべきであろう。この点は，時間的有用性の規準よりも，おそらくより重要な要件であろう。「もしメンバーがある特定のテーマに真に関心を示したならば，彼女または彼はふつう，そのテーマの調査をする学生の手助けをするための時間を工面するだろう」（Martin, 1980, p. 32）。

最後に，委員会の選定においては，パーソナリティ要因をも考慮せねばならないだろう。あなたは，委員会の各メンバーと一緒に仕事をし，また委員会メンバーもお互いに協調して仕事ができると思うかもしれない。理屈のうえでは，委員会メンバーは，個人的な気がかりをその学術的研究とは切り離して仕事ができる専門家である。しかし現実には，ある人びととはある特定の人たちとは一緒に仕事ができないのである。パーソナリティ特性やバイアス，個人的な事項

などが，課題の達成への妨げとなりうるのである。多くの委員会には，次のようなつよい傾向がある。

> 交渉と妥協に向かうこと。学生の研究テーマの領域において，委員長よりもひとりの委員会メンバーのほうが明らかに専門家であったとき，そして委員長が意思決定のさいにこのことを承認しないときに，このプロセスは壊れていく。また，ある問題に対して異なったアプローチからの2名の「専門家」(異なった理論的志向性をもった人たちなど)が同じ委員会にいるときにも，このプロセスは崩れることがある。こうした問題を回避するためにも，学生は，研究計画の領域において最大限の関心と識見をもつ教員を委員会の長に選ばねばならない。そして委員長には，他の委員をメンバーを選出するさいに助言を乞うべきである。
> 　　　　　　　　　　　　　　　　　　　　　　　　［Martin, 1980, p. 33］

　博士論文作成のプロセスにおいて，指導教員や委員会とコンタクトをとる頻度は，これら関係者の仕事のスタイルや要望によって決定される。あるケースでは，委員会が計画書を受理したのちには，全体委員会に論文の草稿を公表する準備が整うまで，学生は，その指導教員とほとんどずっと一緒に仕事をしていくだろう。別の委員会では，各章が書き上がるたびに，それを読まれるかもしれない。あるいはあるメンバーが，指導期間中に，ある特定の章を批評したいと思うかもしれない。こうした手続きは，ふつうは委員会が計画を認可したときに確立される。

　指導教員といかにうまく仕事をしていくかは個々の問題ではあるが，もし各人の期待をお互いに伝えあえるならば，よりうまくいくであろう。学生は少なくとも，指導教員が，他の学生をも教え，一緒に研究し，指導をしているのだということを覚えておくべきである。学生は，ただその研究上の問題のみに対する指導教員からの助言を求めることによって，また各指導時間の冒頭で，そのときまでに成し遂げた作業を要約することによって，指導を受ける時間を最大限にすることができる。「実務的な (nuts and bolts)」タイプの質問は，大学院マニュアルあるいはより経験豊かな大学院生によっても答えられよう。しかしながら学生は，指導教員との接触とそのコメントのために提出した作業内容に対するやりとりの時間を，一定ていど期待する権利を有する。

第3節　研究計画の発表

　博士論文の（研究）計画書は，あなたが自身の調査研究で何を「計画」しているかの概要を示す。それは読者に対して，あなたに独自の問題は何か，いかにしてその研究を行おうとしているのか，なぜそれが重要なのか，そして，他の同様のテーマの研究とどこが異なっているのかを伝えるべきものである。なぜ計画書が学位論文作成のプロセスにおける重要な要素であるのかについては，2つの大きな理由がある。第一にそれは，プロジェクト全体を構造化することをあなたに強いるのである。計画書は，「あなたの調査研究にとっての『道路地図』なのであり，たえずあなたがどこから来てどこへ行こうとしているのかを知らせてくれる」(Allen, 1973, p. 34)ものとして機能する。第二にそれは，学生と委員会の双方を保護してくれる。それは，委員会がその研究が計画されたことを保証し，学生が計画書に明記されたやり方に則って調査を進めることに合意するという，ある種の契約同意書なのである。

　計画書の様式は，大学によって異なる。あなたは自分の大学の博士課程ハンドブックを参照することによって，またそこですでに受理された計画書を閲覧することによって，もしくは自分の指導教員に相談することによって，そこの大学で求められる様式を知ることができる。多くの場合，計画書では，学位論文で深く扱われるものと同じ内容が，簡略化されたかたちで述べられる。計画書は，学位論文の最初の3章の内容を反映するような，3つの部分に区分できる。多くの計画書は，少なくとも12ページの長さで，その多くは，（本書の著者の経験からして）平均20ページになるだろう。図11-2は，ある典型的な計画書の諸部分を概観している。もちろんここで示された部分のすべてが，あらゆる調査調査研究にとってふさわしいというのではない。

　計画書には，調査研究の各段階ごとの時間配分表や，先行研究のレビューの箇所でレビューされるべき参考文献の一覧，参照した引用文献リスト，紹介文書や同意書の例文，インタビューの質問文の例，データ収集のためのツール，その他研究に含まれうるあらゆる補助資料などが必要となるかもしれない。

　計画書の様式が大学によって異なっているように，計画書を認可するシステムもまた異なっている。委員会のメンバーは，委員長の署名つきの書類あるい

研究計画書

A．導入と問題の所在（学位論文の第1章）
　研究すべき問題の所在
　問題の背景
　問題の設定（何が問題であり，関心の領域なのか？）
　研究の目的（具体的な目的または目標）
　研究のための論理的または理論的基盤
　答えられるべき仮説または疑問点
　研究の重要性または意義
　用語の定義（操作的定義）
　研究の基礎となる考え方とその限界
　残された研究上の課題の扱い方

B．文献レビュー（第2章）
　本章の導入と組み立てられ方
　主なトピックやテーマにそってまとめられた，関連文献のレビューの概略

C．方法（第3章）
　導入としての研究目的の確認
　用いられる方法論の記述（実験研究，ケース・スタディ，歴史研究など）
　研究のデザイン（操作的な変数）
　サンプルと母集団またはデータの出所
　調査ツール
　データ収集およびそれに関連する手続き
　データ分析（収集されたデータを，どのように分析しようとしているのか）

図11-2　一般的な研究計画書の概要

は計画書そのものに対して，個人の判断から計画書の認可をするだろう。大学によっては，全体委員会の前で，計画書に対する口頭試問を求めるところもある。この場合，正式な委員会議が招集され，そこで学生は，計画した研究の簡単な概要を説明し，出された質問に対して答弁する。ガードナーとビーティ（Gardner, D. C.& Beatty, G. J., 1980）は，計画書の公聴会（proposal hearing）でしばしばたずねられる6つの質問領域をあげている。

　1．その課題が研究されねばならない理由

2．用いるツールの信頼性と妥当性
3．実験上の処置の期間とタイプ（あるいは調査の手続き）
4．母　集　団
5．研究のデザイン
6．データ分析の進め方　　　　　　　　　　　　　　　［pp. 85-86］

　要約するならば，研究計画書はプロジェクト全体の概略を描くのである。それは，問題の概観を示し，（調査）研究を行う必要性を根拠づけ，その研究を他の文献と関連づけ，研究がいかにして進められるのかを描き出し，そしてデータがどのように分析されるのかを述べるのである。計画書の作成を徹底させることに時間を割くことで，学生が博士論文を完成させるための時間を短縮させることができる。というのは，計画書の構造が，学位論文の構造を反映しているからである。したがって計画書が認可されたならば，学生は，研究そのものに対する委員会からの支援を得るだけでなく，論文のはじめの3章のアウトラインをも得ることになるのである。

第4節　調査研究の遂行

　学位論文または博士論文は，（調査）研究プロセスと結果を詳述したフォーマルな論文を意味するようになってきている。より正確にいえば，それは，「より高次の学位をめざす候補者によって，大学の教員組織に提出された，十分な内容から成る（substantial）論文である。一般的には，個人による調査研究にもとづき，そして候補者自身のテーマならびに学術的な方法の双方に習熟しているという証拠が示されて受理されるのである」(Webster's Third New International Dictionary, 1981)。博士論文の論文構成のための形態（format）もまた，かなり標準化されてきている。すでに述べた最初の3章にくわえて，一般的には，博士論文は結論にかかわる2つの章を有する。第4章では，研究の結果が示される。それは，表や図やグラフなどを含む，データの非主観的な（nonevaluative）報告である。もし仮説あるいは調査上の問いが研究を導いたのであれば，データは，各々の問いや仮説に対して報告される。テーマと用いられたデータのタイプによっては，結論は，この章の結果のなかに組み込まれる

こともある。

　第5章の目的は，その研究での結果への分析と解釈を示し，今後の研究に向けた提言を示すことである。この最終章は，次の3つの大きな部分に分けることができる。

1．要約（Summary）　要約は，研究全体の概観を含むべきである。つまり，扱った問題の短い記述，研究方法，調査結果，そして結論である。それは，他人が論文の全体をくわしく読まなくても研究の骨子を把握できるほどに，きちんとしたものであるべきである。
2．結論（Conclusions）と考察（Discussion）　第4章で結論が調査結果に組み込まれていなければ，それは，ここに示されることになる。調査結果の考察は，より広い観点（＝パースペクティヴ）のなかに結果を位置づけるために，データをこえる。ここでの考察は，第2章でレビューをした適切な先行研究や文献とつながっているべきでもある。データにもとづく提言が示される以上，データ解釈には，独創性も必要となろう。
3．提言（Recommendations）　この部分では，さらなる研究が必要となる箇所を特定し，より実りのある結果を生み出すかもしれない，別のアプローチを示すのである。

　博士論文の締めくくりは，完全な参考文献の一覧と付録である。付録には，論文本体に直接関係がないものの，読者の関心をひくようなあらゆる関連情報（データ収集のツール，調査票，補足的なデータ分析の結果など）が含まれる。その研究で求められる分析のタイプや論述の量により，学位論文のなかには6章や7章立てのものもあるが，論文の流れや一般的な内容，調査報告の章の組み立て方は，よく似ている。

　博士論文のスタイルの形態は，必ずしもいつも問題解決的あるいは調査志向的であるというのではない。「論述すること（to dissertate）」とは，元々は学究的でフォーマルな形式で，あるトピックを議論することを意味した。数世紀を経るなかで徐々にその意味は変容していき，今日では，博士論文（dissertation）は，「知識基盤に貢献するような，オリジナルな研究プロジェクト」を意味するようになってきている。多くの学生にとっては，きわめて押しつけ的で脅威

となるイメージをともなうものなのかもしれないが。カーネギー教育推進財団 (The Carnegie Foundation for the Advancement of Teaching) は，この点を強調しつつ懸念を述べている。

> いくつかの大学院では，不合理にも，学位論文をそのサイズとそのオリジナルな貢献の強調の面で，強化した。論文のサイズとその質の間には，明白な関連性はない。何人かの者は，知識基盤へのオリジナルな貢献の強調が，学生によりいっそう深遠で狭いテーマに向かわせる最も重要な要因であると考えている。
>
> 留意すべき重要な点は，学位論文で期待されるのは，人が「証明」や「貢献」ができることというよりはむしろ，人の精神の機能の仕方や読み書きの力や考え方によって示されたことなのである。……公表された貢献は，研究のトレーニングのひとつの好ましい成果にすぎない。他の成果としては，学術的な判断力，鋭い批判力，深い知識，そして情熱をもって教える能力などがあろう。
>
> ［コーフォド (Koefod, P. E.), 1964, p. 94 よりの引用］

博士課程の研究を始めた学生のほぼ半数は，そこを修了していない。ある者にとっては，家庭や職場での成人としての責任が，学業よりも優先されねばならない。ときには転職や昇進や就職のためにプログラムに参加した者が，学位取得以前にふさわしい職に就いてしまったり，新しい職位では自分の研究プロジェクトのためにほとんど時間が割けなかったりすることもある。

こうした実務上の阻害要因は，動機づけの問題につながっていく。学生が学位授与の前段階の学位資格試験（comprehensive exams）に通ったとしても，ほとんど報酬や見返りは得られない。それゆえかれらは，自分自身の心のささえがともなうスケジュールを組まねばならなくなる。コースワークを終え，学位論文の執筆に向かったとしても，また別の世界に入ることになる。他人はだれも自分の論文をまとめたり，締め切りを設定したりはしてくれないし，さまざまなサポートをしてくれるというのでもない。かれらは，指導教員以外には，同僚の学生や他の教員ともあまりコンタクトをもっていない。多くの学生は，支援態勢のなさや課題遂行の淋しさに対応しづらくなっていく。

こうした動機づけ面での障壁に対処するいくつかの方法がある。課題の複雑さに圧倒されてしまうという問題は，課題を多くの統御可能な小単位に分けて扱うことで緩和されよう。各単位ごとに完了する締め切りを設定し，締め切り

を守れれば自分にご褒美を出すのもよいだろう。もし論文執筆ができる能力がないのならば，そのプログラムには入れなかっただろうし，ここまで来られることもなかったであろう。こう自分に言い聞かせるのも有効であろう。学位論文作成には忍耐力（perseverance）が必要なのであって，優秀さ（brilliance）が必要なのではない。自己コントロールの技法と学位論文作成に関する議論のなかで，マーチン（1980）は，学生がその論文を仕上げるうえで手助けとなる，5つのアイディアを示している。

1．学生は，規則正しくかつ頻繁なる作業時間の予定を組まねばならない。自分の時間を確保するようにして，毎週一定の時間を論文作成のために取っておくこと。作業の間隔が長くなるほど，再開するのがむずかしくなっていくだろう。
2．作業活動はいつも同じ場所で行うとよい。場所は，仕事がしやすいところにすべきである。「ある行動が同じ場所でくり返し行われると，その場所はその行動を連想させるようになり，その行動が継続して行われるのを促進するようになるという事実を，行動分析は明らかにしたのである」。
3．「毎日あるいは毎週産出される仕事量を，目標として設定するべきである。そしてその目標が達成されたかどうかを決めるために，達成された仕事量の記録をつけるべきである」。このやり方は，論文作成に向かう努力を動機づけ，強化するだろう。
4．必要ならば，報酬か罰則を設定すること。マーチンは，ある女性がもし「嫌いな教科を」1週間に5ページ以上進まなかったならば，5ドルのお金を友人を通じて改宗教会に送らせたという事例を紹介している。
5．「たくさんの仕事をこなしたあとでは，生産性が低下することを予期すること」。生産性の低い時期が予期されることで，よりつよい動機づけが得られよう ［pp. 73-79］

第5節　研究に対する口頭試問

博士論文作成プロセスの最終ステップとなるのは，口頭試問（the oral defense）である。口頭試問は，ヨーロッパの大学院教育の伝統の名残である。中

世のヨーロッパでは,学生が修士,博士あるいは教授(これらの用語は同義語であった)になりたいと願うと,公開審査あるいは一連の講義をすることをとおして,教科の修得を示したのであった(Davidson, 1977)。博士課程の学生に対する厳格な公開審査が現在も存在するスカンジナビア諸国を除くならば,今日の博士論文の口頭試問は,非公開の(private)ものとなっている。そこに出席するべきなのは,学生と委員会メンバー,おそらく候補者を諮問する予定の数名の関連教員と,そして場合によっては,そこにそのプロセスを傍聴するために来る他の博士課程の学生が加わる。

多くの口頭試問は,議長がその会合を開会することから始まり,候補者への質問の手続きが述べられる。この時点で,学生はふつう,そのテーマへの関心をいかに展開させたか,その研究の目的は何だったか,それはどのように進められたか,得られた主な知見は何かといったことを,短く述べるように求められる。出席者全員は,その研究の全体をすでに読んでいるので,この概説は,簡潔で要点を押さえていることが重要となる。議長は,次に委員会メンバーからの質問を求める。ときには,質問開始がどこから始まるのかをほのめかす。

学生は,おそらく方法論よりも内容領域により精通しているために,難度の高い方法論上の質問を予測し,その準備をするだろう。明らかな方法論上の問題があるのでなければ,委員会のメンバーは,その研究の意義や一般化可能性に関連した質問をすることが多い。アレン(1973)は,学生が予想するいくつかの質問のリストをあげているが,そのどれもが,方法論に直接かかわるものではない。

> (1)博士論文は,学問分野への貢献をするものだと思われる。あなたはいかに貢献したのか? (2)あなたの研究領域のだれが,あなたの知見に同意すると思うか? それはなぜか? だれが同意しないと思うか? それはなぜか? (3)この研究に関連して,あなたは,どんな疑問には答えられなかったと思うか? (4)あなたはさらなる研究のために,どんな内容を明らかにしたのか? (5)あなたは,いかにして自身のバイアスや偏見を抑えたのか? (6)この研究を終えて,あなたは,次にどんな研究を手がけようとしているのか? (7)あなたの研究成果が読者に届けられて,かつそれが最大限に活用されるために,あなたは,その知見をどのように公刊するつもりなのか? (8)この研究活動をとおして,あなたは何を教えられたか? (9)あなたは,示された知見をどのように活用しようとしているのか?

[p. 86]

　質問が出つくしたならば，委員会は，学生が口頭試問に合格したかどうかを決定せねばならない。一般的には，学生と他の参加者は，委員会の審議の間，退出するように求められる。大学によって異なるものの，委員会はそこで，いくつかの選択肢のうちのひとつを決定する。すなわち，合格，不合格，いくつかの修正がなされることを条件に合格などである。あるいは，大はばな修正が必要であれば，委員会は決定を延期し，ヒアリングの日程を再度調整する。学生には，こうした決定がただちに伝えられる。合格した学生は，正式な修了式がまだ来ていなくても，博士号の保持者としてみなされる。いくつかの修正が求められずに口頭試問を通過する博士論文はめったにない。これらの修正はしばしば，指導教員と候補者とによってなされるが，ときには委員会の他のメンバーが，それをチェックしたいと言うこともある。

　学生は，いくつかのやり方で口頭試問の準備をすることができる。研究の基本構造に対しては，委員会はあなたに挑んでくることはないということを認識することで，不安を低減させることができる。それは，研究計画書の段階ですでに承認されているからである。第二に，この段階で，その研究についてあなた以上に知っている者はいないのである。だから，あなたは答弁できるにちがいない。最後に，ほとんどの指導教員は，もしその成果に満足していなければ，候補者を口頭試問の場に招いたりはしないだろう。多くの場合，あなたの仕事を認めている指導教員は，試問のさいには，あなたに支持的であるはずだ。準備のための他の助言としては，以下のものがあげられよう。

1．前夜に論文を入念に読み通すこと。
2．口頭試問が行われる部屋をチェックし，必要な備品があることを確認すること。
3．あなたの導入部分の報告を，友人と一緒に練習すること。
4．事前に重大なあるいは主要な問題点を，他の委員会メンバーとともにチェックすること，もしくは指導教員にチェックしてもらうこと。
5．あなた自身が口頭試問のプロセスに慣れるために，事前に他のいくつかの試問に行ってみること。

口頭試問は，博士課程の学生としての個人のキャリアの最高点に達するときである。それは，あなたが大きな達成感を感じる刺激的な経験でもある。あなたの研究に興味をもった教員と議論する機会をも提供される。要するに，口頭試問は，学生という立場から専門家としての同僚という立場への通過儀礼の合図なのである。

第6節 要　　約

大学院での調査研究のプロセスは，他の場での調査研究と異なっているというのではない。地域社会において，ビジネスや産業の場において，あるいは教育現場において，調査研究を行おうとする者は，まず最初に問題あるいは関心事を絞り込み，そして調査のための方策を選ばねばならない。多くの場合，研究計画書が，財源支援母体に対して示され，その研究を導くために委員会が設置される。最終的には，研究成果は，「口頭試問」ののちに，専門雑誌論文や学会・会議での報告，財源支援母体に対する最終報告書というかたちで公表される必要がある。これらの側面の多くは，本書の他の章でふれてきている。本章は，大学院での調査研究の実務的な側面に焦点をあててきた。調査研究のプロセスのよりくわしい議論に関心のある学生に対しては，第1章の表1-1に，大学院での調査研究の諸部分とそれに対応する章の議論を掲載している。

第11章参考文献

Almack, J. C. (1930). *Research and Thesis Writing*. Boston: Houghton Mifflin Company.

Alien, G. R. (1973). *The Graduate Students' Guide to Theses and Dissertations*. San Francisco: Jossey-Bass.

Davinson, D. (1977). *Theses and Dissertations*. Hamden, CT: Linnet Books.

Davis, R. M. (1980). *Thesis Projects in Science and Engineering*. New York: St. Martin's Press.

Gardner, D. C., & Beatty, G. J. (1980). *Dissertation Proposal Guidebook*. Springfield, IL: Charles Thomas.

Koefod, P. E. (1964). *The Writing Requirements for Graduate Degrees*. Englewood Cliffs, NJ: Prentice-Hall.

Long, T. J., Convey, J. J., & Chwalek, A. R. (1986). *Completing Dissertations in the Behavioral Sciences and Education.* San Francisco: Jossey-Bass.

Martin, R. (1980). *Writing and Defending a Thesis or Dissertation in Psychology and Education.* Springfield, IL: Charles Thomas.

Webster's Third New International Dictionary of the English Language, Unabridged. (1981). Springfield, MA: G & C Merriam Company.

用語解説

abstract（アブストラクト）　問題設定，用いられた方法，研究結果などを示した調査研究の短い要約。

action research（アクション・リサーチ）　ある特定の今日的問題の解決をめざすようなタイプの調査法。

applied research（応用調査）　直面する実践的な問題の解決に向けられたタイプの調査。

a priori theory（アプリオリな理論）　ある特定の現象に関するデータ収集に先立って，ある理論が提起され仮説が形づくられるような探求のモード（仮説－演繹的理論とも呼ばれる）。

basic research（基礎的調査）　知的関心のみに動機づけられ，知識探求それ自体をめざすタイプの調査。

case history（ケース・ヒストリー）　ある個人や集団や制度の過去にまでさかのぼる分析法。

case method（ケース・メソッド）　あるケース・スタディの主要な部分を，例示や問題解決などの目的のために，学生／生徒に対して紹介するような学習指導の技法。

case study（ケース・スタディ）　ある特定の社会的単位の集約的な記述と分析で，それにより，その単位に特徴的で重要な要因間の相互関連を明らかにすることをねらったもの。

case work（ケースワーク）　不適応の諸要因が診断されたあとで実施される，治療的あるいは発達支援的な手続き。

causal/comparative research（因果関係的／比較研究）　すでに生起してしまった現象を説明するような関連性を，調査者が探るための記述的調査の一形態（ex post facto research をも参照）。

collective biography（叢伝）　歴史的調査者が，ある人びとの集団の伝記的特性を探るための，定量的分析の一応用形態。

concepts（概念）　観察から発展したもので，研究対象の現象を説明し記述するために用いられる抽象的アイディア。

conceptual literature（概念的文献）　theoretical literature を参照。

construct validity（構成概念妥当性）　ある検査法が，測定しようとしている抽象的・理論的なアイディア（構成概念）を測定する程度。

content analysis（内容分析）　ある特定の資料群のなかで，ある単語やアイディアや態度が表現されている頻度を，調査者の手によって分析するひとつの形態。

content validity（内容的妥当性）　ある検査や尺度の項目が，調査者が測定しようとする行動や技能や感情にマッチしている程度。

critical research（批判的調査） 弁証法的なかかわりをとおして，ある政策や実践の認識論的・認知的・文化的・政治的基盤を検証することを強調した方法論。そのプロセスにかかわる人びとによる，実践的関心と「新しい世界」観への知識を導く。

cross-sectional research（横断的調査） ある一定の時点における，異なった集団（多くの場合年齢集団）からデータを収集する研究デザインのタイプ。

descriptive research（記述的調査） ある一定の母集団や関心の領域の，事実と特性を体系的に記述するために用いられる方法。

descriptive statistics（記述統計） データの要約やその単純な比較をするために用いられる一連の手続き。

dialectic method（弁証法） 議論の争点や矛盾点が解明され，検証され，調停されるような，哲学的探求の形態。

dissertation（博士論文） 多くの場合，調査研究のプロセスと結果を詳述した，フォーマルな博士課程レベルの論文を意味する。

ethnography（エスノグラフィ） ある場がそこに参加する人びとにとってもつ，社会的秩序と意味を明らかにするために用いられる一連の技法，およびそうした技法を用いて作成された文書記録の双方を意味する調査方法論。

ex post facto research（事後的調査） causal/comparative research を参照のこと。

external validity（外的妥当性） ある研究の結果を，同様の条件下の他の状況へと一般化しうる程度。

factorial design（要因計画） 1つ以上の独立変数の，1つ以上の従属変数に対する効果を研究するために用いられる方法。

feminist research（フェミニスト調査） 女性の観点から現象を調査する方法の総称で，男性によって構築されたもの以外の知的構築物を発見しようとする目的が背後にある。

futures research（未来研究） 過去をしばしば未来の可能性の研究を照らす手段として用いる方法論。

grounded theory（グラウンデッド・セオリー） 帰納的なフィールドワークに特徴づけられた調査方法論で，データから理論を創出することをねらいとする。

historical demography（歴史人口学） 公的記録を検証することで，調査者が人口構成を研究する，定量的分析の応用形態。

hypothetical-deductive theory（仮説-演繹的理論） a priori theory を参照のこと。

inferential statistics（推測統計学） 研究で用いられた母集団に関する仮説を検証したり，そのパラメータを推定したりするために用いられる一連の手続き。

interactive research（相互作用的調査） 調査のデザインが調査進行中に定式化され，調査者が問題解決のための支援者として機能し，調査結果がその調査参加者による即時の応用を企図したものであるような調査の方法論。

internal validity（内的妥当性）　調査の手続きが，測定しようとしているものを測定している程度。

interview schedule（インタビュー計画表）　ある調査参加者にたずねられる，高度に構造化された質問群の全体構成。

literature review（文献レビュー）　ある特定のトピックに関する重要な論考や先行調査を，統合し，まとめ上げ，批評した，ひとつの論述。

logistic method（記号論理学の方法）　知識が構成される諸要素の理解によって，知識を検証する哲学的探求のひとつの形態。

longitudinal research（縦断的調査）　同じサンプルからのデータを，いくつかの時点にわたって収集する調査のデザイン。

molar approach（全体的アプローチ）　広く定義されたカテゴリーのなかに，観察者がいくつかの行動をグループ化していく，構造化された観察がともなう調査手続き。

molecular approach（分子的アプローチ）　観察における信頼性が保証されるていどの，小さな行動の単位を焦点化していく，構造化された観察がともなう調査手続き。

participatory research（参与的調査）　知識探求において，集団参加をとおして，人びとの政治的エンパワメントをねらったタイプの調査法。

primary sources（一次資料）　ある出来事の目撃者であった人による，口頭あるいは文書による説明。

problematic method（問題意識化法）　包括的な全体や最も単純な一部分に関係なく，問題を一度に1つずつ解決していくような，哲学的探求のひとつのタイプ。

procedure（手続き）　データ収集の一般的なやり方を記述した，活動の諸段階。

projective techniques（投影法）　調査参加者の感情や態度や思考を把握するために用いられる，一連の方法。

psychosocial history（心理社会的な歴史研究）　今日の心理学や社会学の理論や概念を用いて，パーソナリティや事象や集団や過去の運動などを解釈するひとつのアプローチ。

qualitative data（質的データ）　数字に移し替えられず，また統計的手法による比較も行われないデータ。

quantitative data（量的データ）　コード化され，統計値によって表されるようなデータ（統計的データとも呼ばれる）。

quantitative history（定量的歴史学）　ある歴史的時代や出来事を，定量化され測定されるような現象への焦点化によって分析するアプローチ。

rating scale（評定尺度）　観察された行動を，調査者が数値化されたカテゴリーに割り振るための測定ツール。

research and development（R&D）　ビジネス・産業界で用いられる用語で，生産性の

向上をめざした応用的調査研究をさす。

research ethics（調査倫理）　調査参加者の保護に影響をおよぼし，調査研究を実施する調査者の権利と責任を司る，調査実施に関連した方針と実践。

research studies（調査研究）　著者にとって外在的な情報源から集められた，データの収集と分析にもとづく著述物。

secondary sources（二次資料）　ある出来事の目撃者でなかった人による，口頭あるいは文書による説明。

sociometric techniques（ソシオメトリー法）　社会集団の組織化を研究するために用いられる一連の方法。

statistical data（統計的データ）　quantitative data を参照。

substantive theory（領域密着型理論）　グラウンデッド・セオリー研究から生成された，ある特定の現実世界の状況に限定的な現象を扱う説明方法。

survey（サーベイ調査）　情報を引き出すための方策として質問法を用いる技法の，広義のカテゴリー。

technique（技法）　データを記録するための，ある特定の手段や方法。

theoretical literature（理論的文献）　著者の経験や意見にもとづいた著述物（概念的文献とも呼ばれる）。

thesis（学位論文）　ある調査プロジェクトを完遂させて記述されたもので，修士レベルのフォーマルな論文の意味で用いられることが多い。

訳者解説

堀　薫夫

1．調査をめぐる日常的風景から

「心理学のアンケート調査？　またかいな。『あなたは，次のような態度をとる友人をどう思いますか？　1．非常にいけないと思う，2．いけないと思う，3．どちらかというといけないと思う，4．どちらともいえない，5．どちらかというとかまわないと思う，6．……』。ええ，そんなん簡単に決められるわけないやん。人によってちがうし。わあ60問もある。謝礼もないのにうっとうしいなあ。ええい，適当に○をつけとこうっと。質問文は見ないでっと。よし20秒で完成！」。

　これは，ある心理学の調査用紙（卒論用や授業の演習用ではない）が某ゼミ室に舞い込んだあとでの，某学生の対応を描いたものである。おそらくこの用紙を回収した教員や院生の方は，のちに因子分析や共分散構造分析などの統計的処理を行い，「今日の大学生の相互交流行動は，＊＊因子の規定力が0.78と非常につよく，この点が今日の学生行動の規定要因であるかと思われます……」とかいった，もっともらしい学会報告や論文をのちに出すのではなかろうか。お願いである。この「ぎこちない」アンケートに付き合わされた多くの回答者の思いを想像してみてください。

　…………………………………

　ある高齢者大学での出来事。調査のためだとかでアンケートが配られた。内容は「高齢者の失禁について」。ひとりのおじいちゃんが怒った。「わしらはモルモットとちがうぞ！

　わしらは勉強しに来とるんじゃ。何でこんな不愉快な気分にさせられないかんのや」。

　…………………………………

　ある生涯学習関係の講座後のアンケートのあとで，ある担当者のことば。「アンケート回収したら，全部で103通やったんですわ。で，3通を捨てると，ほら100通になって計算しやすいんですわ」。

ある市の生涯学習振興計画策定の会議にて。「当市では，先日実施いたしました，市民の学習ニーズなどの実態調査結果をふまえて，市の生涯学習振興中期計画の策定を進めたいと考えています」。「…ってこの調査項目どこかで見たことが……，あ，別の市で調査をしたときに自分が作成した項目とまったく一緒だ」。

2．本書と著者について

　本書は，Sharan B. Merriam & Edwin L. Simpson *A Guide to Research for Educators and Trainers of Adults* (2nd ed.). Krieger, 2000の全訳である。本書の初版本は1984年に刊行されており[1]，1995年の第2版を経て，本書の原本がそのアップデイト版である。監訳者が先に翻訳を手がけたシャラン・メリアム『質的調査法入門：教育における調査法とケース・スタディ』(堀薫夫・久保真人・成島美弥訳) ミネルヴァ書房，2004年（Merriam, S. B. *Qualitative Research and Case Study Application in Education.* John Wiley & Sons, 1998）の姉妹本だといってもよいだろう[2]。その本が質的調査法に特化した著書であったのに対し，本書は，質的調査法のみならず量的調査法，実験法，歴史研究，哲学研究，アクション・リサーチなど，あらゆる調査法を網羅した，体系的なガイドブックである。本書は，1984年にフィリップ・フランソン継続教育賞を受賞している，アメリカでも定評ある社会調査のガイドブックである。

　昨今の日本での質的調査法の興隆にともなってか，たしかに多くの社会調査入門書は，あちこちで散見できる。しかしその本を用いて，例えば博士論文を書くとなればどうであろうか？　入門書であるだけに，少し無理が出てくるかもしれない。本書は，学位論文執筆までをも射程に入れた，調査によって論をまとめていくさいの，良きリサーチ・ガイドとなる書物である。

　次に著者について述べておこう。シャラン・メリアムは，2009年6月までジョージア大学生涯教育・政策学部（Lifelong Education, Administration and Policy）の教授であった。彼女の略歴や業績については，『質的調査法入門』の「解説」でくわしく論じているので，そちらをも参照されたいが，主な研究領域は，成人教育と生涯発達論，そして最近では質的調査法が彼女の研究・教育の関心の中心となっている[3]。彼女は最近では，多くの共同研究者や大学院生

▲アトランタのメトロにて
（マレーシアのマザナさんと）

▲アメリカ成人教育学会にて
（左端がメリアム，1人おいてティスデル，右から2番目がカファレラ）

などとの共著書や共著論文の作成をとおして，後進の指導を精力的に行なっている。監訳者は，2002年10月から半年間，メリアムのもとで文部科学省の在外研究員として研究を行い，一方でまた，彼女のジョージア大学大学院での質的調査法の授業に参加する機会を得た。ジョージア大学では量的調査法やフェミニスト・リサーチなど，多彩な調査法による研究と教育が行われている。

一方エドウィン・シンプソンは，シカゴのノーザン・イリノイ大学のリーダーシップ・教育政策研究部門（Leadership & Educational Policy Studies）の名誉教授である。高等教育方面の研究者である。

3．『調査研究法ガイドブック』の構成と特徴

次に本書の構成と特徴を述べておきたい。本書は，第1章から第3章までで，調査を行う意義と調査を実施する前段階の作業について述べられる。つづく第4章から第8章までは，実験法，歴史的調査法，質的調査法，サーベイ法などの，具体的な調査方法論の詳述である。そして調査結果の執筆，調査にともなう倫理的問題，（主に博士課程）大学院生の調査研究へと話が続く。以下，章ごとに監訳者の個人的経験・感想を織り交ぜつつ，コメントをくわえておこう。

第1章では，そもそも「調査とは何か？」という前提が論じられる。調査という語も英語にすると，research, survey, investigation, inquiry, census, exploration と，じつに多彩である。監訳者は自分自身の大学の授業では，「リサーチは科学的調査，サーベイは実践的調査，今日では両者は合体し不即不離の

関係にある」と述べているが，本書ではもう少し深いところから論じられている。つまり，われわれの世界との関係の仕方と知識の入手の仕方とが，調査の原点にあるということである。そして，信じる（信念）・考える（思考）・感覚する（感覚）・感じる（感情）という4つの源泉をたどる作業が行われる。いかなる調査を構想するかは，じつは，この世界観と知識観に根ざすのである。合理的・経験的な思考を強調しすぎるならば，「科学的」と称される実証主義的な調査法のみが，調査法の王道だということになってしまう。人びとは，データであり被験者なのである。しかしこの種の「科学的」調査の過度の強調は，本解説の一番最初に示したエピソードへの遠因にもつながりうる。ちなみにメリアムらは，調査への回答者のことを調査参加者（participants）と呼び，けっして調査対象者や被験者といった用語を用いていない。この点には注目してもよいだろう。

第2章は，問題設定と調査研究を枠組みづけること（＝理論的枠組み）の話である。著者は，問題設定では，調査者の「心のうずき」「本当に知りたいと思うこと，大事だと思うこと」にこだわることを強調する。たしかに書きやすいテーマや他の研究の追認などは，その場しのぎの論文作成のみには向いていよう。しかし，研究テーマがその人のその後の人生においても温められ深められるものだとしたら，「何が問題なのか？」に対する答えは，早計であってはならないだろう。

理論的枠組みの話は，一部の人には理解されにくい話なのかもしれない。卒業論文や修士論文などで調査をする者のなかには，「アンケートの結果，＊人の人が＊＊だと答えていました」「インタビューでは，＊＊さんは＊＊と言っていました」といった結論を示す者もいる。これらは，調査報告であっても調査研究だとはいえない。「で，そうした結果を，どういう枠組みのなかでいかに解釈をすることで，どんな知見が得られたの？」という問いかけにはまごつく学生も多い。

私は，この手の話をするときにしばしば料理にたとえる。「焼肉は何料理？」「肉料理」「湯豆腐は？」「豆腐料理」。「では，ゴーヤチャンプルはウリ料理ですか？」「…沖縄料理」。学問の世界には，図書館学や看護学のような内容領域中心の学問があるように，料理にもたしかに肉料理や魚料理という言い方は存在する。しかし一方で，心理学や歴史学のような方法中心の学問が存在するよ

うに，料理の世界にも京料理やフランス料理という料理が存在する。この場合は京都やフランスは食材ではない。伝統が合わさった料理法の総称だといえる。したがって内容や素材にこだわりすぎた場合，料理法がわからなくなることがある。同じ食材をいかなるパースペクティヴのもとに料理をするのか，それこそが理論的枠組みなのではなかろうか。

　第3章は，文献レビューについてである。文献レビューは，「研究を公表するための舞台づくり」だといえばいいだろう。オリジナルな知見だと思っていたことが，じつはすでに他の人が行なっていたということは往々にしてある。それだけに，知識基盤への貢献のためには，先行研究の渉猟が不可欠となる。そして「何らかの関連文献はつねに存在する」。もし見つからないのであれば，その調査は，むずかしすぎるものか，だれもが重要だと思わなかったものか，あるいは十分に文献を探していないのかのどれかだといっても過言ではないだろう。

　さて第4章から第8章までは，具体的な調査方法に則して論が展開される。第4章では，実験的研究と記述的研究が扱われる。実証主義的色彩の濃い実験研究では，データを実験群と統制群とに分けて，効果を測定する。訳者はじつは大学では，最初は実験的な心理学を少し専攻していただけに，この研究法の長所と短所が自分なりに想起された。長所は何と言っても，ともかくひとつのオリジナルな研究を遂行するという個人的経験をもてるということであろう。したがって実験法は，科学的研究のスタイルを身につけるには有効な手段であるだろうし，統計学やプレゼンテーションの技法もそのプロセスで身につけられる。短所は，例えば，条件統制のむずかしい社会的場面や人間の動的な現象理解には向いていないという点であろう。かつて訳者は，危機対応の実験研究の被験者になったことがあったが，実際の危機的状況ではないため，どうしても緊張感が感じられなかったのを覚えている。かたや本書中にも出てくる，ミルグラムの「服従の心理」のアイヒマン実験とかになると，実験場面での権力性には抵抗を覚える人もいるかもしれない（なぜ，テストの解答をまちがえた人に電流を流す？）[4]。素朴なタイプの研究を好む人には，次の記述的研究が向いているのかもしれない。

　第5章は，歴史的研究と哲学的研究であるが，調査法のガイドブックにこの部分が入るのは，日本ではめずらしいことだろう。これらと実証的・統計的調

査研究のスタイルとの間には，やや棲み分けのごときものがあるだけに。しかしメリアムらははっきりと，歴史研究・哲学研究を調査研究の一部として，まったく抵抗なく組み込んでいる。両者は，「ある学問や実践の土台となる考え方や世界観，存在根拠」を問うという点で共通する部分をもつ。逆にいえば，この点への問いかけを不問にした調査論は，ともすればハウツウものへと転化する危険性を内包しているともいえよう。

歴史研究に関しては，著者らは，ある問いをより大きな社会的文脈につなぎ止めることの重要性を強調する。また歴史をそこで生きた「ふつうの人びと」，あるいは実践の参加者の視点から見ることの重要性をも強調している。ここでは the inarticulate をあえて「物言わぬ民」と訳したが，為政家や文化人の業績をつなぎ合わすだけでは完全な歴史理解につながらないであろう。

哲学研究では，あらゆる学問や実践の基礎をなす考えや価値観などを体系的に検証する。歴史研究と同様，「人間というミステリー」を探るのである。成人教育の哲学研究では，理論と実践を関連づける重要な論点の理解がめざされる。案外知られていないことかもしれないが，メリアムは，成人教育の哲学に関する多くの研究成果をも公表している。彼女らはそれを，「リベラリズム，進歩主義，行動主義，人間主義，合理主義，分析哲学」の6つの系譜から分析したのである[5]。

第6章は質的調査法に関する論であるが，先の『質的調査法入門』のエッセンスがふんだんに盛り込まれている。ここでの出発点は，人びとの日常世界の多面性にあり，それゆえ，人びとの生活世界への意味付与と解釈が重要となる。量的・実験的調査では調査のツールはパソコンや評定尺度であるのかもしれないが，ここでは，調査者自身こそが調査の第一義的な道具となる。例えば，著者自らが大衆演劇劇団員となって生活しつつ調査をした，鵜飼正樹『大衆演劇への旅』などは，調査者こそが道具であることの典型例であろう[6]。

第7章は，非伝統的なタイプの調査法に関する箇所である。アクション・リサーチ，参与的調査，批判的調査，フェミニスト調査と，社会運動や社会批判，そして社会変革の視角を具備した調査法がその中心にある。人間的エンパワメントを企図した調査法だともいえる。本文中のケミスの指摘にあるように，広い意味ではこれらを本質的に「同じもの」だととらえることもできよう。

訳者はかつて，社会学におけるエイジング理論のタイポロジーを研究したこ

とがあるが、ここで示されている調査の3形態も、それとパラレルの関係にあるようだ。つまり、機能主義（構造-機能主義など）、解釈主義（シンボリック・インタラクショニズムや現象学など）、批判主義（マルクス主義やフランクフルト学派の論など）の3つである[7]。

さて第8章では、調査データの収集の手続きに論が進められる。ここでは、①サーベイ法、②観察法、③検査法の3区分で論じられる。サーベイ法という言い方は、日本ではあまり馴染みがないが、「質問法によって人びとから情報を引き出す方法の総称」だといえる。日本ではアンケート調査かインタビュー調査かという対比がよくなされるが、これらは、人びとからデータを収集するという意味では、同根の手法なのである。問題となるのは、それを文書か口頭のどちらで行うのかということである。いずれの場合も、構造化の度合がつよいものから弱いものまである。この点は、観察法でも同様である。本章では、そこに知能検査やパーソナリティ検査などの検査法、あるいはテスト法が加わる。つまりたずねて、観て、検査して、データを収集していくのである。

この質問紙調査にふれる部分では、日本のテキストに多く見られる統計パッケージの利用法や因子分析の手法などがほとんど書かれていない。この一因には、メリアムらがそうした手法を自身のメインの分析法に位置づけていないこともあろうが、それだけではないだろう。一部の過度な多変量解析などの多用が、論文作成には有効であれ、現場への提言力において貧弱であったこと、および調査の本来の目的と測定法の精緻化との間の乖離が現実に存在したことが関係するように思える。「コンピュータなどの新しい調査ツールの使用に熱中することによって、…私の研究仲間たちは、測定法が分析や説明の手段でしかないことを忘れてしまうという危機に陥っている」[8]という、社会学者ルイス・コーザー（Coser, L.）の言に耳を傾けるならば、調査現場よりもパソコン画面を愛する一部研究者への警鐘ととることもできよう。

第9章では、これまでとは異なり、調査結果の執筆について述べられる。著者は、多くの博士論文指導などにより、調査結果をまとめていく論には一定の「型（format）」があると説き、その標準的形態にもとづいて論文執筆の仕方を論じている。この型の構造は、196ページに掲載した図で示されているが、非常にわかりやすいものである。つまりデータ収集の前には、①問題の設定、②先行研究の整理、③研究方法（場合によっては調査対象も）の3つが述べられ

ることになり，逆にデータ収集後は，④調査結果，⑤考察・解釈，⑥要約・結論・今後の展望を書くというものである。そして実際にこうした型は，多くの学術雑誌において適用されているようである。これら以外に留意するものとしては，執筆要項，参考文献，図表，統計の用い方などがある。

ところでこの「型」と教育の関係をめぐっては，2種類の考え方が世に蔓延っているように思う。まず第一に，子どもを型にはめずに，個性と自由と内的促しを重視する立場。ある意味ではデューイの教育学やシュタイナー教育などがこの流れに入ろうか（この立場が型を軽視しているわけではないが）。「いまやわれわれの教育に到来しつつある変革は，重力の中心の移動である。それはコペルニクスによって天体の中心が地球から太陽に移されたときと同様の変革であり革命である。このたびは子どもが太陽となり，その周囲を教育の諸々のいとなみが回転する。子どもが中心であり，この中心のまわりに諸々のいとなみが組織される」[9]。このデューイの有名な文章は，成人教育学やアンドラゴジー論にもつながり，学習者の学習ニーズからの生涯学習論へと広がっていく。

一方でかたや，教育においてはまず型の学習から始めるべきだという論がある。囲碁を学ぶ場合に定石から入るのと同様に，いかなる世界にもその世界固有の基本型というものがある。教育の基本は「守－破－離」だといわれるように，まずはその世界の基本の型を守ることから入り，次にそれを破ろうとしていくのである。例えば斎藤孝は，型を「重要な基本が凝縮されたもの」ととらえたうえで，この反復練習による「感覚の技化」「身体知化」の大切さを強調した[10]。メリアムらの立場は，重要な基本の型を強調する立場であろう。

本論はその後，修正と執筆に関するかなり具体的なガイドライン，そして結果の公表へと話が続く。彼女らの多くの示唆は首肯できるものであり，訳者もすでにこのいくつかを実践している。執筆法に関しては多くの本が出ているが，なかでも訳者が印象的だったのが，本文中に登場したウォルコットの提言である。彼の提言で最も印象的だったのが，「執筆環境は，快適で便利であってはならない」というものである。テレビやエアコン，スナック，ビールといった人を心地良くするものは，誘惑物であるからこそ，逆に妨害物（distraction）にもなるのである。その意味では，やや不便なくらいのほうが執筆に専念できるのかもしれない。また彼の本のなかには，ある作家が，執筆にネコを使うというエピソードが載っていた。つまり，執筆中にネコを膝の上に乗せ，ネコの

うたたねを邪魔しない＝自分を机に縛り付けるという具合にして，自分を執筆に専念させようとするのである[11]。

　また軽視されやすいが，修正も重要である。「他人がそれを見るように，文章を見る」のである。とくにワープロ原稿が当たり前の時代になった今日においてこそ，読み返すことの重要性は増していると思う。「読み返せば数段良くなっていたのに……」という論文に，これまでどれだけ出会ったことか。

　第10章は，調査における倫理の問題をまる１章かけて扱っている。本書では調査の局面とタイプに応じた，倫理的問題がきめ細やかに書かれてある。ただ21世紀に入って，世界規模での大きな倫理的問題が，一方で浮上してきている。つまり，インターネットに関する倫理的問題であり，これを用いた剽窃や事実誤認などの倫理的問題なのである。

　そして最終章では，（主に博士課程の）大学院生の調査研究特有の問題が書かれてある。アメリカでは，コースワークを終え，学位資格試験に通ってはじめて学位取得候補者となる。その後，テーマ設定，指導教員の選定，審査委員会の設置，研究計画書への諮問，論文執筆，口頭試問といった段階が続く。日本とはシステムがやや異なる場合があるので，参考までに以下のところに，ジョージア大学成人教育コースの博士課程での流れを紹介しておこう[12]。

① コースワーク　大学院生はまず，成人教育の基礎，成人教育の歴史・哲学，プログラム開発，成人学習論，調査のコースとセミナーなどの，計58セメスター時間のコースワークを終えることになる。この部分は，日本の場合と同様なのかもしれない。

② 指導教員の決定　学生は，最初は暫定的な指導教員の指導を受けるが，その後の一定期間内に，何人かの教員へのインタビューなどをとおして，ある段階で正式な指導教員を決定する。この場合，学生は第一候補と第二候補を指名し，最終的に学科が指導教員を決定する。

③ 審査委員会メンバーの決定　学生は指導教員と協議して，他に少なくとも３名の審査委員会の候補メンバーを決める（うち１人は他のコースの教員）。

④ 学位資格審査試験（comprehensive examination）　学位取得資格のために学生は，学位論文を執筆する準備が整っていることを示さねばならない。そのため，口頭試問がともなう筆記試験に合格する必要がある。学生は，30日以内に与えられた設問（設問作成段階には学生も加わる）に対する回答を60ペー

ジ以内で提出する。筆記の審査に通ると口頭試問に移る。
⑤ 論文投稿　教育学博士の場合は，ここがないこともあるが，Ph. D. の場合は，この時点でレフェリーつきの雑誌論文に投稿することが求められる。
⑥ 学位論文計画書（prospectus）の作成　学位論文完成やそのための調査を進めるまえに，審査委員会に主にその最初の3章で構成される計画書を提出し，その承認を得る。
⑦ 学位論文の執筆　指導教員および委員会メンバーとの連絡のなかで調査を進め，論文を書き上げる。
⑧ 口頭試問　指導教員以外4名のメンバーで論文内容に関する諮問が行われる。これに合格すると，博士の学位が授与される。

　学位論文のテーマ設定においては，学生の関心にくわえて，実行可能性と問題それ自体の意義が重要となる。なかでもその論文の意義は，一般的には「知識基盤への貢献」「その学問の到達水準の進展」とされつつも，その内実に関しては議論が多いであろう。しかし，後続の者が関連の研究を進めていくうえで，その研究を参照・通過することが不可欠だとみなされるようであれば，その研究は，その領域の知識基盤に大きく貢献したのだといえるのではなかろうか。

4．大学院における教育について

　本書は，大学院生が調査研究によって博士論文を書くことを主眼において，編まれている。ここで少しだけ大学院の教育と調査について，思うところを述べておきたい。
　学位については，周知のとおり，日本での博士論文には「論文博士」と「課程博士」とが存在する。前者の場合は，主に大学院を単位取得退学後数年かけてその人のメイン・テーマをまとめる（とされている）もので，多くの場合，単著書になるレベルのものが多い。場合によっては，大学院を経由しないものもある。後者はアメリカ型のもので，大学院の課程修了を示すものとしての位置づけとなっている。伝統的にはアメリカでは，学位は研究者としての出発点を意味するのに対し，逆に日本では，研究者として完成された形を示すものであったかと思う（最近では，これは崩されつつあるが）。
　訳者はメリアムに日本のシステムを述べたが，なかなか理解してもらえなか

▲メリアムの質的調査法の大学院授業風景

った。しかしでは，アメリカでは教授などに昇任するさいの決め手は何かとたずねたところ，（成人教育の場合，）インパクトのある著書であると言っておられた。つまり，その領域に大きく貢献する論を著書などのかたちで体系化することが，最終的に研究者としての評価の主眼となるのであり，この点においては，究極的には日本と共通するものだといえる。

しかし一瞥してわかるように，アメリカの博士課程のシステムはかなり体系的で，一定数の者がドロップアウトをすることを考えると，今日日本で急速に普及している課程博士は，その授与のシステムが未成熟の場合，逆に新たな問題を惹起するようにも思える。あくまで訳者の個人的意見ではあるが，従来の日本型の論文博士のシステムのほうが，生涯にわたって自己のメインテーマを深め，それによって研究者としての位置を確保するという意味では好ましいとも思っている。しかし従来のシステムでは，いったん就職をすると，みながその作業を10年なり20年かけて達成するとはかぎらず，大学の「先生」という居心地の良き環境に埋もれて行く者も多いという問題もある。ちなみに訳者は，大学（教授）定年の前日に学位を取得した方を知っているが，メリアムはその話を聞いて，「なんとまあ！」と驚いておられた。

アメリカやカナダの大学（院）に行かれると気づかれるだろうが，日本人の大学院生とくらべると，韓国や中国，台湾の院生の数は圧倒的に多い。そこではアメリカを中心とする外国での学位が，日本にくらべてより有効なものだからであろう。しかし成人教育などの領域では，そうしたシステムによる問題点も出ていると聞く。つまり，韓国や中国などの高等教育の場では，そうした留

学経験の豊かな人が大学教授などになることが多く，それゆえ，韓国の知人によると，自分たちの国や地域に根ざした論ではなく，アメリカでの著名な学者の論に則して講義が進められることが多いとのことである。外国での留学経験は貴重な経験であろうが，しかしだからといって自国の学位を貶める必要はまったくないと思う。

　今日高等教育の場は，訳者が受けたころの大学（院）教育などとくらべても，かなり様相を異にするようになってきている。15週分のシラバスを示し，出席を取り，学生からの授業評価を受け，補講を行い…という具合に，かつてにくらべて「まじめに」なってきている。学生のほうからも「出席を取ってください」と言われる。訳者が学生時代のころは，「ゴールデンウィークは授業の始まり，クリスマスは授業の終わり」という先生や，「タバコを吸いながら授業する先生」「授業の最初の日に試験問題を言う先生」といった，現在の基準では「？」となるような先生もおられた（かと思う）。これらはもちろん好ましくないことではあろうが，ただ今日の授業の「厳格化」が，社会調査においてはプラスに作用しないこともありうるという点については少し述べておきたい。訳者が大学院生だったころ，例えば，研究室で某カルチャーセンターの調査をしたときには，仮の社員証を付けて4週間ずっとそこに入り込んでいたし，地域調査を行なった場合も同様にずっとそこに出向いていた。別の同僚は，被差別部落の地区に居を移してマイノリティ調査を行なっていた。もちろん学位論文のためというのではなく，広い意味のトレーニングとしてであったかと思う。授業の評価は，大学院の正規の授業への出席ではなく，「そのこと」で評価されていたかと思う。しかし，（今日の大学院のおかれた状況下ではむずかしいことかもしれないが，）社会調査の教育においては，こうした浸かり込む（submerge）べき部分がないことには身につかないものも多い。授業を受けても，本を読んでも，自分なりにやってみても，それだけでは身につかない知というものが，社会調査にはあると思う。つまり本書の冒頭で書かれてあった，調査の基本，すなわち，日常世界といかにかかわりあい，格闘し，そしてそれをいかなるパースペクティヴのもとに解読していくのか，という調査の「基本」への学びは，生活そのものの改変とどこかでつながっているように思う。そして調査結果の分析・解釈・報告の部分においても，やはり「浸かり込む」という生活が不可欠となる。その意味では，訳者が大学院生のときに（学部の）集中

講義に来ておられた，東京大学の高橋徹先生のことばがいまだに頭から離れない。「大学院生，手を挙げて。はい，次回から授業に出ないように。時間の無駄です。そんな暇があったら自分の研究を深めなさい」。

5．本書の訳出の意義

　社会調査関連の本が数あるなかで，本書を訳出する意義はいかなるところにあるのであろうか。ここではその手がかりとして，日本で一般的な社会調査のテキストの章構成と，本書の構成とを比較してみたい。訳者は放送大学の番組作成にも長年かかわってきたが，ここでは放送大学の社会調査のテキストと比較をしてみよう[13]。表からも明らかなように，本書の組み立て方と日本での一般的な社会調査法のテキストの組み立て方は，その発想の基盤にかなりの差異があるといえる。例えば本書では，あまりデータ処理や分析の方法がくわしく書かれていない。逆に，各々の調査法のその存立基盤の記述にはかなり紙幅が割かれてある（日本のテキストでは，実験法，哲学・歴史研究，批判的調査法などに1つの章や節を設けて詳述することはあまりないだろう）。

　本書のユニークな点は，調査研究によって論文を書くさいの標準的なフォーマットが具備されており，それを念頭において論が組み立てられている点にある。たしかに最初から斬新な論の展開で注目を浴びる研究もあるが，しかし多くの者にとっては，まずきちんとした「型」を学んだのちに，次にそれを崩すというプロセスで研究を深めていくほうが，より無難かつ生産的であるかとも思う。調査によって博士論文を書くにはどうすればよいのかという問いへの答えとなる本や資料は，まだあまり存在しないだろう。それだけに，論文を書く型と調査法との関係を論じたという意味でも，本書はきわめてユニークなものだともいえる。

　本書は，成人教育の場を主たる調査の応用領域として編まれたものではあるが，現実には本書の内容は，他のあらゆる応用領域においても適用できるものである。重要な点は，たえず具体的な実践のフィールドを念頭におきつつ，一方で調査の根源的問題を視野に入れつつ，論が展開されているという点であろう。ゆえに，調査の哲学・倫理のことやデータ収集の手続きについては，かなりの紙幅を割いて語られている。

表　主な社会調査テキストの目次

岩永・大塚・高橋『改訂版　社会調査の基礎』2001年	原・浅川『社会調査』2005年
1. 社会を調査する	1. 現代社会と社会調査
2. 調査の類型	2. 社会調査の用途と歴史
3. 調査票の設計	3. 調査内容の決定(1)：調査テーマと調査事項
4. 調査票を作る	4. 調査内容の決定(2)：調査票の作成
5. サンプリングと実査	5. 調査対象の決定(1)：標本調査の方法
6. 集計と統計量	6. 調査対象の決定(2)：サンプリング分布と統計的推測
7. 2変数間の関連	7. 調査の実施と処理(1)：実査と調査員
8. 検定の考え方	8. 調査の実施と処理(2)：調査票の点検とデータ作成
9. 検定の実際	9. 結果の集計と分析(1)：基本統計量
10. パソコンによるデータ解析	10. 結果の集計と分析(2)：因果分析の方法
11. 多変量データ解析	11. 聴取調査の方法
12. 自由面接	12. 調査報告をまとめる
13. 参与観察	13. さまざまな社会調査(1)：時系列調査と国際比較調査
14. メディアの利用	14. さまざまな社会調査(2)：社会問題の告発と解明
15. 調査結果のまとめと表現	15. 調査者と被調査者

　本書の訳出にさいしては章ごとに下記のような分担を決め，下訳をお願いしたのちに，堀が最初から一字一句を点検してかつ全体統一をするという作業をくり返し行なった。その過程でいくつかの不安定な訳は修正し，全体として通るものに変えていったつもりである。

　しかしなにぶん扱われた領域の広さからして，まだ誤訳などがあるかもしれない。ご叱正を賜れば幸いである。また，ともに訳出に取り組んでいただいた方々には感謝の意を表したい。

　　序文・第1章・第2章　堀薫夫（大阪教育大学教育学部）
　　第3章　佐伯知子（大阪総合保育大学児童保育学部）
　　第4章　志村ゆず（名城大学人間学部）
　　第5章　林美輝（奈良教育大学教育学部）
　　第6章　佐伯知子
　　第7章　北山夕華（名古屋大学国際交流協力推進本部）

第8章　福嶋順（天理大学人間学部）
第9章　森由香（大阪大学大学院人間科学研究科修了）
第10章　福嶋順
第11章　堀薫夫・藤原瑞穂（神戸学院大学）
用語解説　堀薫夫
参考文献　林美輝

　監訳者はこれまでいくつかの翻訳を試みてきたが，そのなかでも本書の訳出はかなりの難事であった。というのも，実験から哲学，社会学などのはば広い文献が参照されており，その領域での定訳を探るだけでもかなりてごわいものであったからである。しかし，現時点では難事をこなすだけの価値が十分にあるものであったとも自負している。本書が多くの領域の人びとの調査への，実際の「ガイド」となれば，私たちは本望である。

注）
1）　Merriam, S. B.& Simpson, E. L. *A Guide to Research for Educators and Trainers of Adults*. Krieger, 1984.
2）　Merriam, S. B. *Case Study Research in Education*. Jossey-Bass, 1988. の改訂版でもある。
3）　シャラン・メリアム『質的調査法入門：教育における調査法とケース・スタディ』（堀薫夫・久保真人・成島美弥訳）ミネルヴァ書房，2004年，pp. 339-387。
4）　スタンレー・ミルグラム『服従の心理』（山形浩生訳）河出書房新社，2008年。
5）　Elias, J. L.& Merriam, S. B. *Philosophical Foundations of Adult Education* (2nd ed.). Krieger, 1995, p. 12. Merriam, S. B. (ed.) *Linking Philosophy and Practice*. Jossey-Bass, 1982.
6）　鵜飼正樹『大衆演劇への旅』未来社，1994年。
7）　堀薫夫「社会学におけるエイジング理論研究の可能性」『大阪教育大学紀要Ⅳ 教育科学』第43巻第1号，1994年，13-27。
8）　アラン・クロン『エスノメソドロジー』（山田富秋・水川喜文訳）せりか書房，1996年，p. 156。
9）　ジョン・デューイ『学校と社会』（宮原誠一訳）岩波文庫，1957年，p. 45。
10）　斎藤孝『身体感覚を取り戻す』日本放送出版協会，2000年。同『生き方のスタイルを磨く』日本放送出版協会，2004年。

11) Wolcott, H. F. *Writing Up Qualitative Research*. Sage, 2001, pp. 14-15.
12) ジョージア大学成人教育部発行「Doctor of Philosophy Degree」（パンフレット）および http://www.coe.uga.edu/leap/adulted/phd/ を参照。
13) 岩永雅也・大塚雄作・高橋一男『改訂版 社会調査の基礎』放送大学教育振興会，2001年。原純輔・浅川達人『社会調査』放送大学教育振興会，2005年。

参考資料

シャラン・メリアムの主な著作
2009　Merriam, S. B. *Qualitative Research*. Jossey-Bass.
2007　Merriam, S. B.& Associates *Non-Western Perspectives on Learning and Knowing*. Krieger.
2007　Merriam, S. B., Caffarella, R.& Baumgartner, L. *Learning in Adulthood* (3rd ed.). Jossey-Bass.
2006　Merriam, S. B., Courtenay, B. C.& Cervero, R. M. (eds.) *Global Issues and Adult Education*. Jossey-Bass.
2002　Merriam, S. B. & Associates. *Qualitative Research in Practice : Examples for Discussion and Analysis*. San Francisco: Jossey-Bass.
2001　Merriam, S. B. (ed.) *The New Update on Adult Learning Theory*. New Directions for Adult and Continuing Education, No. 89, Jossey-Bass.
2000　Merriam, S. B. & Simpson, E. L. *A Guide to Research for Educators and Trainers of Adults* (2nd ed., updated). Malabar, Krieger.
2000　Baumgartner, L.& Merriam, S. B. (eds.) *Adult Learning and Development : Multicultural Stories*. Krieger.
1998　Merriam, S. B. *Qualitative Research and Case Study Applications in Education* (rev. ed.). Jossey-Bass.
1997　Merriam, S. B. & Brockett, R. *The Profession and Practice of Adult Education : An Introduction*. Jossey-Bass.

エドウィン・シンプソンの主な著作
1976　*Preparing and Selecting Printed Educational Materials for Adult New Readers*. ERIC Clearninghouse in Career Education.
1990　*Faculty Renewal in Higher Education*. Krieger.
1991　*Learning Patterns among Women Professionals*. Educational Studies Press.

人名索引

ア行

アバディーン, P. *77*
アレン, G. R. *240, 250*
ウィーアズマ, W. *172*
ウィリアムズ, G. B. *62*
ウィルソン, A. L. *27, 153, 155*
ウェルトン, M. R. *150*
ウォルコット, H. F. *123*
エドワーズ, A. L. *59*
オルソン, S. K. *47*

カ行

カー, W. *153*
カッサム, Y. *147*
ガードナー, D. C. *245*
カニンガム, P. M. *151*
カファレラ, R. S. *47*
カーリンガー, F. *5, 18, 168, 186*
カールソン, R. A. *85, 94*
キッダー, L. H. *8*
キメル, A. J. *220, 222, 231, 233*
グーバ, E. G. *111, 122, 126, 127*
グラフ, H. F. *91*
クランドール, R. *224, 225*
クリスタレッラ, M. C. *150*
グリフィス, W. S. *150*
グレイザー, B. G. *129-133, 134*
クレスウェル, J. W. *118*
クロムレイ, J. D. *228*
ケミス, S. *152, 153*
コウト, R. A. *145, 150*
ゴットシャルク, L. *88*
コーナー, S. *100*
コマジャー, H. S. *93, 94*
コント, A. *57*

サ行

シーゲル, I. *230*
シュルツ, J. G. *28*

ジョンストン, H. W. *97*
シンプソン, E. L. *261*
スタブルフィールド, H. W. *86*
スティナージ, S. *102*
ストラウス, A. *32, 129, 132-134*
スピーゲルバーグ, H. A. *104, 105, 106*
ゼフ, C. *128*
セラー, M. *95*
セルティス, C. *22*

タ行

ダーケンバルト, G. G. *129*
ディエナー, E. *224, 225*
ティスデル, E. J. *27, 156, 157*
テイラー, S. J. *182, 226*
デューイ, J. *18, 98*

ナ・ハ行

ネイスビッツ, J. *77*
バーザン, J. *91, 92*
パットン, M. A. *113*
ハーバーマス, J. *150, 151*
ハレ, L. J. *93*
ピアジェ, J. *9, 52*
ビエレマ, L. L. *113*
ビクレン, S. K. *140, 141*
ビーティ, G. J. *245*
フィッシャー, R. A. *59*
フェルト, T. E. *91*
フォックス, D. J. *195*
ブークバラス, M. *27*
フッサール, E. *104*
フッド, C. M. *8*
フレイレ, P. *146*
ペシキン, A. *111*
ベッカー, H. S. *208, 209, 212*
ベルト, P. J. *120*
ベレルソン, B. *180*
ボーグ, W. R. *169*
ボグダン, R. C. *140, 141, 182, 226*

ボシャー, R. 17
ポスナー, J. 120
ホール, B. L. 145, 147, 149
ホルスティ, O. 179

   マ 行

マクヘイル, J. 73, 74
マーチン, R. 239
マットチャック, S. 98
マルクス, K. 150
マロウ, A. J. 140
ミッチェル, J. C. 123
ミル, J. S. 58
ムスタファ, K. 147
ムールトン, J. 221
メリアム, S. B. 57, 260, 266, 269
モア, T. 74, 77

   ヤ・ラ・ワ行

ヤング, J. D. 63
ユンカー, B. H. 120
ラインハーツ, S. 155
リーズン, P. 139
リット, E. 131
リンカーン, Y. S. 111, 122, 126, 127
リンストン, H. A. 76
レヴィン, K. 140
レヴィンソン, D. J. 48, 49
レミッシュ, J. 94
ローズ, A. D. 85, 86
ローゼントレター, G. 62
ロビンソン, G. M. 221
ローフェルド, R. W. 87
ローワン, J. 139
ワグナー, P. A. 131
ワトキンス, K. E. 55

事項索引

ア 行

アイディア 93, 94, 130, 141, 203
アクション・サイエンス 143
アクション・ラーニング 143
アクション・リサーチ 139-144, 150, 152, 155, 158, 264
欺き 223, 233
アブストラクト 40-45, 55, 196
意義 239, 240
意識化 146
意識そのもの 104
一次資料 89, 90
一貫性 116
一般化 52
一般化可能性 66, 115, 117
意味づけ 111
因果関係的／比較（事後的）研究 68, 69
因果の誤り 69
インタビュー 115, 121-123, 126, 132, 166, 172-175, 182, 224-226, 265, ff
　構造化―― 173
　深層―― 227
　半構造化―― 113
　非構造化―― 173
　フォーカス・グループ・―― 174
インタビュー法 79, 113, 114
インデックス・カード 126
インフォームド・コンセント 223, 226, 231, 232
エスノグラフィ 12, 110, 118, 119, 121-124
エディトリアル・スタイル 200, 201
演繹的推論 4, 29
演繹的探求 31
エンパワメント 144, 264
横断系列法 70
横断的研究 70, 72
応用的調査 8, 9
オンライン 42

カ 行

外在変数 64
解釈 93, 95, 115, 177, 199, 264, 266
外的脅威 65
概念 22, 101, 102, 127
概念の枠組み 11, 12, 26, 28
会話アプローチ 46, 47
会話分析 180
科学 7
学位資格試験 248
学位資格審査試験 267
学位論文 237, 241, 246, 249, 268
学位論文作成手順 240, 241
学力検査 184
仮説 23-25, 30, 66, 131, 134, 198, 246
価値尺度 185
価値論的な問題 96
学会・会議 216, 217
カテゴリー 127, 130, 131, 133, 135, 167, 178, 180
感覚 3
監査証跡 116, 229
観察 64, 114, 115, 126, 165, 175-179, 181, 182, 225, 226
　――の技法 175, 176
　――の計画 176
観察者 177-179, 182
観察法 113, 265
感情 3
観点 180
関連文献 45, 55
記号論理学 97, 98
記述的研究 67-69, 79-81, 263
　――の長所と限界 80
記述的データ収集法 79
記述統計 206, 207
基礎的調査 8, 9
帰納的推論 4
帰納的な調査の方策 112

帰納的探求　31
技法　163-165, 180, 182, 188
基本用語　63
帰無仮説　66
教育調査　154
教育的R&Dプログラム　9
共同的行動　146
共同的調査　146
共同的分析　146
共分散分析　61
記録化　173
近接法　90
グラウンデッド・セオリー　12, 32, 110, 118, 124, 129, 130-135
経験的知識　4, 6, 7
形而上学的な問題　96
系列的デザイン　72
ケース・スタディ　110, 118, 119, 124-129
　　マルチ・――　128
ケース・ヒストリー　124, 125
ケース・メソッド　124, 125
ケース・ワーク　124, 125
結論　247
結論部分　53, 54, 55
権威的知識　3, 4, 7
研究計画書　22, 237, 245, 246
　　――の発表　244
研究テーマの設定　237, 238
研究の意義　240
研究方法　265
言語分析　98-100, 102
検査　165, 182-185, 265
現在中心主義　94
検索　37, 38, 42, 46, 55
検査効果　71
検証　29
現象学　98, 99, 102, 104, 111, 118
現象学的探求　105, 106
現象学的調査　104
　　――研究　103
検証可能な仮説　24
公開審査　250
考察　27, 199, 247, 266
構造化された観察　177

口頭試問　237, 249-252, 268
公表　14
合理的知識　3, 6, 7
コースワーク　236, 238, 267
告白録　99
コメンタール　99
コントラリー・ケース　101

サ行

差異の方法　58
最頻値の比較　117
作業仮説　117
索引　40, 41, 43, 45, 55
サーストン尺度　186
査読　214, 215, 217
サーベイ　165, 166, 172, 175, 225, 261, 265
　　――調査　165, 166
参考文献　200
サンプルの抽出　198
参与観察　120, 122, 123, 132
参与観察法　119, 182
参与的調査　144, 146, 147, 149, 150, 155, 158, 264
参与的調査法　145
事後的デザイン　57
自然主義的探求　119
自然主義的調査法　7
持続性の原理　73
実験（的）デザイン　57, 60, 225
実験研究　80, 81
実験研究デザイン　67
実験的研究　263
実験統制　61
実行可能性　239
実証主義　57
実践家　1
質的研究　30
質的調査　113-115
質的調査法　110, 112, 117-119, 264
質的データ　165
質的な観察　181
執筆と修正のためのガイドライン　208
質問紙　167-172
質問紙調査　166, 265

事項索引　281

質問紙法　79
CD-ROM　42, 43
事典　38, 39
辞典　38, 39
指導教員　241-244, 248, 251, 267
シナリオ法　72, 77
シミュレーション・ゲーム　72, 78
市民による調査プロジェクト　148
シャトーカ　85
修正　211, 212
従属変数　64, 69
縦断的研究　70, 72
集約　126
準実験研究　60, 62
準実験（的）デザイン　57, 60
処置　64, 66, 81
諸特性　130, 131, 133, 134
審査委員会　237, 241, 242, 267
人造物　114
人的能力開発　1, 23, 55, 86
信念　3
人物像分析　180, 181
信頼性　115, 116, 179
図　202, 204, 205
推測統計　206, 207
数式　99
図表メソッド　46, 48
政治的・社会的変革　145
成人教育　1, 19, 39, 59, 74, 78, 81, 86, 89, 102, 103, 110, 139, 147, 155, 158, 187, 224, 271, ff
生存者バイアス　71
世代効果　72
説明力　24
先行研究　35-37, 45, 265
全体的アプローチ　177
選択的サンプリング　71
選択的ドロップアウト　71
叢伝　91
測定ツール　71
ソシオメトリー法　186, 187

タ 行

大学院生の調査研究　236
態度尺度　185
対話的アプローチ　98
たえざる比較分析　133, 134
たえざる比較法　134
立ち現れ方　105
妥当性　65, 115, 139, 164, 172, 183, 230
　外的——　115, 117
　規準関連——　183
　構成概念——　183
　内的——　115
　内容的——　183
　併存的——　183
　予測的——　183
単一変数の法則　58
置換解析　100
知能検査　184
調査　1, 2, 3, 6, 8, 10, 23, 26, 84, 140, 141, 163, 170, 188, 220, 233, 261, 262, ff
調査結果　27, 198, 199, 208, 211, 213-215, 217, 230, 231　265, 266
——の公表　213, 214, 230
調査研究の目的　21
調査参加者141, 167, 168, 172, 173, 222-224, 227, 232, 233, 262
——の保護　222
調査者　111, 112, 114, 135, 140, 147, 164, 168, 176, 184, 224, 231-233, ff
調査者作成検査　184
調査上の問い　23, 163, 164, 246
調査上のトピック　17
調査上の問題　18, 141, 196
調査ツール　36
調査データ　164
調査データ収集技法　189
調査データの収集　265
調査デザイン　198
調査プロセス　10, 11, 13, 28, 30
調査報告　194-197, 200, 208, 211-213, 229
著作権　201
直観的知識　4, 5, 7
提言　200, 247
データ収集　163-165, 175
データの選択性　228
データ分析　198
データ分析における倫理　228

テーマ的調査 146
適性検査 184, 185
テスト 182
哲学（的）研究 95, 99, 263, 264
哲学的調査 85
哲学的分析 101
哲学的探求 84, 95-98, 106
　　――の方法 97
手続き 163, 188, 197, 198, 242, 265
デルファイ法 72, 75, 76
伝記法 118
典拠 202
展示分析 100
投影法 186, 187
統計 206, 207
統計学 80
統計的データ 165
同質的選定 61
統制 64, 141, 225, 227, 263
導入部分 51, 54, 55, 195
読者あるいは利用者の側の一般化可能性 117
特性 185
独立変数 64, 69
トライアンギュレーション 116
トレンド分析 72, 74

ナ 行

内的脅威 65
内容分析 91, 179-181
仲間や同僚同士での検証 116
ナラティヴ 127, 199
ナラティヴ分析 118
二次資料 89, 90
日常世界 110, 115, 116, 264
日記 99
ニュルンベルク綱領 231
認識論的な問題 96
年鑑 39

ハ 行

媒介変数 64
博士学位論文 237, 243, 244, 246, 247, 249, 250
博士論文 265, 268, 271
パースペクティヴ変容 62

パーソナリティ測定 185
パーソナリティ目録法 185
ハロー効果 179
ハンドブック 38-40
比較グループ 132, 134
比較ケース・スタディ 23
非干渉観察 182
批判的アプローチ 50
批判的省察 151
批判的調査 150, 152, 155, 158, 264
批判的調査法 151, 153
表 202-204
評価的調査 9
標準的な調査報告の形態 194
標本 63
分厚い記述 117
フィールドワーク 112, 118-121
フェミニスト調査 155-158, 264
フェミニスト調査者 155
フェミニスト調査法 156
フェミニスト理論 157, 158
フォーマル理論 129
複合概念 22
プライバシー 227
　　――の保護 223
ブロック方式 210
文学形態 99
文献 34, 35, 37, 38, 41-45, 54, 114, 126
文献検索 41, 43, 45
文献目録 38, 40, 41, 43
文献レビュー 11, 34-55, 74, 197, 263
分子的アプローチ 177
文書 34
弁証法 97, 98
変数 63
報告 14
方法論 198
飽和 132, 133
ボーダーライン・ケース 101
本論 51-55

マ 行

マニュアル検索 42
未来研究 72, 73

無作為化　63
無作為法　60
メンバー・チェック　116
目的をもった会話　121
モデル・ケース　101
物語　93, 118, 127
問題　16-18, 25, 196, 197, 222, 239
問題意識化　98
問題設定　25, 262, 265
問題提起　10, 20, 21, 141, 146

　　　　　ヤ　行

郵送法　169
要因計画　59, 60
用語　22, 198
要約　200, 247, 266
予期　87
予期される関連性の記述　24
寄せ集め方式　210
予測　87
予防策　87, 225

　　　　　ラ　行

ライフ・ヒストリー　122

ランド研究所報告　75
リアリティ　58
理解　111, 134
理性　3
リッカート法　186
領域密着型理論　129, 130
量的データ　165
理論　28-32, 130, 134, 135
理論構築　31
理論的サンプリング　132
理論的な枠組み　26-9, 32, 135, 212, 262
倫理　81, 219, 220, 222, 225, 229, 232, 233, 234
倫理綱領　231
倫理審査委員会　231
倫理的ジレンマ　219, 221, 225, 231
類推の原理　73
歴史研究　92, 264
歴史人口学　92
歴史的研究　88-90, 92, 95, 263
歴史的調査　85-89, 91, 93
歴史的探求　84, 92, 95, 106
論理的な問題　96

訳者紹介（翻訳担当，担当順）

堀　　薫夫（ほり・しげお，監訳者，大阪教育大学教育学部）　序文・第1・2・11章・用語解説

佐伯　知子（さえき・ともこ，大阪総合保育大学児童保育学部）　第3・6章

志村　ゆず（しむら・ゆず，名城大学人間学部）　第4章

林　　美輝（はやし・みき，奈良教育大学教育学部）　第5章・参考文献

北山　夕華（きたやま・ゆうか，名古屋大学国際交流協力推進本部）　第7章

福嶋　　順（ふくしま・じゅん，天理大学人間学部）　第8・10章

森　　由香（もり・ゆか，大阪大学大学院人間科学研究科修了）　第9章

藤原　瑞穂（ふじわら・みずほ，神戸学院大学総合リハビリテーション学部）　第11章

〈監訳者紹介〉

堀　薫夫（ほり・しげお）

1955年生まれ。1978年大阪大学人間科学部卒業。1983年大阪大学大学院人間科学研究科修了。現在大阪教育大学教育学部教授（生涯教育計画論研究室）。専門は生涯学習論・教育老年学，博士（人間科学）。
主な著訳書：エデュアード・リンデマン『成人教育の意味』（単訳）学文社，1996年；『生涯発達と生涯学習』（共著）放送大学教育振興会，1997年；『教育老年学の構想』（単著）学文社，1999年；『成人教育の現代的実践』（監訳）2002年，鳳書房；シャラン・メリアム『質的調査法入門』（共訳）ミネルヴァ書房，2004年；『生涯学習と自己実現』（共著）2006年，放送大学教育振興会；『教育老年学の展開』（編著）2006年，学文社，『生涯発達と生涯学習』（単著）ミネルヴァ書房，2010年その他。

調査研究法ガイドブック
──教育における調査のデザインと実施・報告──

2010年7月20日　初版第1刷発行　　　　〈検印省略〉

定価はカバーに
表示しています

監訳者　堀　　　薫　夫
発行者　杉　田　啓　三
印刷者　江　戸　宏　介

発行所　株式会社　ミネルヴァ書房
607-8494　京都市山科区日ノ岡堤谷町1
電話代表（075）581-5191番
振替口座　01020-0-8076

© 堀薫夫ほか，2010　　共同印刷工業・清水製本

ISBN978-4-623-05799-3
Printed in Japan

■**質的調査法入門**——教育における調査法とケース・スタディ
　——S.B.メリアム著　堀 薫夫/久保真人/成島美弥訳　四六判 440頁 定価4410円
欧米で定評のある体系的テキスト。サンプル選択から，データの収集・分析の技法，妥当性・信頼性と倫理の問題，調査結果の報告まで，わかりやすく解説した。

■**よくわかる質的社会調査　技法編**
　——谷 富夫・芦田徹郎編著　B5判 240頁 定価2625円
質的調査のスタンダードなテキスト。調査方法の紹介とその技法，そして調査で収集したデータの分析技法をわかりやすく解説する。

■**社会調査へのアプローチ**［第2版］——理論と方法
　——大谷信介/木下栄二/後藤範章/小松 洋/永野 武編著　A5判 380頁 定価2625円
1999年刊行以来，ロングセラーを続ける，定評あるわかりやすい社会調査テキスト。社会調査士資格も射程に入れ，最新の調査事情に即した内容に改訂。より詳しく，よりわかりやすくなった第2版。

■**データアーカイブSRDQで学ぶ　社会調査の計量分析**
　——川端 亮編著　B5判 200頁 定価2940円
データアーカイブSRDQ（質問紙法にもとづく社会調査データベース）にアクセスするだけで，分析のシミュレーションが練習できる——。先行研究の事例紹介・解説と，事例のデータを実際に分析することで，さまざまな統計分析の手法を身につけられる。

■**フィールドワーク探求術**——気づきのプロセス，伝えるチカラ
　——西川麦子著　A5判 180頁 定価2310円
「？」を感じたら，外へ出て調べてみよう，人に会って話を聞こう——。読者が，自分の問題意識に気づき，思考を開始し，現場へと踏み出すというフィールドワークを行う上でのステップとなる一冊。

——ミネルヴァ書房——
http://www.minervashobo.co.jp/